HOW TO LIVE A
GOOD LIFE
A Guide to Choosing Your Personal Philosophy

古今東西の哲学が教える
現代をよく生きる術

編
マッシモ・ピリウーチ
Massimo Pigliucci
スカイ・C・クリアリー
Skye C. Cleary
ダニエル・A・カウフマン
Daniel A. Kaufman
訳
小坂恵理
Eri Kosaka

化学同人

HOW TO LIVE A GOOD LIFE

A Guide to Choosing Your Personal Philosophy

edited by

Massimo Pigliucci

Skye C. Cleary

Daniel A. Kaufman

Japanese translation published by arrangement with Massimo Pigliucci, Skye C. Cleary and Daniel A. Kaufman c/o The Science Factory Limited through The English Agency (Japan) Ltd.

古今東西の哲学が教える　現代をよく生きる術　目次

はじめに

そもそも、人生哲学を誰が必要とするのだろう。世界がいかに機能しているのか、たとえ漠然とでも、あなたには何か考えがあるだろうか。どうすれば他人に正しくふるまえるか、意識しているだろうか。どちらの質問への答えもイエスならば、幸運にもあなたは、人生哲学の持ち主である！　人生哲学とは、形而上学（世界がいかに機能するかを説明する学問）と道徳規範（他人と交流する際に心がけるべき一連の原則やガイドライン）を最低限の構成要素とする枠組みである。人生哲学を持っているかという質問は大して重要ではない。本当に大切なのは、それが検証に耐えうるかどうか、はたして良い人生哲学かどうかという点だ。

ソクラテスの名言を、私たちのほとんどは実践していない。生を吟味せよ。吟味されざる生に、生きる価値なし。そう彼は語っている。これは明らかに誇張だ。吟味されない人生の多くに生きる価値があることは、人生をおくった本人によっても、後にその人生を吟味した人物による評価（すなわち、伝記の執筆）によっても確認されている。それでも、ソクラテスは着眼点がよかった。少なくとも時々は自分の来し方を顧みれば、人生の大事な場面で小さな修正を加えられるし、進行中のプロセスに何らかの劇的な変化が引き起こされる可能性さえ考えられる。これは本書の編者ふたりに実際に起きたことであり、その経験は変革を伴い有意義だった。

詳しくは12章で紹介するが、編者のひとりのスカイは、本人によれば「資本主義社会の真面目な働きバチ」として大人の人生の第一歩を踏み出した。当時付き合っていたボーイフレンドの反対を押し切り、MBAプログラムに受講登録したのだ。ボーイフレンドから見れば、彼女が自分と一緒に過ごせる時間は、すでにあまりにも限られていた。まもなく結婚する予定なのに、無意味な選択としか思えなかった。やがてスカイは哲学の講義を受講したとき、担当教授から一冊の本を贈られた。著者は実存主義哲学者であり、著名なフェミニストでもあるシモーヌ・ド・ボーヴォワール。そのときの影響の大きさを、スカイはつぎのように回想している。「まるで、プラトンの洞窟の世界にとどまっていて、外の世界の明るさにいきなり気づかされたような印象を受けた。哲学が私の人生のなかに軽快な足取りで入ってきて、私のまわりを踊りながら誘惑しているみたいだった。人生に関してこれまで抱いてきた前提や期待のすべてが、見事に打ち砕かれた」。

一方、もうひとりの編者のマッシモは、科学者としての人生を送ることにきわめて積極的で、数十年にわたってそれを実践してきた。彼の個人哲学は、世俗的ヒューマニズム（15章）というごく現実的な哲学だった。ところが、キャリアのピークで中年の危機に見舞われ、赤いフェラーリを購入する代わりに（いずれにせよ、その余裕はなかったのだが）、大学院に戻って哲学の博士号を取得し、専門分野を変更した。彼は一五歳の頃にカトリック教会（9章）を捨て、世俗的ヒューマニズムをほとんど迷いなく受け入れてきたのだが、今度はそれに代わるものの探求を始め、（何と、ツイッターのフィードを介して！）ギリシャ・ローマ時代のストア哲学との偶然の出会いを果たした（5章）。マッシモはこれに一目ぼれして、以後彼の人生は様変わりした（結論をお話しすれば、良い方向に変化した）。

本書の著者のなかには、私たちと同じような経験をした人たちも、そうでない人たちもいる。でも人生哲学の選択について人前で振り返り、そのどこが優れていたか、なぜ自分にとって役に立つのか説明してほしいと尋ねられると、全員がとても幸せそうだった。皆さんが本書を読み終わるまでには、驚くほどたくさんの哲学の人生観に触れることができる。仏教、儒教、ヒンドゥー教、道教など古代東洋のアプローチ、アリストテレス主義、エピクロス主義、ストア哲学など古代西洋のアプローチ、ユダヤ教、キリスト教、イスラム教など由緒ある伝統を持つ宗教、エシカルカルチャー運動、実存主義、効果的利他主義、プラグマティズム、世俗的ヒューマニズムといった現代の哲学など、実に範囲が広い。もちろん、他にもたくさんの哲学がある。地理的にはアフリカや南北アメリカ大陸なども例外ではないし、哲学の領域には功利主義、宗教的伝統にはジャイナ教、シーク教、ラスタファリアニズムなどが含まれる。あるいは、政治色の強いフェミニズム、アナキズム（無政府主義）、自由主義、保守主義、マルクス主義などの運動も含まれる。おそらく本書が版を重ねれば、数はさらに増えるだろう。ただし本書はサンプルを紹介するようなもので、百科事典ではない。肝心なのは、人生で哲学する方法は様々であることを認識し、それらのあいだの共通点や相違点についてじっくり考えてみることだ（結びを参照）。

読み進むうちに気づかれると思うが、本書では人生哲学と宗教のあいだを明確に区別しない。それにはもっともな理由がある。これから紹介する伝統の一部は明らかに哲学の領域に入るが（アリストテレス主義、エピクロス主義、実存主義、効果的利他主義、プラグマティズム、世俗的ヒューマニズム)、一部はもっと宗教色が濃い(ヒンドゥー教、ユダヤ教、キリスト教、イスラム教)。さらに、両方の要素を明らかに兼ね備えているものもある(仏教、儒教、道教、ストア哲学、エシカルカルチャー運動)。境界線は存在するけれども曖昧で、線を引く場所については議論の余地がある。そもそも、そんなことで頭を悩ませても意味がない。思考体系が冒頭で紹介したふたつの構成要素(形而上学と道徳規範)から成り立ってさえいれば、本書で取り上げるために必要な条件を十分に満たしている。形而上学は超越的な現実、特に神について多くを取り上げる。その点に注目するなら、哲学よりも宗教の側面が強いことになるが、わざわざ区別する必要はない。

そして、多くの読者が驚かれるかもしれないが、私たちは誰でも人生哲学を持っている。なぜなら、子どものときに人生哲学との触れ合いを経験しているからだ。それがたまたま宗教だったケースは多いが、もちろんヒューマニストや実存主義者から影響された人たちもいる! これについては社会学的観点から体系的な研究をぜひ行ってみたいが、実際のところ、本書の編者らのように人生哲学を意識的に選択するケースは比較的めずらしい。それでも、まったくゼロの状態から始める人は誰もいない。

皆さんはこのエッセイ集を、なぜ手に取っているのだろうか。それには少なくとも三つの理由が考えられる。まず、世の中には実に様々な種類の哲学の人生観があることを認識し、自分とは異なる哲学に基づいた生き方を選んだ人間への理解を深めたいからだ。理解できれば賢明になれるし、相手を思いやる気持ちも生まれる。第二に、(自ら選択したにせよ、受け継いだにせよ)自分の人生哲学についてもっと知りたいと思うからだ。本書の著者はそれぞれの分野で最高の評価を受けている人たちばかりで、どの章も読者にとって啓発的な内容である。そして第三に、皆さん自身が、人生や宇宙などあらゆる事柄に関する自分のいまの取り組み方に疑問を抱いているかもしれない。他人の見解について本書で読めば、自分の信念が強化されるかもしれないし、べつの哲学を試してみたくなるかもしれない。あるいは、複数のアイデアを新しい形で組み合わせ、折衷バージョンを創造する可能性も考えられる。

本書に登場する各章の順番は、人類の歴史のなかで誕生した年代におおよそ従っている。最初から最後まで読み通せる構成だが、特に関心のある箇所を拾い読みしてもかまわない。さらに、学者が執筆している章は多いが、本書は学術書ではないことを指摘しておきたい。机上で論を冷静に展開し、客観的な立場から批判的な分析を行うわけではない。どの著者も自分の選んだ人生哲学に積極的に関わり、これらの哲学が日常生活でどんな意味を持つのかという点に注目している。どの章も、著者の独特のレンズを通して眺める世界がどんなものか、垣間見せてくれる。したがって、本書からは様々な可能性が開かれる。

皆さんはご存じかもしれないが、哲学という言葉は「知を愛する」というギリシャ語に由来している。学術的傾向の強い現代の哲学は専門化が進み、（他のほとんどの学問分野と同様に）日常生活からかけ離れてしまったが、哲学的な思索は二五〇〇年以上にわたり、文化の枠を超えて多くの人の人生に変化を引き起こす活動であり続けてきた。本書との出会いを良いチャンスとしてとらえ、少なくとも思想家たちの一部と会話を始めてもらいたい。このエッセイ集をきっかけにして、アイデアの世界を探求してもらいたい。結果には驚くはずだ。人生をいかに生きるべきかという悩みに、きわめて現実的な回答が得られるだろう。

マッシモ・ピリウーチ
スカイ・C・クリアリー
ダニエル・A・カウフマン

I部　東洋の古代哲学

仏教
儒教
道教

東洋哲学——なかでも仏教、儒教、道教という、最も有名な三つの哲学——は、西洋ではとかくヨガと瞑想ばかりが注目される。ヨガと瞑想がこれらの哲学の一部であることは事実だが、これから登場するオーウェン・フラナガン、ブライアン・ヴァン・ノーデン、ロビン・R・ワンのエッセイによれば、この発想はあまりにも単純であり不完全で、誤解を招きやすい。土台を支える哲学についての理解が不十分なまま、瞑想やヨガといった一部分をつまみ食いするのは危険だ。自己啓発を謳い文句にする商業主義的なカルトに入れ込む可能性もあれば、カロリーを何とか落としたくて、ヨガ・ファッション・ゴッドといった名前の会社に散財する可能性もある。これでは、ブッダや孔子や老子の教えから乖離してしまう。仏教も儒教も道教も生命の哲学であり、その主な目的は、倫理的な行動に現実的な指針を提供することである。

ある推計によれば、仏教はキリスト教、イスラム教、ヒンドゥー教に次ぐ世界第四位の宗教である。信者数はおよそ五億人で、これは世界の全人口の七パーセントちかくに当たる[1]。これに対し、儒教や道教の信者数は確認しづらい。というのも、たとえば韓国や中国で世論調査を行うと、儒教という「宗教」の正式な信者だと回答する割合はごく僅かだが、大抵の人たちは儒教の生活様式を取り入れているのだ。儒教とのつながりは宗教というより文化的・哲学的なもので、儒学者のアイデアや教えは何億もの人たちに深い影響を与え続けている。

仏教、儒教、道教で広く普及している習慣は、Ⅲ部の宗教に含めてもよかったが、今回は別に場所を設けて取り上げるべきだと判断した。いずれもアジアで誕生したからであり、さらには（ヒンドゥー教など）正統派の伝統宗教と同じような形では神を崇めないからだ。たしかに、どれも神性や精神的存在について触れる機会は多く、宗教関連の儀式や寺院も存在するが、いずれの伝統に所属する知識人にとっても、これらは通常「スキルフル・ミーンズ」（適切な手段）、すなわち人びとに対して哲学の教えを正当化し、説明するための便宜にすぎない。さらに、大きな関心を寄せるのは神というよりはむしろ個人、すなわち社会のなかの個人である。フラナガンも指摘しているが、特に仏教は、宗教とは関係なく精神的・倫理的な立場から哲学を追求する人たちにとって格好の手段である。

一般には「仏陀」として知られるガウタマ・シッダールタは、紀元前五〇〇〜四〇〇年頃に実在したインドの王子である。二九歳のときに宮殿を飛び出して人民と触れ合ったとき、彼らが抱える病気や苦しみを目の当たりにして衝撃を受ける。そこで苦行者となり、三五歳のときには菩提樹の下で四九日間瞑想したあと、言い伝えによれば悟りを開いた。そして、悟りを開く方法を多くの人たちに教えようと決意して、伝道活動を始める。（仏教のあとに紹介する）道教やストア哲学と同様、仏教は痛みや苦しみを和らげることを目的として掲げる。私たちの実存的苦痛の主な原因は怒り、恨み、非難などの感情で、それが自分自身にも他人にも苦しみをもたらす。仏教徒は自我を抑えるため、あるいはフラナガンによれば自我を「小さくする」ため、思いやり、慈悲、喜〔訳注：生きとし生けるものの喜びに自らも喜ぶ心を持つこと〕、落ち着きなどの美徳を実践する。「常に愛情を抱くこと。苦しみ、暴力、残酷、嫌悪が存在するいかなる場所でも、これらを思いやりや愛情に置き換えることが倫理的に不可欠だ」とフラナガンは語る。それを継続して実践すれば、執着は断ち切られ、無限に転生を繰り返す輪廻のサイクルからの解放へとつながる。輪廻から解放されれば心は平穏になり、最終的にニルヴァーナ（涅槃）の境地に達する。ただし、これは簡単そうな印象を受けるかもしれないが、かならずしもそうではない。たとえばフラナガンは、仏教徒はヒトラーを殺してもよいかという問題を提起する。この思考実験には悩む人もいるだろう。

　仏教がインドで栄えているのと同じ頃、中国も哲学の黄金時代を迎えていた。紀元前七七〇～二二一年にかけて中国では戦国時代が続いていたが、中国が抱える問題の解決を巡って思想家たちは論じ合い、知恵を出し合い白熱した議論が戦わされた。その結果、教育や学習への熱が高まり、新しいアイデアがつぎつぎと生まれ、いわゆる「諸子百家」の時代が幕を開けた。このような時代を背景にして、儒教と道教が誕生したのである。ほかにも（偏見にとらわれない帰結主義の一種である）墨家、（言語哲学や弁証法が関わる）名家、（明文化された厳格な法に基づいて国を治める重要性を説く）法家、（陰陽や五行といった概念を使って歴史の流れを理解し、できれば支配することを目指す）陰陽家などが生まれた。

　孔子――西洋では一般にコンフューシャスとして知られる――は、他者への思いやりや個人としての誠実さを提唱し、血縁など個人的関係で結ばれた人たちには特別の義務があると主張した。こうして孝を強調する姿勢は、儒教の最もよく知られた側面のひとつだ。しかし儒教は、身近な人たちだけでなく、「全世界のすべての人たち」に思いやりを持つべきだと教えている。なぜなら、私たちは誰もがお互いに依存し合っているからだ。儒教では、すべての人を自分の兄弟や親や子どもと同様に扱うことが信条とされる。私たちは誰もが人間関係のなかで存在しており、良い人間関係は良き生につながるからだ。

　他者への思いやりは仁すなわち慈悲心の現れであり、義（誘惑に直面しても誠実さを貫く姿勢）、智、礼（エチケットや儀式など、社会慣習に忠実に従うこと）と共に、儒教の四つの枢要徳のひとつに数えられる。思いやりを強調する点で、儒教は仏教に似ている。しかし、仏教は愛着を苦しみの源と見なすが、これに対して儒教が考える良き生は、家族、友人、さらには人類全体に対する健全な愛着によって大きく支えられる。さらに儒教と仏教は、自己についての考え方も異なる。仏教徒から見れば、私たち人間は非永久的な存在で、確固たる本質を持たない。一方、儒学者によれば、個人の存在という事実を否定するのは、「目を閉じて自分の鼻が見えない状態のようなもの」で、ブライアン・ヴァン・ノーデンが指摘するように、「見えなくても鼻は本来の場所に存在している」。

諸子百家からはもうひとつ、影響力の大きな哲学が誕生した。それは道教（Daoism）――英語ではタオイズム（Taoism）と綴られるときがあるが、漢字は変わらない――で、老子と荘子というふたりの賢者によって始められた、生き方について研究する「道の哲学」である。[2] 儒教は社会的調和に関心を寄せるが、これに対して道教は、自然や宇宙の自然な流れに逆らわずに個人が生きることの大切さに注目する。ロビン・ワンによれば、私たちは道に従って生きるために、心から余分なものをそぎ落とさなければならない。心を雑草のように覆い隠している不安や心配を掘り返す必要がある。きれいに取り除かれれば、心に明るい光が差し込み、鋭い感覚が入り込む余地も生まれる。私たちは不確実性を受け入れる準備を整え、世の中の流れに従って生きていくが、それには自分の体をきちんと管理しなければならない。庭いじりと同じで、大切に育てていくのだ。涅槃への到達や良い人間関係の構築だけが、幸せを手に入れる手段というわけではない。むしろ流れを信じて素直に従っているうちに、幸せはやって来るものだ。ワンが母親として娘たちに語っているように、肝心なのは「正しい食事、日々の運動、十分な睡眠、学校での勉強」を心がけることだ。そのうえで道教が目指す究極の理想は、精神の変容である。精神が変容すれば、人間の有限的な生は無限の宇宙空間のなかに位置づけられる。

1章 仏教

オーウェン・フラナガン

まずは、仏教をはじめて鮮烈な形で経験したときのことをお話ししたい。仏教が教える生き方はひどく風変わりだったけれど、私は大きな魅力を感じた。すでに仏教とは別の形で世界を理解する習慣が身に付いていたのだから、これはまったくの予想外の経験だった。でも、これまでの自分をすっかり変えてしまい、心も精神も従来とは異なる摂理に従う生き方には、見倣うだけの価値があった。それ以来、私は新しい理想像を目指して努力を続け、仏教の知恵や心の習慣を少しずつ吸収してきた。現在はまだ、過去の自分を十分に捨てきれないハイブリッドのような存在である。

二〇〇〇年三月、ヒマラヤ山脈のふもとの保養地であるインドのダラムシャーラーで、四日間にわたって開催された会議に私は出席した。ほかにはダライ・ラマ一四世（法名テンジン・ギャツォ）、彼の弟子の仏教徒が数人、主に心理学者と神経科学者から成る西洋の科学者グループが参加して、破壊的な感情とそれを克服する方法について話し合った（会議の報告に関しては、参考文献の Goleman 2003 を参照）。

数日間話し合ったあと、チベット仏教徒は怒りや恨みやそれに付随する一連の感情をすべて悪いものと見なしていることが明らかになった。いかなる場合にも正当性はなく、間違っていて、「不健全だ」

と表現した。これにはびっくりした。私たち北大西洋圏の人間は、いかなる場合も怒りは不適切だと頭から決めつけない。表現の仕方や程度に限界を設け、「怒りすぎるな」「そんなに怒るな」と忠告する。たしかに猛烈な怒りは、キリスト教徒から大罪と見なされる。それでも私たちのほとんどは、（自制心が働くときでも）絶対に怒るべきではないとか、怒るのは絶対に間違っているとは考えない。何か本当に大切なものを守るための怒りは正当化される。日常生活のなかで怒りや苛立ちを表現するのは、人間である証拠に他ならない。最低限、ある程度の怒りは予想できるし許される。さらに、私の知人のほとんどは、激しい怒りを感じたときに表現しても問題はない、それは許される行為であり、時には必要だと考えるように育てられた。怒りを感じて表現するのが当然の場面もあり、一部の人間や状況は怒りの対象としてふさわしい。

たしかに、怒りに対処するためのメカニズムやルールは存在する。「一〇まで数えて」高ぶる感情を昇華させ、「怒りのボルテージを下げる」ことによって、私たちは怒りを率直に表現せず、抑制しようと努める。でも、怒りをまったく経験しないのは、不自然であり普通ではないし、人間らしくない。もちろん、ちょっとした不満を顔に出さないための自己訓練は道理にかなっているし、確実に可能だ。しかし、聖人のように情緒が安定している稀な人間を除けば、宇宙や神、あるいは邪悪な人間の不快な行動にまったく怒りを表現しないのは、心理的にほぼ不可能としか思えない。ところが、さらに驚くべき意外な展開が待っていた。仏教徒たちは、人間のなかから怒りを完全に取り除くことは可能だと信じていたのだ。実際に効果を発揮する習慣があって、それを続ければ怒りを経験しなくなる。怒りは根絶され、浄められた魂からは怒りへの衝動が湧き上がらないという。

そこで私は、つぎのような思考実験をダライ・ラマに提起した。公園や映画館などの公共スペースに自分がいるところを想像する。気がつくと、隣にはジェノサイドに手を染めたばかりのヒトラー――あるいはスターリン、ポルポト、毛沢東――が座っている。私たち北大西洋圏の人間は、ヒトラーのような人間に対して道徳的な怒り、ことによっては激しい怒りを最初に感じるのは適切だと考える。つぎに、手段があるなら殺してもかまわないし、ことによってはそれが必要だと思う。では、チベット仏教徒はどのように考えるのか。

ダライ・ラマは、いつもと同じくライオンの群れのように背後に控える高僧たちのほうを振り返った。そして彼らと一緒にささやき声でチベット語の会話を数分間交わしてから、私たちのグループのほうに向きなおり、ヒトラーを殺すべきだと結論を述べた（実際、文化的習慣の影響からか、戦士のような勇ましい口調で大げさに宣言した）。そうすれば悪い、きわめて悪いカルマの因果連鎖が断ち切られる。だから「もちろん殺してもかまわない。しかし、怒ってはいけない」。

これはどういう意味だろう。ひとりの人間が別の人間を殺したい衝動に駆られながら、怒り、恨み、非難といった一連の反応を示さずに殺人を実行できるものだろうか。理にかなっているとは思えない。

仏教では、つぎのように考える。ヒトラーは世界の営みを妨害する厄介な存在だが、実は不幸な人間だ。自分から選んであのような悪党になったのではないから、怒りではなく同情に値する。したがって、同情ゆえに死ななければならない。自分への同情、そして自分の蛮行に苦しめられたすべての人たちへの同情ゆえに死ぬべきなのだ。

優秀な戦士であるストア学派も、同じように考える。敵に対して効果的な行動が必要とされ、相手を排除する可能性が考えられる場合でも、不安や怒りなどの感情の赴くままに行動すべきではないという。行動が過激になったり、逆に不十分になったりする恐れがあるからで、これでは目標をうまく達成できない。『怒りについて』のなかでセネカは、アリストテレスに真っ向から反対して、つぎのように書いている。「危険な感情は制御するよりも、追い出してしまうほうが簡単だ」。成熟した人間は自制心があって思慮深いが、怒っている人間は自制心に欠けてだらしない。「怒りは、真実の周辺を漂う空虚な物質によって刺激される」ものだ。

　セネカは他のストア学派の哲学者と同様、厳罰や戦争が時として必要な場面で、私たちは怒りが必要だと勘違いしてしまうと考えた。セネカによれば、アリストテレスは怒りが指揮官のためにはならないが、兵士のためには役に立つと主張した。しかし優れた兵士、すなわちストア学派が考える禁欲的な兵士は、決して腹を立てない。さもないと、大事なときに絶対に必要な行動をとれないからだ。怒りに関して、セネカはつぎのような対策を勧めている。「とにかく徹底的に取り除くこと……節度ある言動は、悪い習慣といっさいの関係を持ち得ない」。

　このように仏教でもストア学派でも怒りを根絶する必要性を説いているが、それはこのふたつの哲学において道徳規範が非常に重視されることと関わっているのだと、私はあとから理解するようになった。道徳規範の目標は善を施すことである。痛みや苦しみ（ドゥッカ）を軽減し、できれば代わりに幸福をもたらす。少なくとも標準的に考えれば、怒りの目的は心を傷つけ、危害を加え、苦痛を与えることである。しかし、そんなものを目指してはいけない。怒りは強欲な自我に付随するもので、強欲な自我は満足をひたすら追求し、行く手を阻む存在の破壊を目論む。これは問題行動であり、苦しみ（ドゥッカ）の主な原因でもあり、そこからは問題の解決策が提供されない。

仏教の場合には、怒りに反対する理由がさらにもうひとつあって、それは人間の営みに関する仏教独特の形而上学的思考と関わっている。ヒトラーなどの輩は、世界の営みを妨げる悪い存在である。したがって止めなければならず、それは現実的な義務でもある。ただし、彼を止める立場にあって、それを要求される私たちは、実行する段階で相手に愛情と同情を持たなければならない。結局のところヒトラーもひとりの人間であり、親がいて、子もいる可能性がある。それを考えるなら、誰にでも愛情をもって接することが、倫理的な義務である。苦しみ、暴力、残酷、嫌悪などは、いつでもどこでも同情や愛情と置き換えなければならない。思いやりの気持ちが心の底からわき上がり、すべての生きとし生けるものの苦しみを何とか和らげたいと願わずにはいられない姿勢こそが、仏教の基本理念である。苦しみ（ドゥッカ）が蔓延する困難な状況では、それ以外に賢明な対応策はない。苦しみを見つけたら、それを和らげ、代わりに幸福をもたらさなければならない。

人間の心が豊かな自然と共生していた紀元前五世紀のインド北部では、多くの人たちが精神修行を通じ、サンサーラすなわち誕生と死のサイクルに伴う問題の解決を目指した。そもそもサンサーラは、この世に出現または誕生したものは最終的に死を迎えて朽ち果てるという厳然たる事実に言及している。ありとあらゆるもの——植物も動物も人間も——生まれたら死を迎えなければならない。誰もが愛する人を失い、自分を愛してくれた人たちに惜しまれて死んでいく。赤ん坊がこの世に誕生した瞬間に、この無邪気な可愛い子どももいずれは死すべき運命にあり、最後は老いさらばえて消えていくことがわかっていると、新しい命の誕生を素直に幸せとして歓迎できない。

このサンサーラという概念は、アブラハムの伝統を受け継ぐ宗教よりもインドの哲学で深刻な問題となる。アブラハムの伝統を受け継ぐ宗教では、地球での生命は一度限りのものと見なし、灰は灰に、塵は塵にという祈祷と共に死者を埋葬する。どんな生き物にとっても、（天国にせよ地獄にせよ）来世は一度しか経験しない場所である。ところが、仏教やジャイナ教などインドの哲学的伝統は――唯物論であるチャールヴァーカの哲学者を除き――輪廻の存在を信じる。すなわち、誕生、成長、老化、死のサイクルが永遠に続き、そのあいだに生命は何度も転生を繰り返すのである。

輪廻転生について理解する方法だけでなく、そこから解放されるための処方箋については、複数の哲学が競うかのように紹介している。転生するたびに外面の世界では昆虫や動物や人間に姿を変え、内面の世界ではおそらく悪魔や天使に姿を変えていくが、そこから最終的に開放されるための解決策を探っている。

ここで、世界にはおよそ五億人の仏教徒が存在していることを指摘しておくべきだろう[1]。半数は中国に居住しているが、それでも中国では少数派にすぎない（全人口の一八パーセントを少し超える程度）。残りの半数の大部分は、複数の仏教国にちらばっている。タイ、ミャンマー、ブータン、カンボジア、スリランカ、ラオス、ベトナム、日本、韓国だ。仏教の誕生の地であるインドでは、仏教徒は全人口の二パーセントにも満たない。北米の仏教徒はほぼ四〇〇万人で、これは全人口のおよそ一・四パーセントに当たる。そのほとんどは東および南アジア出身だが（最大の宗派は日本の浄土宗）、特に「宗教というよりもスピリチュアルな」領域で、仏教徒を自認する富裕層の白人が増えている。

紀元前五世紀頃にインドで興隆し、仏教にも影響を与えたバラモン教によれば、サンサーラすなわち輪廻からの解放は、宗教儀式に秀でることによって実現する。つまりその可能性は、司祭階級のブラーミンのみに開かれている。輪廻から解脱（モークシャ）すると心身は解放され、その時点でアートマン（我）――個の真髄であり、永遠不変のダイヤの原石のような存在――は宇宙の懐、すなわちブラフマン（梵）に吸収される（実際には再び吸収される）。通常、解脱（モークシャ）までには何度も輪廻が繰り返され、その結果としてカーストの高い地位にまで登りつめれば、最後は悟りの境地に達することができる。

仏陀はブラフマンとアートマンという二本の柱に狙いを定めた。創造の背後に潜む超越的な力、すなわちブラフマンの存在を仏陀は否定しない。むしろ、ブラフマンのような超自然的な要素は、人間がどうやっても理解できるものではないと主張した（ちなみに、生まれ変わりについては同じような否定的な見方をしない）。ブラフマンは少数の選ばれた者だけの問題であり、この世で苦しみ（ドゥッカ）を和らげながら生き続けるために解決すべき現実的な問題とは何の関係もない。一方、永遠なるアートマンに関して、シッダールタ（仏陀）は過激な経験主義者とも呼べる立場をとった。あらゆるものが永遠に続かないことを経験は教えてくれる。だから私も永遠に続く存在ではないし、アートマンなど持ち得ない。確かに私は人（person）だ。精神物理的に一貫性と継続性を備え、この世に束の間存在する。意識を持ち、それで物事を感じ取り、記憶をとどめる。しかしアートマンを持っているわけではない。

無我（アナッタ、アナートマン）という仏教の概念は難解で、誤解されやすい。すぐ前で、私は人（person）という表現を使った。私も人のひとりだ。人は意識を持つ。私もあなたも意識を持つ。

さらに私たちには個性や気質もある。しかし、不変の真髄であるアートマンは持っていない。

私たちは誰でもアートマンではなくアナートマンだという仏陀の否定的な主張の背景には、歴史的にきわめて特殊な状況が存在している。それがわかれば、仏陀が意味するところの無我をアリストテレス、ロック、ヒューム、ウィリアム・ジェームズ、パーフィットらの教義に順応させるための、哲学的に悩ましい時代錯誤的な試みをある程度回避することができる。当時のバラモン教徒は、自分たちの我（アートマン）は宇宙の最高原理である梵（ブラフマン）とまったく同じだと得意げに語ったが、仏陀にとってそれは根拠のない誇張としか思えず、その対抗策が無我だったのである。ブラフマンとアートマンは少数の選ばれた者の特権だという発想は、すべては束の間の存在だという仏陀の見解と相容れない。仏陀によれば、あらゆるものは流動的であり、永遠に変わらぬ真髄など存在しない。宇宙の背後にブラフマンが、あなたのなかにアートマンが存在するわけではない。仏陀は「もろもろの事象は過ぎ去るものだ。怠ることなく修行を完成せよ」という最期の言葉を残した。

アブラハムの伝統を受け継ぐ宗教は魂を不滅の本質として概念化するが、それに対して仏陀がどのような発言をするか想像することはできる。しかし忘れないでほしいが、彼はこれらの宗教の代表者や、現代の世俗的な私たちに直接語りかけているわけではない。仏陀は異なる歴史的状況に置かれ、異なる会話を交わした。『仏教誕生』のなかで、著者のリチャード・ゴンブリッチはつぎのように書いている。

彼は魂に関するウパニシャッドの理論に反対していた。ウパニシャッドでは、魂（アートマン）

は肉体とも精神とも対立する存在と見なす。たとえば魂は、記憶や意志の働きといった精神的機能を発揮できない。魂は真髄であり、真髄は変化しないものと定義される。さらに、個々の生き物の真髄は、宇宙の真髄と文字通り同じだと見なされる。……

仏陀が何に反論していたのかを理解すれば、新たな認識が生まれる。西洋人はまず信じないし、ほとんど聞いたことのないものを相手に反論していたのだ。[2]

いずれにせよ、バラモン教では儀式を忠実に行うことによって救い（モークシャ）に至るが、仏教の場合には主に徳を積むことによって救い（ニルヴァーナ、すなわち涅槃）に至る。もしも何かが報われるとすれば、あるいは何らかの報いを得られるとすれば、それは美徳のおかげであり、儀式とは無関係である。徳を積む可能性は、あらゆる階層の個人に開かれている。いかなる教養の宗教的信条にも左右されない。宇宙は人間の行動の道徳的資質（カルマ、すなわち業）を何らかの形で把握しており、その道徳的資質に応じて報いや罰を与えるのだ。「仏陀は世界を倫理化したが、その重要性はいくら誇張しても十分ではない。これは文明の転機だったと私は考える」とゴンブリッチは書いている。[3]

このような「世界の倫理化」は、一九五〇年代以降に仏教が西洋人にとって魅力的な存在になった経過や理由を解明するうえで、興味深いヒントを与えてくれる。仏教に好奇心を抱く西洋人、さらには仏教を実践する西洋人（彼らについては、すぐに詳しく取り上げる）のあいだでも、ほとんどの人たちは世俗的な感性と違和感がない点に仏教の魅力を感じる。作家のジャック・ケルアックも詩人のアレン・ギンズバーグも宗教心を持たなかったが、ふたりとも非常に賢明な人物で、仏教に大いに魅せられた。ベトナム戦争のあいだ、仏教僧は平和を願って勇敢にも焼身自殺を図った。そしてヒッピーは「平和、愛、幸福」というスローガンの源である仏教に興味を持った。一九八〇年代に入ると、仏教の瞑想はストレスに悩む「宇宙の支配者たち」［訳注：巨額の取引をするトレーダー］の心の健康を整えてくれる点が注目され、精神安定剤に代わる安全な手段として注目された。一九九〇年代末から二〇〇〇年代には、カリスマ的人物のダライ・ラマが登場し、仏教は関連し合う三つの偉業を成し遂げたと主張した。すなわち、仏教は科学者と共に歩み、二一世紀という新しい時代を導く倫理であり、幸福に至る道を提供する。これは精神的に悩む求道者にとって非常に明るいニュースだった。彼らが所属する文化では、もはや信仰を共有しても道徳共同体を結びつける手段にはなり得ず、科学が重要な存在になっていたからだ。

神への信仰を要求されずに道徳的問題と真剣に向き合う生活を実践するうえで、仏教はどの宗教よりも都合がよかった。実際のところ仏陀は、最終的にヒンドゥー教の神として正式に認められた神々に対して無関心だった。仏教には多くの異なる宗派が存在するが、そのほとんどは神の存在を肯定する宇宙論に影響されない。仏教によれば、物質やエネルギーは始まりも終わりもない退行を繰り返している。だから、それとは対照的な第一原因［訳注：すべての存在するものを、存在せしめる原因でありつつ、自らは他の原因に依存することのない第一の存在］の存在など、肯定的に仮定する理由は考えられなかった。

ちなみに仏陀の無我という教義は、自己を重視する自然主義的な見解と相容れない。哲学者や心理学者や神経科学者とは異なり、人間を一〇〇パーセント動物であるとは考えない。しかしそれでも仏教は、自然主義的な一面を備えているとも解釈できる。なぜならもっと生物的な概念と同様、仏教は変化と非永続性を強調するからだ。

伝統的な仏教には多数の精霊が登場し、死者の意識はつぎの生へと移行すると考えられるが、その反面、仏教徒は善良で愛情深い創造者たる神を崇拝しない。それどころか、この世は決して無ではないと信じ、何かが存在することの理由を説明するために神を必要とする考え方に対し、仏教は懐疑的でさえある。すなわち、仏教は形而上学に土台を支えられているわけではなく、私たちがそもそも存在する理由を深く追求するわけでもない。したがって、仏教は実存主義に近いという指摘も意外ではない。あらゆるものを解明し、正しい道をひとつだけ提示してくれる強大な力による導きがないのだから、正しい生活をおくる方法を自ら考えることが喫緊の課題だと主張する点は実存主義と共通している。

仏教モダニズムとも呼ばれる西洋仏教の発展は、いろいろな意味で特異な展開だった。仏教が伝統として定着している国々では、自己を自然主義的な立場から考える宗派は存在しない。ほとんどは二元論を支持しており、精神状態が実体を伴うとは考えない。そして、転生を否定する宗派はほとんど存在しない。ところが西洋において仏教は、自然主義者、不可知論者、無神論者らによって受け入れられ、変化を加えられている。では、「宗教を信じないスピリチュアルな」タイプの世俗的な自然主義者にとって、仏教の大きな魅力とは何か。まず、そもそも仏教には適応力があるので、神話的要素を取り除いて自然主義に適合させることが難しくない。しかも、それでも道徳と真剣に向き合う本来の姿勢は失われず、世界に倫理的規範を取り入れることができる。

仏教モダニズムは、今日ではニューヨークやサンフランシスコとその周辺で特に興隆しているが、私は通常これについて説明するとき、三本の糸を撚り合わせて作られた糸を想像してもらう。三本の細い糸が撚り集められ、一本の太い糸が出来上がる。一本目の糸を構成するのは仏教の知恵で、ここでは形而上学的な要素は最小限に抑えられ、人間性に関する以下の理論を土台にしている。

・永遠に続くものは何もない。あなたも、私も、私たちにとって大切な関係のすべてが永遠には継続しない。
・世界は不安定な場所であり、苦（ドゥッカ）で満たされている。
・苦の大きな原因、人間によって引き起こされる唯一の原因は、貪欲なエゴである。
・エゴは欲が深く、ほしいもの（実際には必要ではないもの）が手に入らないと、怒りや激しい怒りに駆られやすい。
・エゴを抑えれば、自分の外にあるもの、すなわち他人の幸福や悲しみに関心が向くようになる。
・この世のすべての出来事は、ひとつの大きな全体の一部である。
・大きな全体のなかで世界や自分自身を高めて改善する機会は、ごくまれにしかない。
・自分自身や他人の苦を和らげる機会を手に入れたければ、注意を怠らずに心を配らなければならない。

三本の糸の二本目は戒である。そもそも仏陀にとって、戒（シーラ）は以下の四つの伝統的な美徳から成り立つ。

・正しい決意　欲望や貪欲や悪意とは無縁の状態で、良いことの実現を目指す。
・正しい生活　衆生を直接的・間接的に傷つける行いを慎む。
・正しい言葉　真実を語り、噂話を控える。
・正しい行動　殺生を慎み、不道徳な性行為を控え、酒に酔ってはいけない。

そのほかに、次の四つの格別な美徳がある。

・思いやり　あらゆる衆生の苦を和らげるための気質。
・慈悲　あらゆる衆生に幸福をもたらしたいと願う気質。
・喜　他人の長所や成果を羨むのではなく、素直に喜ぶ気質。
・捨　自分は宇宙の中心ではないと認めて穏やかな気持ちを手に入れた結果、すべての衆生の幸福を自分の幸福と同じように重要なものとして経験できる気質。

最後の三本目となるきわめて強力な糸は、マインドフルネス、すなわち瞑想である。初期の仏教徒は、インドで誕生したヨガが心身の鍛錬のために考案した何千ものポーズのなかから、特に貴重な技を選び出して実践した。

呼吸を整え、正しいポーズをとり、意識の流れに集中すると、諸行無常や無我について体験的に理解できるだけでなく、注意力や自己制御の能力が研ぎ澄まされる。私の呼吸と一緒に、心身の痛み、悩み、欲望、執着、不安が現れては消えていく。私という人間を限定するものはいっさい存在しない。どんな経験も同じ状態にとどまらない。永遠に変わらない自己など、どこにも見えない。しかし、欲望や不安や執着によって定義されなくても、私――おそらく大文字（Ｉ）ではなく、小文字（ｉ）を使うべきだろう――は存在し続ける。それがわかれば、自分は宇宙で最も重要な存在だという考え方へのこだわりが断ち切られる。気分がすぐれず体調が悪くても、自分の存在がこれらによって規定されないことを理解する手助けになる。

瞑想は、自分を道徳的に高めるための効果的な手段としても使われる。試合に臨むアスリートが、これから自分はどんな展開を望んでいるのか正確に思い描いてみるのと同じだ。慈悲（メッタ）の瞑想では、たとえばつぎのような状況を想像する。お腹を空かせて食べ物を必要としている人物がいる。あなたは食べ物を持っているが、自分のためにとっておきたい。食べ物を差し出して共有するのが理想的な展開で、それを経験すれば――経験するように努めれば――自己は改善される。ほかにも特定のスキル向上に役立つテクニックは存在する。もっと忍耐強くなるため、怒りを抑えるため、勇敢になるため、思いやりを持つためなど、複数のテクニックがあるが、その目的はいずれも、他者の苦しみにもっと敏感になり、苦しみを和らげることができるように心を調整することだ。

実際に仏教徒になるためには――仏教を人生の哲学とするためには――撚り合わされた三本の糸の

すべてをある程度理解すべきだとも考えられる。これは当たり前のようだが、ひとつ興味深いことがある。私が仏教に興味を持っていると知ったアメリカ人は、あなたは仏教を実践しているのかと訊ねる。大体は私が瞑想を行っていると信じ、しかも頻繁に行っていると想像する。でも私が無常や無我を信じているのか、思いやりや慈悲などの戒を実践しているのかは訊ねない。

このように、仏教はほとんどが瞑想と関連しているという発想は、明らかに北大西洋圏に独特のものだ。二〇一一年、私は『ハフポスト』のコラムでいわゆる「ブルジョア仏教徒」について取り上げ、東および南アジアでは聖職者以外の平均的な仏教徒がほとんど瞑想を行わず、アメリカの平均的なキリスト教徒が祈りに費やす時間とほぼ同じだと指摘した。北米やヨーロッパにおいて瞑想は、仏教の教えを実践するための手段と見なされ、仏教に触発されている点がアピールされるが、実は疲れ果てた心を癒して穏やかな気持ちになるための手段として役立っている。自己のためのものであり、自己を捨てるためのものではない。

ではここで、仏教徒になれば幸せになれるのかという問題を取り上げよう。この点については誇大宣伝されている。どういう意味かと言えば、真実はそれほど都合よくはない。仏教は自己を追求しないようにと警告しているが、幸せが約束される点を強調すると、仏教が自己満足の手段としてクローズアップされてしまう。しかし、本来の仏教が注目するのはドゥッカである点を思い出してほしい。すなわち、自分自身を含めてあらゆる衆生の苦しみを和らげなければならない。そして、苦しみを和らげることは、誰かを幸せにすることと同じではない。ではつぎに、このふたつを深く考えずに融合させるといかに危険か、以下に教訓話を紹介しよう。

二〇〇三年五月の『ニュー・サイエンティスト』誌に、「幸せの色」という私の記事が掲載された。ここでは、まさに瞑想中の仏教僧のなかで（正確には彼の脳内で）仏教がおよぼす「プラス効果」に関するふたつの予備調査について報告した。残念なことに、ロイター、BBC、あるいはカナダやオーストラリアの公共ラジオなどの報道機関がこの記事に飛びつき、私のエッセイのメッセージを「仏教徒は科学者を『幸せの椅子』へと導く」という誇張した形で要約した。瞑想を行ったフランス生まれの僧侶のマチュー・リシャールは、世界でいちばん幸せな人間だと宣言される。さらに私は、彼の脳のなかに幸せスポットを発見した科学者のひとりにされてしまった（私は現場に居合わせさえしなかった！）。

仏教徒の脳は幸せを司る部分がきわめて活発であり、したがって、このような脳の持ち主は並外れて幸せで、おそらく誰よりも幸せだ。そして非常に幸せな人びとが非常に幸せな脳の持ち主なのは、（どんな形であれ）瞑想のおかげだというアイデアが、正しい根拠もなく熱狂的に受け入れられてしまった。私はそんな熱狂を鎮めるため、あるいはせめて抑制するため、メディアとのあいだで（多すぎるほど）たくさんのインタビューをこなした。仏教徒がこれまで生きてきたどんな人間よりも幸せであることを発見したのはいつか、幸せスポットは正確には脳のどこに存在するのか、私は訊ねられた。『ダーマ・ライフ』誌は愉快な見出しを考案し、瞑想中の僧侶に関して早い時期に研究を行ったふたりの科学者、リッチー・デヴィッドソンとポール・エクマンを「喜び探しの探偵」と呼んだ。

たとえば『ニューヨーク・タイムズ』紙のサイエンスニュースが神経科学の分野での発見を報じる姿勢に関して、私は何年も前から真剣に取り合わなかった。友人の大半と同様、誇大広告のほとんどはくだらないけれども無害だと考えたからだ。しかし、このときの仏教に関する報道は笑い飛ばせるものではなかった。まず、これには私自身が関わっていた。つぎに、状況がオーウェル的（全体主義的）で、漠然とした危険が感じられた。私の知り合いで、尊敬に値する仏教徒の多くが、こうした誇張の悪影響で、仏教ブランドのあやしげな薬を積極的に売りつけるようになるのではないかと不安を抱いた。何しろ、幸せへの確実な道というお墨付きを科学者から与えられたのだ。魔法の特効薬を思わせるスピリチュアルな解決策への拒絶反応を持つ私は、懐疑論者を演じる必要に迫られた。そこで友人であるオランダ人仏教徒のロブ・ホーゲンドーンと一緒に「ブッダシット」（Buddshit）という言葉を考案した。どんな伝統的なスピリチュアルにおいても利益を誘導するために戯言（bullshit）が考案される。それと同じで、特に仏教徒の戯言である点を強調して「ブッダシット」という言葉を創造したのだ。仏教は幸せに至る道だというが、そんなのはブッダシットに他ならない。

仏教は幸せに至る道――最善の道――だと仏教が自己宣伝する姿勢には困惑するが、特に驚くわけでもない。というのも、現代の西洋人は何よりも幸せを望むと語るからだ。地球上で最も有名な仏教徒であるダライ・ラマは、この広告戦術の誘惑に抗しきれず、一九九八年に *The Art of Happiness*（邦訳『ダライ・ラマ こころの育て方』）という本を共著で出版した。それによれば、幸せは法貨のようなもので、幸せの追求は結局のところ、固有の権利である。

しかしそれでも、幸せが約束されることが仏教の魅力になるのは歓迎できない。なぜなら、本来の仏教は幸せを約束していない。二五〇〇年前に誕生した当時の仏教は、苦しみを和らげるための修行について教えた。そもそも仏教の開祖である仏陀は、孔子やイエス・キリストと同様、現代のいかなる概念に基づいても幸せだったと呼べる人物ではない。ここまで説明してきたように、ガウタマ・シッダールタは宇宙を倫理と結びつけた。宇宙を個人的な問題と結びつけたり、あるいは宇宙のなかで喜びを追求したり自己を満足させたりすることはなかった。

それでもやはり、仏教は現代の西洋人が必要とし、手に入れたいと望むべきものの一部を提供してくれるという発想は間違っていない。仏教からは、形而上学的視点、道徳規範、一連の実践法が提供され、この三つがうまく結びつけば、自我は小さくなる。幸運に恵まれれば、呪術的思考がある程度まで取り除かれ、心にある程度の平穏と落ち着きがもたらされるかもしれない。

仏教は何よりもまず、人類すべてが直面する大きな問題に対して可能な範囲での解決策を教えてくれる。それは、苦しみをいかに最小限に抑えるべきかという問題であり、自己否定や自我の縮小などが具体的な解決策として紹介されている。そもそも手に入れることが不可能な幸せに関して、伝統的な仏教はあまり注目しない。少なくとも、何度も輪廻を経験するまでは幸せについて考えられない。輪廻のすえに涅槃（ニルヴァーナ）に到達し、もしもその状態を幸せと見なすならば、無我の境地に達することによって幸せは手に入る。あらゆる欲望を捨て去り、何物でもなくなったとき、幸せは実現するのだ。

もしも標準的な幸せが仏教から提供されないとすれば、何が提供されるのだろうか。それは心が安定した状態であり、そのとき気持ちは穏やかになり満足感が得られる。西洋で最高の幸せと見なされ、広く追求され奨励される類の幸せとは違う。この穏やかで満ち足りた状態が実現するためには、まずは諸行無常や無我の妥当性を理解することだ。つぎにマインドフルネスを実践し、三番目に、悲《ひ》［訳

注：生きとし生けるものに苦しみを共にする同感の心を持つこと］、慈〔訳注：生きとし生けるものに深い慈しみの心を持つこと］、喜《き》〔訳注：生きとし生けるものの喜びに自らも喜ぶ心を持つこと］、捨《しゃ》〔訳注：生きとし生けるものに対して平静な心を持つこと］といった美徳を実践する。この三つがうまく実現されれば、賢明で良い教えを自分のものとして吸収することができるばかりか、意義深い教訓が提供されるかもしれない。そのとき幸せは手に入るのだろうか。ひょっとすると手に入るかもしれないが、それはとりたてて重要なことではない。

2章　儒教

ブライアン・W・ヴァン・ノーデン

私たちはなぜアインシュタインのことが大好きなのだろう。大好きなのは間違いない。寮の部屋にはポスターが貼られているし、インターネットミームには彼の肖像や言葉の引用（大体は間違っている）が頻繁に登場する。しかもアインシュタインは、数えきれないほどたくさんの映画やテレビ番組でも取り上げられ、そのすべてが好意的だ。そして彼は容貌そのものがポジティブな反応を本能的に導き出すが、それはなぜだろう。

まさかと思うかもしれないが、アインシュタインの人気には、古代ギリシャの哲学者プラトン（紀元前四世紀に没する）が影響している。プラトンによれば、人間にとって最良の生は、理論的考察に没頭する日々によって実現する。純粋数学や理論物理学や哲学などの研究者は、日常生活のありふれた出来事へのこだわりを超越しているので、私たち凡人よりも優れている。もっと純粋で、その存在は神に近い。

カート・ヴォネガットは小説『猫のゆりかご』のなかで、このような超人的で孤高の科学者という理想像に疑問を投げかけている。登場人物のひとりフェリックス・ハニカーは、核兵器を開発した科学者たちのパロディとして描かれている。自分の研究にどんな倫理的意味が込められているのか、深く考えなかった科学者たちだ（作中でハニカーは「原爆の父」と呼ばれるが、現実の世界では、物理学者でありマンハッタン計画のリーダーだったＪ・ロバート・オッペンハイマーがそう呼ばれた）。ハニカーは才気あふれ、好奇心旺盛な人物として描かれている。しかし彼には友人がいないし、誰からも愛されず、他の人間、自分の子どもにさえもまったく関心がない。ハニカーが発明した物質「アイス・ナイン」は、たとえ一滴でも所有すれば、地球の全生命を死滅させる能力が手に入る。そんなアイス・ナインを誰が管理するのか、この物質からどんな結果がもたらされるのか、ハニカーは呆れるほど無関心である。

　ここで強調しておきたいが、アインシュタインやオッペンハイマーが実際にハニカーのような人間だったと確信できる理由など、絶対にない。ただし、偉大な科学者と評価される人たちのなかには、実際にハニカーとよく似ているタイプもいる。たとえばヴェルナー・フォン・ブラウンは、第二次世界大戦中にナチスのためにロケットを開発するときも、冷戦時代にＮＡＳＡのためにロケットを開発するときも、いたって幸せだった（かつてコメディアンのトム・レーラーは、フォン・ブラウンをパロディ化してつぎのように警告した。「ヴェルナー・フォン・ブラウンによれば、『ロケットが打ち上げられさえすれば、どこに落ちていこうがかまうものか。それは私の領域ではない！』らしい」。私は決して科学撲滅運動に参加するわけではない。結局のところ、自然科学は哲学から誕生したのであって、私たちは子孫の幸せを心から願う！　ただひとつだけ、どうかプラトンの仮定を素直に信じないでほしい。純粋な理論的理由を追求してさえいれば、称賛に値する生だとは限らない。

　では、実際に生きる価値のある生とはどんなものだろう。孔子（紀元前五五一～四七九）の弟子たちは、つぎのように回答している。良き生は、他の人間との愛情深い関係に支えられていることが特徴である。愛情深い関係の模範例が、理想的な家族である。両親は子どもたちを教え導きながら養育し、子どもたちはお互いに慈しみ合う。同様に、政治指導者など監督的立場にある人物は、従う人たちの幸福を考えて行動すべきだ。そして私たちは、友人や共同体のメンバーなど他のすべての人たちに対して、自分の子どもと同じような思いやりを持たなければならない。ある儒学者はつぎのように語っている。

すべての人間は私の子どもであり、すべての生き物は私の仲間である。……全世界に存在する疲れた人たち、身体に障害を抱えた人たち、消耗しきった人たち、病気で苦しむ人たち、兄弟や子どものいない人たち、妻を亡くした男性や夫を亡くした女性は、自分ではどうすることもできず、窮状を訴えられる相手もいない。でも、みんな私の兄弟姉妹なのだから、そんな境遇の人たちの力になるのは、親孝行に等しい(1)。

ここからは、人間関係を中心に据えた人間観が導かれる。たとえば、私はどんな人間だろうか。私の名前はブライアン・ヴァン・ノーデン。しかしそう宣言するためには、他のすべてのヴァン・ノーデンとの関わりのなかでの自分の位置づけを明確にしなければならない。そこに含まれるのは両親や兄弟姉妹だけではない。南北戦争で北軍と南軍のいずれかに所属して戦ったヴァン・ノーデンたち、独立戦争で革命派と王党派のいずれかに所属して戦ったヴァン・ノーデンたちも含まれる（私の想像では、先祖たちが集まる親族会の場はやや気まずい雰囲気だろう）。つぎに私は教授だが、これもまた人間関係に支えられた特性だ。私はある特定のカレッジに所属する教授であり、特定の学生たちにとっての教師である。さらに私は作家だが、やはりこれも複雑な人間関係に支えられた特性である。そこには私自身のほかに、私の著書や論文を発表してくれる出版社、担当編集者、読者が含まれる。そして、私のなかで科学的に最も客観的な特質にさえ、人間関係が絡んでいる。私はホモ・サピエンスという生物種のメンバーだが、他のメンバーが存在しない限り、この生物種は存在し得ない。アフリカで最初の人類が生き残っていなければ、私は存在していない。そして最後に、単なる物質の塊にすぎない私は、ビッグバンを通じて間接的に、重力を通じて直接的にあらゆるものと関わっている（重力の大きさは距離の二乗に反比例して小さくなるが、決して消滅しない）。

私たちの資質には人間関係が関わっているという事実には倫理的意味が込められている。人間関係をすっかり断ち切った状態で「私」は存在しないのだから、良き生を実現できるかどうかは良い人間関係を築けるかどうかにかかっている。教師という立場から見る限り、教え方が上手ならば良い生き方ができるし、教え方が下手ならば悪い生き方になってしまう。でも、仕事以外の人生もあるのではないか。そう、確実に存在する！　父親という立場によってもアイデンティティは確立される。良い父親であれば良い人間として、悪い父親なら悪い人間として評価される。こうした事例からは、自分の利益を追求することと他者を思いやることのあいだには、根本的な緊張状態が存在しないことがわかる。なぜなら、良き生を構成する最も大事な要素は人間関係であり、私たちはある程度、人間関係によって特徴づけられる。孔子はこの点をきわめて簡潔に表現している。繁栄する社会とはどんな社会かと尋ねられたとき、孔子はつぎのように答えた。「支配者が真の支配者に、役人が真の役人に、父親が真の父親に、息子が真の息子になる社会だ[2]」。

儒学者の王陽明（一四七二～一五二九）は、人間は万物との「一体感」を暗に意識していると指摘して、つぎのように論じている。

だからこそ、井戸に落ち［そうな］少年を見ると、驚いて同情を禁じ得ない。なぜなら慈悲心を通じて、子どもとのあいだに一体感が形成されるからだ。このように反応するのは、子どもが同じ生物種に属するからだという反論があるかもしれない。しかし鳥や動物の苦しそうな叫び声を聞いたり、おびえた姿を見たりすれば、聞くに耐えない、見るに耐えないという感情が湧いてくるのを抑えられない。なぜなら、鳥や動物とのあいだに一体感が形成されるからだ。鳥や動物は知覚力を持つ生き物だからだと反論があるかもしれない。しかし草木が根こそぎにされて引き抜かれるのを見れば、同情や悲しみが心に広がるのを避けられない[3]。

さらに王陽明は、私たちは「タイルや石とのあいだにも一体感を形成している」と続ける。その証拠に、由緒ある美しい建物や風光明媚な断崖が「崩れて破壊される」ところを見れば、心から残念だと思う[4]。

この儒教の見解は、二〇〇〇年以上にわたって西洋哲学の中心を占めてきた見解と著しく対照的だ。西洋哲学によれば、人間はそれぞれが形而上学的にユニークな存在であり、政治的に独立している。

ほとんど共通点を持たない哲学者たち――アリストテレス（紀元前三八四～三二二）のような本質主義者からシモーヌ・ド・ボーヴォワール（一九〇八～一九八六）のような実存主義者に至るまで――も、理由はともかく、現実は独立した個人から構成されることを当然視する。[5] この前提からは、いくつかのポジティブな結果が導かれた。たとえば、人間は生まれながら自由な個人であり、本質的に他人とのあいだで一切の貸し借りがないという確信からは、社会契約論が生まれた。この見解によれば、独立した個人が合意のうえで権利や利益を尊重し合うことによって、政治権力は正当化される。さらには、言論や宗教の自由の尊重を正当化する根拠も与えられた。

ジャン＝ジャック・ルソー（一七一二～一七七八）は、過激な個人主義が生み出した政治的神話を以下のように簡潔な形で表現している。「人間は生まれたときは自由でも、あらゆるところで鎖につながれている[6]」。しかし私たちは、すでに生まれた時点で自由ではない。世話になる様々な人たちへの恩に報いる義務がある。両親や親戚は大人になるまで大事に育ててくれるし、教師は生活費を稼ぐために必要な能力にとどまらず、人間形成に役立つ資質を身に付ける手助けをしてくれる。そして、生まれる以前から存在している文明のおかげで、個人として貢献できる枠組みが提供される。ここでダニエル・デフォーの『ロビンソン・クルーソー』（一七一九）について考えてみよう。これは、自分の世界のすべてを所有する独立した個人のパラダイムを取り上げた文学作品として評価された。その根拠は、彼があらゆるものを自らの手で創造したことだ。しかし、この評価は本質を見落としている。実際にこの小説を読めば、個人が何者にも頼らず生きていくなど不可能なことがわかるはずだ。神の恩寵に頼り、先人たちの成果を頼りにしている（これに関しては、クルーソーが難破船から回収し、生き残りのために必要とした道具や資源によって象徴されている）。

いまや、人間は誰もが完全に独立した存在だという神話の限界は、徐々に明らかになっている。私たちの権利は絶対的で無制限だと本気で考えるのは、過激論者ぐらいだ。表現の自由の権利があれば、高校教師は白人至上主義に関する動画をポッドキャストで公開しても許されるだろうか。[7]私に「銃を所持・携帯する権利」があれば、一分間に六〇発を連射できるセミオートマチック・ライフルを所有してもよいのだろうか。宗教の自由があれば、ゲイのカップルのためにウェディングケーキを焼いてほしいと頼まれたときに拒めるのだろうか。[8]そして企業――二〇世紀で最も重要で影響力のある発明――は、この構想にどう当てはまるのだろうか。企業は現在、狭い法律上の目的で個人として見なされるが、これは古代の哲学者が考えた個人とは確実に異なる。[9]

一部の人たちは、いま紹介した質問に対する回答に私ほどの確信を持てない。そして、こうした話題に関する議論が行き詰まるのであれば、私たち人間や私たちが暮らす宇宙に関してもっと正確なモデルを準備しなければならない。「誰も離れ小島のような存在ではない。誰もが大陸の一部であり、大きな存在の一部である」[10]という事実を考慮しなければならない。どんな法律を持つべきで、どんな権利を守るべきか判断する際には、相互に依存する人間や物事から構成される宇宙に暮らしている現実を認識しなければならない。

しかしだからといって、個人は重要ではないというわけではない。仏教徒は「無我」の教えを説くが、儒学者は常にこれとは異なる自分たちの立場を明確にしている。ある国王が、仏教僧であり哲学者のナーガセーナ（紀元前二世紀）に自分は何者だと思うかと尋ねると、ナーガセーナはこう答えた。

「陛下、私はナーガセーナとして知られています。……［しかし］この『ナーガセーナ』は名称、レッテル、概念、表現、単なる名前にすぎません。なぜなら、ナーガセーナなどという人間はどこを探しても見つかりません」[11]。この仏教の教義は、家族や友人や恋人への愛情が、実体のない自己が実体のない他の自己に対して抱く執着であることを暗示している。ある禅僧は、無我の教えが倫理的に行き着く先をつぎのように説明している。「仏陀に会ったら、仏陀という存在を殺せ。……両親に会ったら、両親という存在を殺せ。親戚に会ったら、親戚という存在を殺せ。そのときはじめて心は解放される。いっさいの執着がなければ、どこへ行こうが自由でいられる」[12]。この故意に衝撃的な公案（説法）は、心の中で特定の役割を占める特定の個人へのこだわりを放棄すべしという命令を婉曲的に表現している。ほとんどの文化圏で仏教の僧侶や尼僧が独身を貫き、髪をそり、同じような服を身に着けているのには、こんな理由があるのだ。いかなる執着も個性も排除しなければならない[13]。

これに対して儒学者は、仏教の見解にはつぎのような認識の誤りがあると論じる。私たちの特徴は人間関係によって決定されるが、個人のあいだに人間関係が存在するためには、そもそも個人が存在しなければならない。たとえば母子関係が成り立つためには、少なくともひとりの個人が母親に、ひとりの個人がその子どもになる必要がある。友人関係が成り立つためには、少なくともふたりの個人が関わらなければならない。ある弟子が自分は個性を超越したと自慢して、「もはや自分の体を自分自身のもののようには感じられない」と語ると、彼の師に当たる儒学者はつぎのように言い込めた。「他人が満腹ならば、もはや自分も空腹感に襲われないということなのか」[14]。あるいは別の機会に、同じ儒学者はつぎのように説明した。仏教の教えは「鼻が見えないように目を閉じるようなものだ。見えなくても、鼻は本来の場所にちゃんと収まっている」[15]。要するに仏教は、人間の経験において回避できない側面を深い考えもなしに無視しているのだ。

儒教の形而上学的体系のなかで補完し合うふたつの要素——誰もがお互いに依存し合っているという確信と、相互依存的な関係が成り立つためには実際のところ個人が関わっているという確信——からは、儒教の美徳に相互補完的な性質が備わっていることがわかる。儒教で最も重要なふたつの美徳が仁と義だ。仁は、他人への思いやりという形で具体的に表される。親に抱く愛情、井戸に落ちそうな子どもを見たときに感じる驚き、苦しんでいる動物への憐れみ、さらには自然界の植物や樹木や山々を思い描くときに本能的に抱く満足感などの形で表現される。私たちは例外なくお互いに依存しているのだから、仁は「全世界の何もかも」を対象にしなければならない。

しかしそれでも、私たちは特有の歴史を経験し、特有の関係に支えられている個人でもあるという事実を無視すべきではない。CVNとHVNという特有のふたりの個人の息子として生まれた事実は、いまの私という存在の一部を形成した。両親が犠牲も厭わず愛情深く育ててくれたおかげで、私はふたりが経験できなかったチャンスを手に入れた。私は両親に借りがあるのだから、他人とは比較にならないほど深い尊敬と愛情で恩を返さなければならない（孝）。しかし同時に、すべての年長者に対してある程度の敬意を払う必要がある。過去の世代の人たちが私たちの社会を創造・維持するために貢献してくれた事実に対して感謝しなければならない。親への孝と年長者への敬意のふたつは愛情の差別化の事例であり、儒教の倫理の特徴的な一面である。儒教は愛情の差別化によって、ユニラテラリズム（単独主義）の倫理体系とは一線を画す。ユニラテラリズムにおいては、最大多数にとっての最大限の幸福を生み出すことが求められる。あるいは、人間は結局のところ誰からも何の恩恵も受けておらず、例外は自由と独立の尊重ぐらいだと主張するカント哲学とも異なる。対照的に儒教は、私たちはすべての人間に思いやりを示すべきだが、特別の関係で結ばれた特定の個人には格別の義務を負っていると主張する。家族、共同体、友情といった特別な関係は、人間形成に貢献しているからだ。人間形成を支えてくれた関係には特別の恩義があるのだから、愛情の差別化が正当化されてもおかしくはない。

そしてもうひとつ、家族は美徳が育まれる場所であることも、愛情の差別化が正当化される理由になっている。家族のなかで愛し愛される経験を通じて、私たちは世間一般の人びとへの思いやりを学ぶ。家族のなかで他人の境界を尊重する一方、自分の境界を尊重されることによって、私たちは家族以外の人間を尊敬できるようになる。孟子（紀元前四世紀）は儒教の「第二の賢人」と呼ばれ、孔子に次ぐ二番目に重要な人物と評価されている。彼は家族のなかでの愛情と、もっと対象範囲が広い美徳のあいだの関係について、つぎのように簡潔に説明している。

> 腕のなかに抱かれている赤ん坊なら誰でも、親を愛することを知っている。やがて成長すれば、兄を尊敬することを誰でも学ぶ。親を親として愛するのは仁であり、年長者を尊敬するのは義である。肝心なのは、この関係を世間一般での関係にまで延長することだ。(16)

仁は重要であるけれども、他の人間や他の物事と自分を完全に一体化してはならない。なぜなら、私たちは独自のアイデンティティを持つ個人でもあるからだ。個人としての誠実さを守り抜くのは義と呼ばれる美徳で、[17]これは道徳的に恥ずべき行為を軽蔑することで明示される。具体的には、不正行為を使ってまで良い結果を手に入れようとせず、下心のある贈り物の受け取りを拒み、金のために信念を売り渡す発想を嫌悪することによって表現される。通常、仁と義は私たちを同じ方向に導いてくれる。たとえば、きれいな衣服を購入する金銭的余裕のない人を私は物笑いの種にしないが、それは他人の感情を傷つければ気まずい思いを経験するからであり（仁）、富や衣服など表面的な理由で自分が他人よりも優れていると考えるのは恥ずかしいからでもある（義）。ただし、時に義は仁よりも勝る。一例として孟子は、自分に敬意を払わない支配者を信者として受け入れるのを拒んだ。弟子のひとりは信念を曲げてほしいと訴えた。そんな支配者を説得して仁があふれる政府を実現させれば、あらゆる人たちに仁を施せるというのが理由だった。すると孟子は、屈辱を甘んじて受けるのは人格者としての立場を放棄するのも同然で、「信念を曲げるような人物に他人の言動を正すことは絶対にできない」と応じた。[18]現代風に言えば、他人には思いやりを持つべきだが、ドアマットのように踏みつけられるのを我慢する必要はない！

では、あなたに対する無礼な言動が些細なものであり、あなたの犠牲によって他人が大きな利益を得られる場合はどうか。この場合には、儒教の三番目の美徳である智が関わってくる。儒教における智は、純粋な理論的合理性とは無関係である。ここでウィリアム・ショックレー（一九一〇～一九八九）について考えてみよう。彼はトランジスタの共同発明者としてノーベル賞を受賞したが、過激な人種差別主義者でもあり、自分の子どもたちとも疎遠な関係となって孤独に生涯を終えた。[19]

ショックレーには並外れた理論的合理性が備わっていたが（少なくとも電子工学については）、儒教で智に該当する実践的合理性が欠如していた。他人の特徴を正しく判断し、自分自身の幸福には謙虚な姿勢を崩さず、（上司、部下、同僚のいずれであるにせよ）他人とうまく協調する能力を身に付け、現実の世界で物事を実践的に処理する方法を学ぶことなどによって、智は表現される。

智という美徳は、異なる価値同士の対立から生じるジレンマの解決にも役立つ。なかには簡単に解決できるケースもある。孟子はある哲学者から、未婚の男女は身体的接触を避けるべきかどうか尋ねられ、避けるべきだと答えた（このルールが堅苦しく感じられるならば、代わりに、身体的接触がどの程度までなら賢明で適切と見なされるか考えてみてほしい）。すると、孟子は罠にはまった、逃れようのないジレンマに陥ったと確信した別の哲学者は、勝ち誇った様子でこう尋ねた。「あなたの義理の姉妹が溺れかけていたら、自分の手で引っ張り上げるのではないですか」。これに対し、孟子は動揺もせず、つぎのように答えた。「溺れかけている義理の姉妹を引き上げようとしない人間は、獣も同然だ。……手を使って引っ張り上げるのは分別ある行為だ[20]」。

もちろん、智がもっと厄介なジレンマに直面する可能性はある。あるとき孔子が出会った君主は、つぎのように自慢した。自分の領内の民はとにかく「高潔」なので、羊を盗んだ父親を息子が告発するほどだ。すると孔子はつぎのように答えた。「私の信者のあいだでは、『高潔』という言葉の意味が異なる。父親は息子の悪事を隠し、息子は父親の悪事を隠す。そのような行動が『高潔』だと見なされる[21]」。道徳的に厳密な公平性を求める人たちにとって、孔子の教えは誠実さが大きく欠けているような印象を受けるだろう。しかし、自分にこう問いかけてほしい。自分の父親が詐欺師だとわかったとき、あなたはどうするだろうか。実の父親を実際に警察に引き渡すだろうか。それとも、本来であれば罪びとを警察に引き渡すべきだが、父親に尽くすべき義務のほうが勝るだろうか。正直なところ、答えはどちらだろう（何らかの抽象的な理論に基づいて正しい答えを出そうと考えてはいけない）。道徳的な義務についての着想が、儒教は見事なまでに現実的である。

儒教の四番目の卓越した美徳は礼である。礼儀作法や儀式の手順を身に付けることによって、礼は表現される。これらは単なる社会慣習であり、卓越した美徳のなかでは最も重要度が低い。社会慣習に少々疎くても誠実であるほうが、礼儀正しい悪党よりもはるかに優れている。しかし常に現実的な姿勢を忘れない儒教は、仲間の人間とスムーズに交流するために、社会慣習に忠実に従うことの必要性を認識している。もちろん礼を尽くすといっても、社会慣習を無視して許される場面はある。たとえばあるとき、ヴィクトリア女王が異文化圏からやって来た国賓のために公式晩さん会を開いた。前菜のあと、手を洗うためのフィンガーボウルがゲストたちのもとに運ばれてきた。ところが主賓の行動に全員が唖然とする。フィンガーボウルの水をスープと勘違いして、飲み干したのだ。会場の紳士淑女は女王に視線を向けて、どんな反応をするのか見守った。すると女王は躊躇なく自分のフィンガーボウルの水を飲み、大事な賓客が困惑しないように配慮した。このストーリーは真実にしては出来すぎているが、「偉大な人物は」孟子が「礼に欠ける礼」という適切な言葉で表現した行動を「実践しない」ものだ[22]。

儒教では、私たちは誰もが（おそらく、真の野蛮人を除いたすべての人たちが）これらの美徳をすでに心のなかに持っていると確信する反面、いずれも未熟なレベルにとどまっているものと見なす。

人間性は本質的に善ではあるが、生来の美徳は育まなければならない。そのため儒教は（そして本書で紹介する運動は例外なく）、道徳心が育まれる可能性を信じて疑わない。ただし、自己正当化に走ったり認識を誤ったりすると、もっと良い人間になれるということがわからなくなるので、孟子も「自滅」してはならないと警告している。自滅すると、「礼や義を疎んじる」人間になってしまう。心当たりがあるはずだ。「道徳律なんて、くだらない！　誰でも自分のことだけ考えればいいのさ！」と聞かされた経験はあるだろう。たしかにこれは、語っている本人には当てはまる。すなわち、これが真実だと信じた時点で、少なくとも本人には当てはまってしまう。一方、「せっかくの可能性を自ら放棄」してしまう人も多く、そうなると「自分なんて、仁を尽くすことも義に従うこともできない」と決めつけてしまう。[23] 人間が道徳的に改善できる可能性をこのような自滅的な形で否定するケースはめずらしくないが、ちょっと考えてみるだけでも、そのおかしさがわかるはずだ。たとえばテニスやポーカーの腕前、文章を書いたり絵を描いたりする能力、おいしいワインや芸術作品を評価する判断力が、時間をかけて努力を重ねれば向上するものだと、私たちは信じて疑わない。だとすれば、懸命に努力して訓練や教育を重ねても、良い人間になることだけは不可能だと決めつけるのは、きわめて不自然ではないだろうか。

さらに、道徳心は育まれるものだと実際に信じていても、鍛錬を続けるあいだに誤解を抱き、努力を怠ってしまうときがある。なぜなら、成果を達成する唯一の道は「突然の悟り」だと決めつけてしまうからだ。禅仏教に由来する「悟り」という言葉は耳慣れないかもしれないが、その概念は馴染み深い。テレビのホームコメディやドラマにも定期的に登場する。たとえば、自分の子どもたちに三〇年以上にわたって冷淡な父親がいた。やがてある日、祖父はどんな人だったのかと、子どものひとりが尋ねた。すると父親は、自分は父親から認められたことも愛情を表現されたこともなかったと説明するが、そこで父親の顔がクローズアップされる。「ちょっと待てよ！　自分はおやじとそっくりじゃないか！　これじゃいけない、これからは変わるぞ！」。父親はいきなりそう決意すると、子どもたちを抱きしめて大団円を迎え、エンディングロールとなる（私の世代の方たちは『ラブ・ボート』という連続ドラマを覚えているだろう〔訳注：一九七七～一九八六年、アメリカで放映〕。毎回のエピソードには少なくともひとつのプロットラインがあって、個人的な問題や人間関係に関する問題について突然何かを閃く。その舞台は何と、一週間の休暇でプエルトバジャルタに向かう豪華客船だ！）。突然の悟りは非現実的であるばかりか、道徳心を育む行為の評価を落としてしまう。なぜなら実際には突然の悟りなど経験できないと認識した途端、いかなる種類の自己修養も放棄してしまうからだ。道徳心を本当に育むためには努力も時間も必要とされる。

　では、倫理的特性はどのように育まれるのか。よく考え、よく学ぶことだ。孔子はつぎのように語っている。「過去に学んできた事柄について何も考えずに新たに学ぼうとすれば、戸惑ってしまう。しかし何も学ばずに考えるだけでは、危険な状況に陥ってしまう」[24]。本から学ぼう。儒教の経典など、道徳的な教訓が具体的に紹介されている書物だけでなく、伝記、歴史書、小説、詩を読んでみよう。そこでは、人間のモチベーションのニュアンスや複雑さ、さらには美徳や悪徳について探求されている。あるいは、他人からも学べる。「ふたりの人物と一緒に歩いているときには、常にふたりが教師になってくれる」と孔子は説明している。「良い人物に注目するときは見倣おうと努めるが、自分のなかの何を変える必要があるか知りたいときは、悪い人物に注目する」[25]。そして、自分が学ぶ事柄について常に考えよう。私にとって、いまここでそれはどんな意味を持つのか問いかけるのだ。ほかには、自分の行動やモチベーションについても考えよう。孔子の弟子のひとりは、毎日三つの点を確認した。まず他人との付き合いにおいて、自分は何らかの形で義務を怠っていないだろうか。つぎに友人や仲間との交流において、何らかの形で信頼を失っていないだろうか。そして最後に、自分が教えていることの実践を何らかの形で怠っていないだろうか[26]。

倫理的な自己鍛錬は、賢者になることを最終的な目標に据えている。賢者とは、美徳の少なくとも一部の側面を完璧に身に付けた人物である。ただし世間では、儒教の賢者の人物像について誤解が多い。ステレオタイプとは対照的に、儒教の賢者は山頂に静かに座して、謎めいた箴言を伝えたりしない。何よりも、世の中で積極的に活動する。孔子は生涯のなかで、経理担当者として(嘘ではない)、さらには役人として働いた時期があった。後に公人としての生活から退いてフルタイムの教師になったのは、腐敗と完全に無縁な支配者のもとで雇用される機会を見つけられなかったからだ。孔子と並び、王陽明も儒教の賢者の良い事例だ。長いキャリアのなかで王陽明は、反逆者を鎮圧する軍隊を将軍として率い、地方長官として法律や経済の改革を進め、裁判官として教育に携わった。したがって、賢者の事例を西洋で探すならば、登塔者聖シメオン(紀元五世紀)を思い描いてはいけない。聖シメオンは高い塔の頂上にただひとり座して、神に祈祷しながら三七年間を過ごした。儒教の賢者は世界をより良い場所にするために惜しみなく働く人たちであって、アブラハム・リンカーン、マーチン・ルーサー・キング・ジュニア、マハトマ・ガンジー、マザー・テレサなどが該当する。

でも、一部の人間は賢者だという発想は危険ではないだろうか。傲慢にも自分は完璧な人間だと思い込む可能性や、教祖に狂信的に従う可能性につながらないだろうか。実は、危険なケースはひとつだけ。賢者は実際のところどんな人間で、どんな行動をとるのか正確に理解していないときである。もしもあなたが自分は賢者だと考えるならば、あなたは確実に賢者ではない。なぜなら謙虚さが欠如している。後世のある有力な儒学者は、こう語っている。「賢者は自分が賢者だとは意識しない」[27]。そして、もしも賢者に遭遇する幸運に恵まれても、盲目的に従うことだけは絶対に避けるべきだ。王陽明は弟子たちにこう語った。「私は道に至る本物の洞察を未だに得られない。修行の成果はまだ完璧とは程遠い。そんな状態の私に付き従おうなどと考えるのは間違っている」。そのうえで王陽明はつぎのように不満を述べた。「師に意見するべきでないと一部では言われるが、これは間違っている！……私を叱責するところから、良い行いを実践する訓練を始めるべきだ！」[28]。

以上の事柄を考慮すると、私たちの道徳律のなかで賢者はどんな役割を果たすのかと疑問がわいてくるかもしれない。実は賢者とは、最高の状態の自分について知る手がかりとなるパラダイムである。何を望むべきか教えてくれる模範であり、しかも人間なのだから、同じようになるための努力を継続できないという言い訳は通じない。孔子の弟子のひとりは、自分の失敗を正当化するため、つぎのように発言した。「師よ、あなたの教える道が好きになれないわけではないのですが、私はどうも力不足です」。しかし孔子は言い訳など認めずにこう言った。「力不足の人間は道の途中で挫折する。きみの場合は、自分で境界を設けている」[29]。要するに、賢者を目指せないと弟子が信じているのは、行動しない自分を正当化するための言い訳にすぎない。間違った確信が独り歩きしている。

では儒学者は、生き方について具体的にどんなアドバイスをしているのか。まず、健全な人間関係で人生を充実させること。自分の長所と思える部分を伸ばしてくれる人物、向上心を刺激してくれる人物を友人や恋人に選ぼう。家族は選べないが、家族への愛情を忘れてはいけない。（好むと好まざるとにかかわらず）家族は愛するものなのだ。年長者が常に正しいわけではないが、相手の限界を素直に認める一方、心から称賛できる部分に敬意を払えば、愛情を抱くことは可能だ。

キャリアの選び方も重要だ。どんな職業に就くとしても、キャリアを追求する方法が他人に良い影響と悪い影響のどちらをもたらすか（仁を尽くしているか）、恥ずべき行動をとっていないか（義を通しているか）、自分に問いかけなければならない。孔子はつぎのように説明している。「富や社会的地位は誰でも手に入れたいと望む。ただし正しい方法で手に入れなければ、私には認められない。貧乏や社会的地位の低さは誰でも嫌悪するが、正しい方法で回避しようと努力しているなら、私は軽蔑しない(30)」。（どこかの大統領の政権で一定の立場を確保している人たちは、この点を肝に銘じるべきだ）。したがって、儒者が弁護士になることは可能だが、正直を心がけ、人びとが合法的な目標を達成するために法を利用する手助けのできる弁護士にならなければいけない。私腹を肥やすことしか考えず、厄介な訴訟を起こしたり、裁判を引き伸ばしたりしてはならない。あるいは、儒者が実業家になることは可能だが、人びとが必要とする質の高い製品の製造を心がけよう。企業を買収し、株価を人為的に吊り上げ、あなたの政策の悪影響で会社が傾く前に売り抜けるような真似は控えるべきだ。もちろん、儒者になるためにホワイトカラーの仕事は絶対に必要というわけではない。かつて孔子は、羊飼いとして働いた経験があった。もしもあなたが儒者でゼネコンならば、良い家を建てて適正価格を請求しよう。もしもあなたが儒者でウェイターまたはウェイトレスならば、良い仕事を快活にこなそう。でも、自分勝手な顧客にはどう対処すればよいか。儒教の徳には義と信も含まれることを忘れず、毅然と行動すればよい。毎朝起きて鏡のなかの自分を眺めても、自尊心は失われない。

孔子の弟子のひとりが毎日自分につぎのように問いかけたことは、すでに紹介した。「自分は何らかの形で、教えていることの実践を怠っていないだろうか」[31]。この質問は私たちの誰もが問いかけるべきで、私も例外ではない。私は完璧とは程遠い人間だが、儒教の教えを守って忠実に実践する限り、人間としての進歩は可能だと考えている。私は子育てに協力して多くの時間を費やし（どの子も才能豊かな立派な大人に成長してくれた）、（哲学者を職業に選ばない）大多数の学生にとって良い教師になろうと努力を重ねてきたが、儒教のおかげで、それが（プラトン主義者が考えるような）良き生から逸脱した行為ではないと認識することができた。だから私はこれらの事柄に臆せず愉快に取り組み、不満を抱えることもなかった。現実世界の道徳上の問題の処理は、数学の方程式を解くようなわけにはいかない（現代西洋の倫理学者の多くはそう考えているようだが）。それを私は儒教のおかげで理解できるようになった。そのため道徳的な決断を下す際には想像力を柔軟に働かせ、あらゆる場面の細部にいたるまで注目する。ほかにも儒教は私に大事なことを教えてくれた。国家や世界にとって重要な問題に関して、私は情報を集めたうえで立場を表明する義務を持っているが、自分にとって最も大事な道徳的課題は、日常生活で遭遇する人たちを思いやり、敬意を払うことなのだ。孟子はつぎのように説明している。「道は近いところにあるが、人びとは遠くにそれを追い求める。課題はやさしい事柄のなかにあるのだが、難しい事柄のなかに追い求めようとする。誰もが親族を親族として、年長者を年長者として扱えば、世界は平和になるだろう[32]」。

かつて孔子は、「全生涯の指針になり得る教えをひとつだけ」挙げることはできるだろうかと尋ねられ、本当に必要なのは相互性という言葉だと答えた。すなわち「自分自身が望まない事柄を他人に押しつけてはいけない[33]」。人間の好みは千差万別であり、経験には人種や性別といった要因の影響が色濃いことを、今日の私たちは孔子よりもずっと理解している。それでも、他人の経験について学び考えるときに相互性の大切さを十分に意識すれば、幸先の良いスタートを切ることができる。仁、義、礼、智を実践しながら人生をおくるうちに、人間としての潜在能力が発揮されるだろう。

3章　道教

ロビン・R・ワン

まずは不確実性の時代についてお話ししたい。不確実性の時代には、倫理的価値観、宗教的信条、正しい政治体制に関する見解が、人びとのあいだで大きく食い違う。一方、これは対立の時代でもあり、不平等が蔓延し、富や権力や名声を巡って人びとが激しく競い合う。さらにこれは深刻な環境災害の時代で、環境に人工的に加えられた変化が特定の地域の住民を脅かす。さらには、人びとが健康を保ち、性的欲望を満たし、長寿をまっとうしたいと願う時代だが、いずれも往々にして達成できない。そして最後に、これは誰もが喜びを手に入れたいと願う時代だが、願いを叶える人はごくわずかだ。

ここでは今日の私たちの生活について述べてもよいが、その内容は二〇〇〇年以上昔の中国の戦国時代の生活と似通っている。当時は道教という哲学が誕生し、不確実性、対立、災害、喜びの欠如といった既存の問題に解決策が提供された。今日では、技術も社会構造も政治体制も戦国時代からは様変わりしたが、生にまつわる基本的な問題は変わらない。したがって、道教の教えは今日でも未だに通用する。西洋人は道教について考えるとき、都会の近代的な生活で要求される義務に束縛されず、ゆったりと構え、「自然と一体となって暮らす」イメージを思い描くことが多い。道教の中心人物であり賢者でもある老子は、ゆったりとしたローブに身をまとい、しわだらけの顔に白くて長いひげを生やした老人というイメージが定着している。水牛に乗っている場面や、人里離れた山の洞穴で穏やかに瞑想している場面がよく描かれる。しかし、こうしたステレオタイプは表面的で、道教の見解が単純化されている。道教と言えば「自然と一体になる」ことが目的だと一般に思われているが、実はもっと奥が深い。

道教が大きな関心を持つことのひとつが、不確実性への対処法だ。私たちが個人的、社会的、政治的に混沌とした困難な状況に陥ったとき、老子はつぎのような治療法を勧めている。よく成長している樹木は幹や根っこ（本《ベン》）が大事に育てられているが、それと同じで、生命そのものにとって不可欠な基盤に注目しなさい。あるいは、紀元前四世紀に活躍した道教のもうひとりの重要人物であり賢者である荘子はこう語る。「避けられない運命は甘んじて受け入れ、自分の内面を養い育むこと。それが最善の策である」。道とは、私たち自身のなかに存在するものなのだ！　私たちはそれを養生、すなわち生命を養い育めば発見できる。では、生命を根っこで支える基盤を活性化させるためには、どうすればよいか。それには、きわめて重要でありながら自らコントロールできるもの――能力、欲求、計画、日々のルーティンなど――に集中的に取り組めばよい。こうして道教の教えを実践すれば、不確実性を積極的に受け入れる方法が身に付き、古代の道教の賢者が授けてくれた知恵と現代の課題とのあいだの橋渡し役になることもできる。

明白な事実に対する気づき——携帯電話の代わりに石に注目する

道教のタオ（道）においては、他者視点取得が奨励される。私がポール・ハリスと一緒に教えている『スロータイムの追求』という講座で、ポールは生徒にひとつお願いをする。講座のあいだは携帯電話を手放して、その代わりに、何の変哲もない小石を手にしてもらうのだ。

携帯電話を小石に交換する結果、好きなときに接続も利用も可能でインタラクティブな電子画面ではなく、静止した物体が手に握られる。注意を引くように人工的に作られたデバイスを手放し、静寂な雰囲気を漂わせた——そして一見すると空っぽな——天然の物体に改めて意識を集中させる。実は、石は静かに見えるけれども、そこには時間や生きたエネルギーが反映されている。さらに、無数に存在する自然の事物の断片の象徴でもある。小さな破片は、偉大な地球を構成するたくさんの要素のひとつなのだ。日頃私たちは携帯電話という電子機器に心を奪われ没頭し、画面をじっと見つめるが、そんな状態から解放され、自然界に存在する本物の物体に集中し直すのである。

「電話の代わりに石に集中する」訓練は、荘子が奨励する視点の変化を学ぶための方法のひとつだ。荘子にまつわるストーリーのひとつで、彼は友人の恵子からつぎのような話を聞かされた。恵子が魏の王からもらった種を蒔いたところ、巨大なヒョウタンに成長した。ヒョウタンは大きすぎて、なかに水を入れると重すぎて持ち運べない。そしてあまりにも平べったいので、縦割りにして柄杓《ひしゃく》として使うこともできない。用途が見つからなかったため、恵子はヒョウタンを捨ててしまう。ヒョウタンを捨てた恵子の決断に荘子は驚き、こう尋ねた。なぜ代わりに、これを材料にして船を造らなかったのか。そうすれば川を下れただろうに。ヒョウタンの用途について恵子は普段と異なる視点から考えることができず、その点を荘子から批判されたのだ。「きみの心はもつれ合う雑草でふさがっている」と荘子は諭した。

私たちはそれぞれユニークな視点から世界を眺めるが、この視点は恵子のケースと同様、しばしば固定化され柔軟性に欠ける。しかし視点を変化させれば、タオの視点から世界が見えてくる。タオとは、あらゆる物事の究極の源である。

タオの視点を獲得するプロセスについて、荘子は複数の段階に分けて説明している。それによれば、まずは三日以内に、自分自身が世界から切り離される。さらに七日が経過すると、あらゆる事柄との絆が断ち切られる。それからさらに九日が経過すると、生命そのものへの執着さえ手放すことができる。このプロセスを通じ、それまで築き上げてきた自己からも、人生に対する固定化された視点からも、少しずつ解放されていく。つまりタオを土台とする人生観を持てば、独りよがりの一面的な視点からの解放が促され、現実に対する従来とは異なる見方が称賛さえされる。

タオの視点で物事を眺めるようになれば、世界は個性のない画一的な平面のような場所ではなく、様々な事柄が無限に存在する場所だと理解できるようになる。そうなるためには、多種多様な見解を評価する能力を身に付け、しかも世界を大局的に見渡せなければならない。従来の発想を逆転させよう。個人的な視点にはこだわらず、様々な事象に対する情動反応を抑えつけず、これまで信じてきた価値観や条件的な反射から解放され、敵対的な過激思想を手放すのだ。

私たちの心はひとつの視点にいとも簡単に固定され組み込まれ、そうなるとあらゆる局面に一通り目を向けるのが難しくなってしまう。このようにひとつの視点にこだわると、本来は不要な判断を迫られて欲求不満を募らせてしまう。それよりはむしろ、固定されない視点を持つための努力に時間を費やすべきだ。私はこれを現代の不動産業者のメンタリティと呼んでいる。どういう意味か、以下に説明しよう。

二〇一七年の夏、私は家探しをしていたが、それを手伝ってくれたのがギャリソンという若い不動産業者だった。彼は毎週、候補の家を選ぶために信じられないほど熱心に働き、渋滞のなか私を車に乗せて移動を続け、私のあらゆる心配事に根気よく耳を傾け、私の質問には大小を問わずきちんと答えてくれた。こうして何カ月も経過したが、私には納得できる家が見つからない。ついに私はギャリソンにこう尋ねた。「せっかくあなたが一生懸命働いてくれても、ちっとも良い結果につながらない。この現実をどう思う？」。するとと彼はこう答えた。自分はひとりの顧客だけに執着せず、「まあ仕方がないか」という姿勢をモットーにしている。実はギャリソンは三〇人以上の顧客を同時に抱えており、そのなかで物件を売却できるのは二人か三人程度だと理解していたのである。

この現代の不動産業者のメンタリティは、「道はひとつではない」とする荘子の教えに通じるもので、道枢《どうすう》と呼ばれる。「枢《とぼそ》［訳注：扉の回転軸］は中心に位置して」おり、「何ものにも妨げられず、あらゆる事柄に際限なく反応する」。ちょうど円の中心のように、周囲の状況の変化に影響されない地点だと考えればよい。たとえばフラフープは腰の動きと同時に回転するが、それでも体のバランスは崩れない。

道教のこのような形での他者視点取得——様々な視点の存在についての認識——は、「明白な事実に対する気づき」、すなわち明《みん》（鋭敏さ、識別力）の達成と呼ばれる。興味深いのは、明は太陽の光と月の光のどちらも暗示する点だ。月は夜に輝き、太陽は昼間に光を放射するが、このふたつの光が存在するおかげで両「面」が明るく照らされれば、私たちはいつでも世界をあらゆる方向から眺めることができる。このように「明白な事実に対する気づき」は、日頃は自分と関係ない側面や視点に注目するために役立つ。

明を達成するためには、心を空っぽにして物事を手放さなければならない。荘子いわく、心をふさいでいる「もつれた雑草」を取り払うのだ。彼はこの行為を心斎（心身を洗い清める）と呼んでいるが、要するに心の断食を行えばよい！

私の娘は二〇一九年に新年の決意として、左腕に「let go」（手放せ）というタトゥーを彫ることにした。不安や心配事など、行動をためらわせる事柄を手放すことの大切さを常に忘れないためで、具体的にはゆっくり深呼吸をして緊張感を解き、あらゆるしがらみを手放す。そうすれば心は断食状態となり、最終的に明が達成される。

不安や心配事を手放して空っぽになった心には、鋭敏さを獲得するために必要な柔軟性が備わる。この空っぽの状態をわかりやすく視覚化するためには、琦器という特殊な装置を具体例として使うとよいだろう。これは一定量の水を溜めておくための容器で、北京の紫禁城で復元されている。水の量が多すぎると、器から水がこぼれてしまう。逆に少なすぎると、器は傾く。決められた量の水が注がれ、容器に一定量の空間が残されるのが完璧な状態で、水の量の正しさは空間の量によって測定される。琦器と同様、私たちの心もじっくり考えて反応するためには、何ものにも塞がれない空間が必要とされる。そのときはじめて、正しい形で気づきが訪れる。

道教のタオは、先入観にとらわれることなく経験を素直に受け入れる習慣を育む。荘子によれば、私たちの心は曇りのない鏡や、響きに応じるこだまのような状態であるべきだ。鋭敏さを研ぎ澄まし、感情的な批判や障害を取り除くことに集中しなければならない。

鋭敏さが自然と身に付き、物事をありのままに受け入れることは、良き生に至るための秘訣である。鋭敏さが備わっていれば、人生の経験を構成する諸要素を最大限に活用できる。たとえば、最近ロサンゼルスで最も人気の高い中華レストランの鼎泰豊（ディンタイフォン）が提供するメニューには際限がないが、それは想像力を際限なく働かせ、数に限りある食材を最大限に活用しているおかげだ。調理方法を変え、色や触感や味や香りなどに変化を加え、提供する食材を上手に加工してメニューを拡大している。食材を最大限に活用し、食材同士のあいだで独創的な関係を成り立たせることに徹底的にこだわり続ける結果、食材が本来持つ味わいが輝きを放っているのである。

妙（神秘、繊細、驚異）と自然（何ら作為をせず、あるがままの自己）が調和する領域を開けておく

私たちの世界は複雑な事柄や道理に合わない事柄が満ち満ちている。そんな不確実性は現代世界を押しつぶしそうなほどの勢いだが、何か効果的な対処法はあるだろうか。

ひとつ可能な方法が、妙について取り上げている『道徳経』［訳注：老子が書いたと伝えられる書］で紹介されている。『道徳経』によれば、タオは妙という深遠な根源世界を追求するが、妙は私たち

自身のなかにも、世界にも、宇宙にも普遍的に存在している。この思考態度は、未知の事物に対しても、そして自分自身や他人や世界にまつわる謎に対しても、心を開くことを中核に据えている。心を開くためには周囲の事柄に全神経を向け、柔軟に対応しなければならない。主観的な意志は捨て去り、自然の成り行きに身を任せるのだ。そうすれば、人生に特有の不思議な出来事や思いがけない幸運とのめぐり逢いも期待できる。

さらに、周囲の事柄に全神経を向けて柔軟に対応し、何事も時が解決してくれること、しかも予想外の嬉しい展開もあることを理解していれば、困難にも上手に対処できる。たとえば、つぎのような事例を考えてほしい。ここで荘子が取り上げている子輿《ししょ》という人物は、病気で体が不自由になった。あるとき、健常者とは違う体を疎ましく思うかと尋ねられると、子輿はこう答えた。「嫌いになるところなんて、あるものか。いまに左腕は雄鶏みたいに夜明けを告げるかもしれないし、右腕は石弓で発射する小石になって、狩猟の役に立つ可能性があるのだから」。子輿は可能性に心を開き、未来は未知数であることを受け入れた結果、ネガティブな経験を様変わりさせている。

妙からは、時間に関する道教の発想もわかる。一般に時間は、スケジュールや一連の出来事の展開に言及するために使われる。私たちは誰でも時間を作り、調整しようと努める。でも自分で創造するスケジュールよりは、むしろ物事の自然のリズムに従うべきではないだろうか。たとえば「春になると時間を早め」「秋になると時間を遅らせ」、一年に二回時計をリセットするが、このとき調整される一時間がどこへ行き、どこから来るのか不思議に思った経験はないだろうか。あるいは、睡眠のルーティンを定める方法はどうか。私たちは目覚まし時計をかけるが、実は体内時計が働いて起床時間が過ぎたと教えてくれる。目覚まし時計に起こされるわけではない。

道教では、時は移ろいゆくものと見なされ、そこには関連し合う以下の三つの概念が関わっている。季節の変化、現在の状況、時宜の三つだ。すなわち人間の視点や行動が時の仕事を邪魔してはいけない。時が自然に始まり、徐々に進行し、活発に動き出し、輝くのを妨害しないように心がけよう。裏庭の植物の成長を見守るのと変わらない。あなたがいまどれだけ切実に時を必要としても、時は適切なタイミングで過ぎてゆく。あなたの主観的な意思が入り込む余地はない。

ただし、宇宙時間を受け入れると行動する必要がなくなるわけでも、行動しないことを方針として採用すべきだというわけでもない。むしろ、身の回りの環境やあらゆる事柄のリズムと同調する必要がある。時宜にかなった行動は、道教の行動規範によって正当化される。肝心なのは自然に従って行動し、何ら作為のない無為の境地に達することだ。道は無為自然を手本にすべしと『道徳経』は教えている。無為自然とは、何ら目的のない状態と、意志の力への現代人の強いこだわりとの両極端のあいだに位置する状態である。

『荘子』〔訳注：荘子本人の著作をまとめた文献〕には、つぎのような逸話が紹介されている。料理人の丁は一風変わった肉屋で、抽象的な概念にも、外の世界から押しつけられた他人の信条にもいっさいこだわらず、雄牛に本来備わっている自然のパターンに素直に従う。そのため雄牛は完璧な状態で屠殺されるので、包丁の刃は切れ味が鈍らず、肉が傷つけられる心配もない。彼は物事の自然な流れに従っているのだ。料理人の丁と同様に私たちも、効果的な行動をとるうえで必要な根拠を提供してくれるのは、概念化された信条ではなく、物事に本来備わっているパターンだということを認識しなければならない。

道教のタオに導かれていると、あらゆる物事のなかに特定のパターンを見出して受け入れ、吸収して体現できるようになる。ただし、その前提として徳を身に付け、内面的な力や循環機能を働かせる必要がある。結局のところタオの素晴らしい点は、変化や変容を遂げる能力だ。タオは「複数の物事を組み合わせながら反応し」、徳は「同調を通じて反応する」と荘子は説明している。どちらも共同作用が必要とされる。さらに荘子はつぎのように指摘する。「[任務の]遂行を急いではならない。……物事の流れに身を任せるのだ。そうすれば心は自由にあちこちさまよう」。宇宙時間に身を任せ、何ものにも束縛されず自由に自らを変容させ、周囲の状況には順応を通じて反応すれば、物事の自然の動きとの同調が実現し、徳を経験することができる。

生き物には、活発で機能的な徳の循環システムが備わっている。生きている限り、それは不可欠である。とかく私たちは、循環システムは体内で機能するものだと考えたがるが（消化、呼吸、大脳辺縁系など）、季節のサイクルや生態系のサイクルなど、外部の循環システムも関わっている。どんな生き物も事象も結局のところ、エネルギーの流れを通じて徳が循環するおかげで存在を維持している。徳は体内を活発に巡り、あらゆるものを「養って」くれる。ちょうど充電式バッテリーのような存在だ。だから強い「支配欲」を手放し、代わりに循環に従うようにすれば、よい結果が得られる。繰り返すが、物事や事象や人間には例外なく、活発で機能的な循環システムが備わっているのだ。支配欲はこのリズミカルな循環を妨げるだけでしかなく、厄介な問題を増やしてしまう。体や心や精神のいずれかに発生する痛みは、循環が妨害され機能しなくなった結果として引き起こされる。道教の医者によれば、循環が途絶えると病気にかかり、流れが順調になれば痛みは消える。

自然には、宇宙のリズムに従って活動する以外の選択肢がない。世界は法則（法）、基準（度）、パターン（則）、調和（理）を基盤にして成り立つという信念が、無為自然というビジョンを支えている。流れる水の動きや風のそよぎの事例からもわかるように、私たちは無為自然のままで行動しなければならない。道教においては、こうしたルールの「順守」（因）が徹底される。具体的には主観的な好き嫌いを手放し、自然現象を法と見なし、あらゆる物事のありのままの姿や展開を真実として理解する姿勢が求められる。ルールの「順守」が目指すのは、「意図しない行動を追求する道」である。たとえば「時間を順守する」ためには、主観的な欲望を捨て去り、四季の変化に合わせて行動を順応させなければならない。それには、自然の法則や自然生態系の叡智に敬意を払うことが必要とされる。

荘子は、水遊びをしている男のストーリーを紹介している。高さ六〇メートル以上の滝があって、落下地点から一四〇キロメートル以上も下流まで水が激しく渦巻いていた。魚やカメは泳げないし、ワニが生息することもできない。ところが、ある男がやすやすと楽しそうに、水に出入りしている。一体どんな技を持っているのか尋ねられると、彼はこう答えた。「滝に入るときは、水の流れを信じて忠実に従う。出るときも同じで、水の流れを信じて忠実に従う。だから急流に身を投げても、自分勝手な行動を敢えてとらない」。このように、皆さんも流れを信じて忠実に従わなければならない。これは道術の基本である。

この道術によれば、周囲の状況や条件に素直に従えば、良い結果が導かれる。たとえば、日光と土壌は農業にとって基本的に欠かせない自然条件であることを考えてほしい。日光がたっぷり降り注ぎ、良いタイミングで雨が降れば、豊作が約束され、人間の生命が支えられる。このように太陽と水からは人間の活動の基盤が提供されるが、どちらも提供されるタイミング（あるいは季節）は天によって定められ（天時）、大地の恩恵を受けている（地利）。太陽からは、季節のリズムに従うことの大切さを学べる。土壌からは、大地のリズムや状況に合わせる方法を学び、その結果として周囲の条件をうまく活用できるようになるので、物事を強制する必要がなくなる。

たとえば、夏王朝を開いた禹《う》という人物にまつわる治水伝説は、何世紀にもわたって語り継がれてきた。彼は、水をせき止めるために堤防を建設するなどといった、力づくの方法には頼らず、水が流れる方向に変更を加えた。向かってくる水を押しとどめるのではなく、新しい水路を掘り起こし、自然の流れに従って水が流れるように工夫したのだ。こうして出来上がった水路は、急激な増水のはけ口になっただけでなく、離れた場所にある農地の灌漑用水としても役立った。このようにして禹は、洪水を上手に管理したのである。この方法は、自然には逆らわずに調和することの大切さを暗示している。そうすれば物事は容易に成し遂げられ、しかも良い結果がいつまでも持続する。タオに近づくためのこの発想は、いまでは「上善は水の如し」という表現で知られている。

このような形での方向付けの大切さは子育てからもわかる。たとえば私の娘は、小学校五年生のときから将来は弁護士になりたいと考えていた。彼女は読書や議論が好きで、ディベートでも負けなかった。ところがカレッジの最終学期で、彼女が希望する進路は変化する。卒業論文を執筆中、中国で五〇〇〇年の歴史を持つ天然シルク製造のプロセスについて知ったことがきっかけだった。この製造プロセスでは太陽と水だけに頼り、美しいシルクの染め物が出来上がる。本来の希望からかけ離れた娘は、つぎのように宣言した。「このすごいシルクについてもっと学びたいの。ファッションデザイナーになるわ」。世界には新たにもうひとりデザイナーが必要だろうか。正直言って、娘の決断に疑問を抱いたが、それでも彼女の創造的エネルギーを素直に認めることにした。勇気ある決断に逆らったり行動を妨害したりするより、親として手引きしてやり、応援するほうがずっと良い結果につながる。

成功への道――直線か、それとも曲がりくねった道か

私たちは誰でも成功したいと願い、明るい未来を思い描いて計画を立てる。ただし、自分たちが立てたプランと、現実が私たちのために準備するプランのあいだにはギャップが存在する可能性がある。人間社会は複雑な存在の集合体だが、それをひとまとめにしたら、矢が一直線に飛んでいくように目標に向かっていくわけではない。荘子はつぎのように語っている。「地面に一本の直線を引き、それに沿って歩こうとすれば危険を伴う。……それよりは［いばらや棘をよけながら］ジグザグに歩いていくほうが足は傷つかない」。

成功への道とはどんなものだろう？　直線に沿って進めばよいのか、それとも曲がりくねった道のほうがよいのだろうか。成功はインスピレーションや決断や意志の力に由来するという見解はよく聞くが、この場合は直線を進んでいく。私たちが意志の力を持ち続け、あらゆる事柄を制御できる限り、これは簡単な印象を受ける。しかし現実は厳しい。請求書の支払いを一通り済ませ、健康を維持し、しかも人生を楽しむのは容易ではない。たくさんの予想外の事柄が、成功への道を阻む恐れがある。私たちはいわゆる「ギャップキャラクター」、すなわち意志と成功のあいだに横たわる空白を回避す

る必要がある。

大学時代、私は陸上部でやり投げの選手だった。私はベストを尽くそうと決心して、毎日早朝に起きると筋力トレーニングを行い、午後に授業が終わるとかならず技の練習に励んだ。二年間というもの毎日五、六時間は、やりを手に持って過ごした。原因から結果にいたるまでは直線的な道のりだという理解が正しければ、私の努力は望み通りの結果につながったはずだ。ところが私の進歩は微々たるもので、次第に情熱は空回りした。やりを遠くまで飛ばすために最も重要なのは、やりを持つ手を後ろに引くときにリラックスさせ、投げる瞬間に渾身の力を込めることだと理解した。このように異なった動きをとってジグザグに進まない限り、やりは遠くまで飛んでいかない。ただし、それを知っているだけでは十分ではない。もっと重要なのは、それをマスターすることだ。

この時期、私はこのスポーツにかける情熱や自分の能力について疑問を抱くようにもなった。そもそも自分は、勢を最大限に活用しているだろうか。あらゆるものには独自の勢がある。勢とは中国語で、権力、力、影響力、生まれ持った特徴、物事の傾向を指す言葉だ。あらゆるものには独自の勢があり、あらゆる個人には独自の勢が備わっている。勢はあらゆる事柄を押し進める力であり、あらゆる物事や目標や目的の実現を促す。

世界には勢が絶えず流れている。この流れをうまく利用すれば、自分にふさわしい勢を創造し、好きな方向に誘導することも可能だ。しかし一連の出来事を制御し、混乱や不確実性を回避しようと努め、計画を立てたり、何かを手本にしたり、制限を加えたりして、その結果として勢に目が向かなくなると、状況は制御不能に陥ってしまう。混乱や不確実性からは新しい勢や新しい機会がしばしば創造され、それが自分に本来備わっている勢を強化してくれるものだ。実際のところ、私が勢を最大限に活用できるのは、図書館で哲学書を読んでいるときだった。そこでやり投げは終わりにして、哲学の勉強に本格的に取り組み始めたのである。

成功を実現させるための行動は、通常、意図的で合理的な計画である。ただし、いくら人間が計算しても生来の傾向に干渉される展開は避けられないもので、結果として確実に緊張が生じる。そんなときには、勢が役に立つ。というのも、勢は特定の傾向に従うことだけを意味するのではない。変わりゆくプロセスに込められたあらゆる機会を積極的に活用できるように、勢は私たちを後押ししてくれる。そうすれば、あらかじめ決められた傾向に妨害されない。

道教のタオは、審時（生来の傾向を自覚すること、可能性を最大限に利用すること）の大切さを説いている。自分の意思を貫くことと勢に身を任せることは、どこが違うかと言えば、前者では目標を設定して行動を起こすが、後者では物事の生来の傾向に素直に従って行動する点だ。一方では物事に計画を課し、もう一方では変わりゆくプロセスに内在する潜在因子を頼りにする。

道教の書物である孫子の『兵法』では、勢の力は石をも動かすほどだと説明している。押し寄せる水が大きな石をごろりと転がすときには、勢を目に見える形で観察できる。水の量が急激に増えると弾みがつき、それがものすごい力を生み出し、動くはずのない石を動かしてしまう。ここにはふたつの興味深い点が込められている。まず、重要な出来事が展開するうえで、勢の存在は欠かせない。そしてつぎに、勢の変化は驚くような結果につながる。大きな石が動いている光景など、あらかじめ思い描けるものではない。しかし勢が思いがけない形で変化すると、予想外の出来事が発生する。実際、水は絶えず姿を変え続ける。現実と同じく水も、勢で満ち満ちているのだ。

勢は刻々と変化する状況に生来備わっている潜在能力だとわかっていれば、不確実な場面に遭遇しても勢に頼れるので心配がない。勢を頼りにできれば、たとえ状況が移り変わったとしても、心を開いてうまく適応するので、冷静さは失われない。いやな上司や監督者に対処する経験について考えてみよう。このような厄介な状況では、たとえ何をやっても失敗が運命づけられている。荘子は、人生においてはふたつの制約を認識すべきだと教えている。ひとつは命（避けられない限界）で、たとえば親はどんな人間であろうとも親として受け入れなければならない。そしてもうひとつは義（責任、立場に見合った行動をとること）で、学生や社員にはその立場にふさわしい行動が求められる。これらの制約を受け入れれば、厄介な状況のなかで安（平穏、和解）を見出すための第一歩を踏み出したことになる。安を見つけたら、自分が置かれた状況をじっくり観察したうえで、勢を創造して方向性を定め、積み重ねていくのだ。それには感情を抑え、時間と状況を賢明に選んで長所を生かさなければならない。

こうして勢を利用するためには、頼れるものを見つけることも必要だ。道教の書物にはこう書かれている。「賢者は常に正しいタイミングや機会を頼りにする。しかし、タイミングや機会がかならず訪れるという保証はないのだから、そうなると能力にも頼らなければならない。ちょうど船や荷車を利用するのと同じだ」。つまり、物事の生まれつきの傾向、たとえば水の力や人間の心の傾向を頼りにするのだ。

状況を頼りにする戦略を採用すると、自分の行動や力にばかり集中していた傾向が改まり、与えられた状況ですでに手に入る事柄に注目できるようになる。条件が異なれば、今度はどんな事柄を頼りにできるか見つけ出さなければならない。一体どんな資源を利用できるだろうか。中国には「山の近くに住めば山が食べさせてくれる。川の近くに住めば川が食べさせてくれる」という諺がある。この諺を正しく理解できれば、あらゆる種類の人間や社会を様々なレベルで結びつけている関係という概念が、今日の中国社会のあらゆる側面に普及している理由もわかるようになる。

良い日もあれば、悪い日もある――愉快に暮らそう

不確実性は、人間の失敗によって創造されるものではない。変化によって構成され、変化によって形作られる継続的な状況だ。変化は、たくさんの予想外の事柄や驚きをもたらす可能性を秘めているが、道教のタオは、私たちは良い日も悪い日も喜びを経験するべきだと教えている。そのためには体を十分に動かし、自然と調和した生活様式を維持し、自然体で豊かさを追求しなければならない。

でも、人生には本当に悪い日もあるが、そのときはどうすればよいのか。絶望に打ちのめされる人は多い。繰り返すが、荘子はつぎのように教えている。命（回避できない限界や予想外の状態）には逆らわず、まずはそれを素直に受け入れる。そしてつぎに、穏やかな心を持ち続けたまま、解決策に賢明な形で集中する。こうして道教が教えるとおりの精神状態が手に入れば、新しい地平線が開かれ、人間としてユニークな存在になることができる。

私は娘たちを道教の教えに基づいて育てる決心をして、日常生活の様々な小さな事柄から始めることにした。娘たちはそれを「ワン・ママの四つの教育方針」と呼んだが、具体的には「よく食べ、毎日運動し、たっぷり睡眠をとり、学校でよく勉強する」ことを目指す。娘たちはよく、「じゃあ、私

の幸せはどうなの?」と尋ねて私を試した。そんなときには、「いいこと、四つの約束をきちんと守れば、幸せは手に入るのよ」と答えたものだ。

私たちの感覚器官は音や香りや味などを欲する。でも、それが喜びを伴う経験になるためには、喜びが心のなかで生まれ、自然と一体にならなければいけない。真の喜びを経験するためには、自然に寄り添わなければならない。荘子はこれを天楽と呼び、つぎのように説明している。「天楽を知る者は、生きているときは天然のままに行動し、死にゆくときには万物変化の理のままに従う」。このような喜びを手に入れるためには、心と精神が調和して釣り合いのとれた状態、すなわち和に到達する必要がある。それには、心と精神が自然の秩序や物事のパターンと同調しなければならない。こうして物事の秩序を守れば、物事の味や香りや外見を心の底から楽しめるようにもなる。

今日では幸福ビジネスが私たちの幸せを製造する。幸せが瓶詰にされた状態で提供され、この製品は不安を取り去り、抑うつ状態から解放されるために役立つという説明が添えられている。負の感情がすっかり取り除かれ、いつまでも幸せに暮らすことができると保証している。しかし道教のタオでは、幸せビジネスと縁を切り、自分の生活は自分で管理するようにと教える。まずは、最もシンプルで身近な事柄から取り組むべきで、自分自身の身体、物体、エネルギーの流れ、精神などに集中する。

道教において、身体は中心的な存在である。顧みられないときが多いが、身体は私たちが所有する資源のなかで最も基本的なもので、最も制御しやすく、しかも役に立つ。様々な種類の植物が育つ庭と同じで、身体を健康に保つためには、大切に育てて栄養を与えなければならない。身体は基本的に成長や変化と関わっているが、その反面、私たちの予想や生活様式に広範囲にわたる不確実性をもたらす。

『道徳経』において理想の身体とされるのは、ジェントルマンや国王、さらには大人でもなく、新生児の身体である。新生児の身体に力が満ちあふれているのは、「骨はしなやかで、筋は柔らかい」からだ(骨弱筋柔)。すなわち、動脈血栓などの物理的な妨害も、緊張や不安などの精神的な妨害もいっさい存在しないので、体内での循環が活発に行われる。その結果、身体には超人間的とも言えるほどの力が備わるのだ。新生児の身体は生命の秘めた力の表れである。

道教の教えに基づいて体を動かすことを日々の習慣にしよう。いたって簡単。これを実践すれば心は安らぎ、様々な傷が癒されて浄化され、精神的超越、すなわち悟りの境地に達する。体を動かして気を誘導することに集中すれば、心身共に恩恵がもたらされる。具体的には、胴体、手足、呼吸、心の四つの部分が動きを通じて連携される。実践を通じて質実の域に達すれば、物事への執着を手放し、重荷から解放され、悪い時期にでも喜びを体現できる。

良い日も悪い日も、「タオ」という言葉について一日中考えよう。「タオ」とはどのような単語で、どのような響きがあり、何を命じているのか。このように考えるときには、以下の四つのプロセスを伴う。

（一）守一《しゅいつ》　丹田［訳注：へその数センチ下の下腹部あたり］とは、命を守ってくれる神の一が宿っている場所で、そこに集中的に意識を向ける。正しい姿勢をとり、体を正しく動かす。

（二）虚　心を空っぽにした状態で呼吸をする。呼吸は身体と心をつなぐ橋のような存在であり、感情や不安定な精神状態を反映した心の有り様が、呼吸を介して表現される。呼吸が深くて穏やかなほど、心は静まり、深刻な要素を取り除きやすくなり、安らかに澄み渡る。

(三)明　地平線に目を凝らし、現在を意識し続ける。

(四)自然　手元の課題を効率よく仕上げるために独自の方法を見つける。

『道徳経』は、千歩の行程も第一歩を踏み出すところから始まると語る。それはつまり、まだ千歩も残されていることを意味する。それでも一度に小さな一歩を繰り返すうちに、全行程は楽になっていく。逆に第一歩を踏み出さなければ、物事はどんどん厄介になる。どの一歩においても想像力やインスピレーションを大きく飛躍させなければならないが、同時に粘り強さと復元力も求められる。日々の身体運動と同じで、いま紹介した習慣を続ければ復元力が増し、逆境から立ち直る能力が備わり、感情の筋肉はいつでも強化される。

結び

生命は流動的かつ独創的である。常に活力で満たされ、いつでも変容を遂げる準備が整い、エネルギッシュな潜在力を秘めている。変化はあらゆる設定——人間の欲望、意思、計画など——に固有の状態であり、しかも絶え間なく継続する。したがって、不確実性は私たちの生命のきわめて重要な要素である。不確実性は、外部からもたらされるわけではないし、一時的でもない。修正が必要な問題でもないし、それよりはむしろ、心の準備を整えて受け入れるべき状態である。不確実性を我慢してもよいし、消極的に反応することもできる。逆に、不確実性を進んで受け入れ、積極的、自発的に対処することもできる。本物の力は柔軟性を、本物の叡智は不確実性を、本物の忍耐力は復元力を、本物の権力は謙虚さを必然的に伴う。

道教のタオはプロセスや方法、あるいは物語であり、知恵と実践の積み重ねである。そして、周囲の環境と馴染み、自主性を重んじ、自己を受け入れる能力をいかに育むべきか、私たちに教えてくれる。実際、ここでは高いレベルの自己制御が必要とされる。

道教のタオでは、従来の快適なパラダイムに異議を唱える能力を身に付けることが求められる。他のパラダイムに対して心を開き、予期せぬ変化に対応しなければならない。秩序、安定、慎重さ、統制、同一性、確実性、永続性といった概念には、（順番に）無秩序、変動、相互浸透、分散、違い、不確実性、一時性がどうしても付随する。私たちは不確実性をわざわざ人生のなかに持ち込むわけではないが、結局のところ取り除くことはできない。世界は合理的に制御された場所ではなく、自然のリズムが脈打っている。タオの流れに逆らわずに歩み続け、良き生を手に入れようではないか！

Ⅱ部　西洋の古代哲学

アリストテレス哲学
ストア哲学
エピクロス主義

東洋で諸子百家が哲学の議論を活発に戦わせていたのと同じ頃、ギリシャでは西洋哲学の種が芽生え始めていた。紀元前五世紀末、現状に不満を抱くソクラテスはアテネの街をあてもなく歩き回り、出会った人たちの意見に異議を唱え、疑問を投げかけた。ところがこれは間違った人たち——いや、実際には正しい人たちだったかもしれない——の反感を買ってしまい、不敬罪ならびに青年を堕落させた罪で毒ニンジンによる処刑を宣告される。しかしソクラテスは、Ⅱ部で取り上げる三人の哲学の巨人に影響をおよぼした。アリストテレス（紀元前三八四〜三二二）、キティウムのゼノン（紀元前三三四頃〜二六二）、エピクロス（紀元前三四一〜二七〇）の三人だ。ゼノンは他のふたりほど有名ではない。キプロス出身の裕福な商人で、乗っている船が難破したあとにアテネの本屋でソクラテスに関する書物を読み、それをきっかけにストア学派を設立し、後にストア哲学の象徴的存在になるセネカ、エピクテトス、マルクス・アウレリウスにインスピレーションを与えた。

アリストテレスという名前には「至上の目的」という意味がある。彼はアテネにあるプラトンのアカデミアで学び、アレクサンドロス大王の家庭教師を務めた。アリストテレスにとってはユーダイモニックな（真の幸福に満ちた）生こそ良き生であり、あらゆる面でウェルビーイング（良く生きる）を目指すことによって実現すると考えた。Ⅱ部の最初となる4章でダニエル・カウフマンは、アリストテレス哲学に関してつぎのように説明している。「ユーダイモニックな生においては、潜在能力が十分に発揮され、優れた才能が極限まで研ぎ澄まされ、自ら定めた目標が世の中で達成される」。私たちはあらゆる面——道徳的、心理的、生理的——で立派な行動を心がけなければならない。もしも成功すれば、その成果に満足し、喜びを得ることができる。ただし実際に努力しても、すべての人が立派な行動を実現できるわけではない。なぜなら、生まれた時代や場所など、自分では制御できない多くの事柄が存在するからだ。

アリストテレス哲学で徳は必要とされるが、徳さえあればユーダイモニックな生が実現するわけではない。肝心なのは、人間として繁栄することだ。対照的にストア哲学では、たとえ繁栄できなくても、徳そのものによって人生には生きる価値が備わると考える。その意味ではストア学派は、アリストテレス哲学とキニク派の中間に位置づけられ、「無関心を優先すべき事柄」という概念を導入した。たとえば、外的な諸善は重要で役に立つが、執着しすぎてはいけない。なぜなら、ユーダイモニアの必要条件でも十分条件でもないからだ。

つぎのような事例を考えてみよう。あなたはビジネスに打ち込んで人生を過ごしてきたが、パートナーが金をすべて盗み取り、あなたは破産してしまった。この場合にアリストテレス哲学では、こうした不運に見舞われたのはビジネスパートナーの選び方の判断が甘かったことも一因であり、あなたは人間として繁栄できないと見なす。しかしストア哲学においては、ビジネスでの成功は無関心を優先すべき事柄に該当するので、自分の行動が高潔である限りは人間としての価値が損なわれない。ただしストア哲学は、良いものを所有すべきではないと主張しているわけではない。むしろ、価値ある生を実現するために、良いものは不可欠な存在ではないと教えている。一方、キニク学派は、成功にも失敗にもまったく無関心で、どちらを優先するわけでも「優先しない」わけでもない（キニク学派の創設に関わり、最も有名なキニク学者のひとりであるディオゲネスは、紀元前四一二年あるいは四〇四年から三二三年までアテネで生涯を送ったが、富にも他人の意見にも無関心だった。陶器の壺を住処にして路上生活を送ったのは有名な話で、気に入らない人間に向かって放尿し、公衆の面前で排便やマスターベーションを行った）。一方、エピクロス主義から見れば、野心的なビジネスを始めても喜びはほとんど得られない可能性が高く、むしろ苦しみを経験する機会が増えるだけなので、そんな行動は回避するか、もしくは最小限に抑えるべきだと考える。

ユーダイモニアはストア哲学にとっても目指すべき目標であり、ユーダイモニアの実現には道徳的に正しい生き方が不可欠だと考える。そのためアリストテレス哲学と同様、何よりも節度と実践知のふたつの徳を提唱している。他にもストア哲学は、「自分にふさわしくない」物事は数多く存在すると考え、自分は何をコントロールできるか否か見極めることが肝心だと教える。アリストテレス哲学とストア哲学が多くの重要な要素を共有しているのは意外ではない。なぜならアリストテレスが教えを受けたプラトンはソクラテスから学び、ゼノンはアリストテレスに関する書物を読んでソクラテスの影響を受けているのだ。

持っていないものを手に入れたいと願う苦しみや、持っているものを失うのではないかという不安にうまく対処して、より良い人間になるための特別の訓練をストア哲学は考案している（これは明らかに二一世紀だけの問題ではない）。たとえば哲学日記をつければ、自分の経験を振り返って教訓を学べる。あるいは、時々冷水浴や断食をすれば、人生でとかく見過ごしがちな小さな事柄への感謝の念がわいてくる。ストア哲学も繁栄の素晴らしさは認めるけれども、そのためにアタラクシア（心の平静）を犠牲にしてはならないと考える。マッシモ・ピリウーチによれば、「宇宙から何を投げかけられようとも、心の静けさを乱してはならない」。

ストア哲学はしばしば静かな哲学と言われるが、この評価は不当だ。ピリウーチはこの評価に異議を唱え、人生で避けられない逆境や難問に立ち向かうとき、ストア哲学は大いに役に立つと指摘する。たとえば仏教では、涅槃に至るためには煩悩を断ち切るべきだと指摘するが、ストア哲学の教えはそれと大きくかけ離れているわけではない。しかも、西洋哲学と東洋哲学の共通点は他にも存在する。たとえばストア哲学のコスモポリタニズムは、すべての人間を家族の一部と見なす儒教の発想と驚くほど似ている。そして、ストア哲学もアリストテレス哲学も自然に逆らわない生き方を大切な要素と見なすが、これはタオ（道）との同調という概念と大きく変わらない。

アリストテレス哲学もストア哲学も、どちらも中世やルネサンス期のキリスト教思想に影響をおよぼした。どちらも紀元三世紀には一般社会で支持されなくなったが、トマス・アクィナス、デカルト、スピノザなどの哲学に大きな影響をおよぼした。あるいは、キリスト教学者のフナイン・イブン・イスハーク（八〇九〜八七三）がアリストテレスやプラトンらの書物をアラビア語に翻訳し、ペルシャの博識家イブン・スウィーナー（九八〇〜一〇三七）をはじめとする著名な学者が研究を始めると、イスラム世界では特にアリストテレスの人気が高くなった。一方、ストア哲学も二〇世紀末から二一世紀はじめにかけて人気が復活するが、それはマッシモ・ピリウーチが『ストイックになるには』（二〇一七）を出版したからでもあり、ストア哲学に共感する有名人、たとえば作家であり起業家のティム・フェリスやライアン・ホリデーが、忍耐力や不安の克服など日常生活の問題解決にストア哲学がいかに役立つか明らかにしたからでもある。アリストテレス哲学もストア哲学も、どちらも現代の心理学、特に認知行動療法（ＣＢＴ）とポジティブ心理学に大きな影響をおよぼしている。スコットランドの倫理学者であり政治哲学者であるアラスデア・マッキンタイアは、アリストテレス哲学を詳しく研究したうえで、G・E・M・アンスコム、アイリス・マードック、フィリッパ・フット、マーサ・C・ヌスバウム、マイケル・サンデルら現代の哲学者と共に、アリストテレスの政治学や徳倫理学に関して活発な議論を復活させている。

エピクロス主義は異なる形で復活を遂げた。これは紀元前三世紀にアテネで活躍したエピクロスの教えに基づいた哲学で、彼はソクラテスよりもアリストテレスとゼノンのアイデアから強い印象を受け、それゆえに尊敬も中傷も受けた。私たちはアタラクシアを目指すべきだというストア学派の教えや、繁栄と友情は幸せに欠かせないとするアリストテレス哲学にエピクロスは共感した。しかしその一方、どちらも合理性を過大評価する反面、生きるための指針となる感情や本能の役割を過小評価していると考えた。あるいはアリストテレスにとって人間は政治的動物だったが、エピクロスの意見は異なり、私たちは快楽を追い求める動物だと考えた。その証拠に、赤ん坊を見ればよい。赤ん坊は生まれ落ちた瞬間から痛みを回避して、喜びを経験している。

ハイラム・クレスポは、つぎのように説明している。エピクロス主義は「食通やワイン・スノッブ」と関連づけられるようになったが、そもそもは質素な食事を友人と楽しみながら、「ガーデン」と呼ばれる学校で哲学の議論を戦わせたものだ。ここでは、女性も男性と平等の立場で歓迎された（古代ギリシャではきわめて稀なケースだ）。さらに通説とは異なり、エピキュリアン（エピクロス主義の哲学者）は喜びを耽溺と同一視しない。むしろ喜びとは、痛みや苦しみや不安から解放されたときに経験するような、快適で心地よい感情であり、そのとき心は自信に満ち溢れている。そして何が最大の喜びをもたらすか理解するために、エピクロス主義は「快楽計算」を行い、選択して良かった点と悪かった点を数値化するプロセスを進めていく。たとえばクレスポによれば、朝になって脱水症状に苦しみ生産性が落ちることを考えれば、前夜に三杯のビールを飲む価値はない。

エピクロスは著述家として多作だったが、彼の作品はほとんど現存していない。エピクロス主義は五世紀頃に廃れてしまったが、それはストア哲学のほうが支持されたからでもあり、キリスト教の伝統がエピクロス主義を軽蔑したからでもある。快楽や肉体に注目し、神を恐れる気持ちが欠如している点が不道徳だと見なされたのだ。やがて時代が下ると、ジョン・ロック、ジョン・ドライデン、トマス・ジェファーソン、カール・マルクス、アルフレッド・テニソン卿、ホセ・ムシカなどの著述家や、功利主義の哲学者たちがエピクロス主義を復活させた。そして二一世紀に入っても、エピクロス主義が思い描いた幸福や友情に関する哲学は未だに支持されている。今日最も著名な哲学者のひとりであるミシェル・オンフレは、エピクロス派の原則に基づいてフランスで大学まで設立している。

4章 アリストテレス哲学

ダニエル・A・カウフマン

ラルフ・ワルド・エマーソンは、「愚かな首尾一貫性は狭い心が化けたもので、これを崇めるのは小心な政治家や哲学者、神学者である」と書いている。人生があまりにも慎重に考慮され、計画され、慣例化され、統制され、知的徳で満たされている人たちを思い出せば、すんなり納得できるだろう。彼らは真実を見ることができない。その一方、深い内省や十分な考慮を伴わない人生、すなわち少なくとも時々は長期的な視点を持ち、自分自身や人間関係、行動や価値観を何らかの形で融合させる努力を怠る人生が、十分に進歩を遂げて十分に達成されたものであるとも想像し難い。

したがって、人生に哲学は必要だけれども、哲学だけでは十分ではない。民族的・宗教的伝統、配偶者や子ども、近親者を含む拡大家族、長年かけて密接な関係を築いてきた友人の輪。これらはいずれも充実して繁栄する生を構成する要素である。なぜなら、自分という存在と最も深いレベルで関わるきっかけが与えられ、中身のある人生の支えとなる特別な関係や経験が提供されるからだ。そうなると、哲学は素晴らしい知的資質が備わっているだけでは高く評価できない。人間としてどんな生き方を目指すかには個人差があるが、これなら自分にぴったりで、人生の指針になる哲学だと思われることが必要だ。何だか自分には似合わないという印象を持たれたら、サイズが合わないスーツと同じで役には立たない。

私自身が人生の哲学として好むのは、アリストテレス哲学である。私の民族・宗教的伝統（文化的にはアシュケナージ系ユダヤ人）、妻や娘や友人とその子どもたちとの関係、特定の家族の一員としての自覚と家族への献身的な愛情、これまで歩んできた歴史とのあいだで矛盾がない。アリストテレス哲学は知的側面の素晴らしさもさることながら、私という人間、私が交流する人たち、私が過ごす人生との違和感がない。

アリストテレス哲学の中心を支えるテキストは、アリストテレスが著した『ニコマコス倫理学』で、これから詳しく紹介していきたい。アリストテレスは本の冒頭で、知恵に関する見解を明確に述べている。それによれば、哲学理論から提供されるのは漠然とした抽象的な教えだけで、人間が良き生という複雑で困難な目標を達成するための指針としては、結局のところ不完全である。したがって、あまりにも多くの内容を事細かく教える哲学には疑いの目を向けなければならない。特定の状況での行動をいちいち指図するような哲学は、哲学の理論が実践におよぼす影響を誤解している。アリストテレスはつぎのように述べている。

私たちの議論は、主題が理解できる程度の明確さがあれば十分である。いかなる討論においても、細部まで追求するべきではない。……したがって主題について語るときには、真実に関しておおまかな概略を示すことが前提となり、そこまでで満足しなければならない。あるいは、おおよそ真実でしかない事柄について語るときにも同じような前提に立ち、同じような結論に達するべきだ。……なぜなら、いかなる部類の物事に関しても、主題から考えられる限り正確さを追求することは、専門の学者だけに許された目標である。数学者の推論を受け入れるのも、修辞学者に決定的な証拠を要求するのも、どちらも紛れもなく愚かな行為だ。(1)

アリストテレス哲学を支えるのはユーダイモニズム（幸福主義）である。ユーダイモニズムという言葉は、人間の「優越」や「繁栄」を意味するギリシャ語のユーダイモニアを語源とする。ユーダイモニアは「幸福」と翻訳されるときがあるが、現代の快楽的な意味での幸福と混同してはいけない。今日の幸福には「喜び」や「快感」という意味があって、それがユーダイモニアで達成すべき目標の一部であることは事実だ。しかしアリストテレスが提唱するユーダイモニックな人生においては、潜在能力を十分に発揮して生きることが目標になる。特異な能力を最大限まで研ぎ澄まし、自分で定めた目標を世の中で達成するために努力する。このような人生にこそ、私たちは喜びを感じなければならない。繁栄を手に入れたときに感じる喜びが、本物の喜びだとアリストテレスは考える。しかももっと重要なのは、それが称賛に値する人生である点だ。本章の冒頭でも述べたように、それこそ確実に誇ることができる人生である。

しかし人生においては、いくら努力しても目標が達成されない可能性もある。アリストテレスのユーダイモニズムにおいて最も論議を呼ぶことのひとつは、繁栄にはいわゆる外的な諸善や運が大きく関わっていると見なす点だ。具体的に外的な諸善とは、ある程度の物質的幸福や天賦の才能などを指す。要するに、あらゆる事柄を正しく実行しても人生で繁栄できないのは、物質的に重要な財の不足、性格や身体的特徴の欠陥、運命の変転が関わっているからだ。天災や戦争を経験したり、ろくでもない家族のもとに生まれたり、子どもが放蕩の限りを尽くしたり、ビジネスパートナーにだまされれば、運命に見放されてしまう。そのためアリストテレスは、人間は死後に時間が経過してからでないと、人生がどれだけ充実していたのか本当に正確には評価できないと主張している。何らかの運動や時代に関しては、十分な時間が経過して過去の出来事になってから考察して判断しない限りは正確な評価を下せないが、人間についても、どんな関係を築いてどんな行動をとったのか把握できる立場にならないと、正確に評価することはできない。

　このようなアイデアをエリート主義的だと指摘する人は多い。もちろん、それが本質的に間違っていると考える理由はないが、それでもこのような非難には根拠がない。繁栄するために、億万長者になったり、スーパーモデルのような容姿を手に入れたり、すべてを常に正しく実行する必要があるとは、アリストテレスの見解のどこでも指摘されていないのだから。むしろ、一定の基準を下回ると、繁栄を手に入れにくくなり、ほぼ不可能になってしまうと示唆している。貧困や物質的欠乏に見舞われるなど、あらゆる種類の苦しみが一定の限度を超えてしまうと、ユーダイモニックな意味での良き生は達成できなくなってしまう。

　ユーダイモニアは完全に自立的だと考えるのは心地よい。個人の自主性に対する現代人のこだわりが満たされるので、現代人の感性に訴える。自分の生きがいを自分でコントロールできないとは、誰からも敢えて提言されたくないものだ。しかし私の見解では、このような発想はユーダイモニアの性質を誤解しているか、（多くは無意識であるが）自分を欺いているか、どちらかである。結局のところ、人間としての繁栄が実現する（あるいは実現しない）場所は世の中であり、そこには人間関係や行動が介在している。すなわち、自分ではコントロールできない人びとや出来事や物事に左右されるのだ。たとえば、人間よりも単純な物事の優越性や繁栄について考えてみればわかりやすい。花や動物が繁殖するか否かには、周囲の環境についての事実が部分的に関わっている。壊滅的な干ばつのなかで花は繁殖できないし、動物は本来の姿に成長して然るべき行動をとる前に捕食動物に食べられてしまえば繁殖できない。そしてこれは、人生の個別の部分に注目するならば、人間にも当てはまる。たとえば技術的に素晴らしくて精神的にタフなテニスプレイヤーがいるとしよう。でもその最盛期に不幸にも強力なライバルがいなければどうだろう。たとえ何年間もナンバーワンにランクされ続けたとしても、テニスプレイヤーとしての素晴らしさを比較評価した場合、競争の激しい時代の選手に比べてかならず評価は低くなる。

したがって、外的な諸善に依存することは、アリストテレスが唱えるユーダイモニアの欠点どころか、最大の長所のひとつである。というのも、現実的かつ率直で、成熟した人生観がそこには反映されているからだ。ひとりで努力するだけでは十分ではない。基本的な意味で、私は他の人たちのなかに存在し、みんなに依存している。一方、社会、政治、経済、自然の力はとてつもなく大きく、私や私の創造物を圧倒して破壊する能力を秘めている。さらに、努力さえすれば十分というわけではない。実際に成功するか否かが重要である。これは決して偽りではない。いま紹介した事柄は人生や繁栄に関する厳然たる事実であり、それを受け入れれば人生観は成熟する。ところが、これらの厳然たる事実を現代の私たちは否定してきた。それにはイマヌエル・カントの哲学の影響が大きい。オートノミー

（自律）についてのカントの概念は過激な内容で、自己充足に関して心地よい幻想を人びとに抱かせてしまった。そのため私たちの文明は全体として、アリストテレスの時代ほど成熟していない。かつては物質的状況や幸運の重要な役割についてのアリストテレスの見解が、偉大な悲劇作家によって共有されたものだ。しかし幸いにも最近では、人間の繁栄に関する「厳然たる事実」の重要性が、現代の思想家によって再確認されている。マーサ・C・ヌスバウムの著書『善のはかなさ』[2]やトマス・ネーゲルが紹介した「道徳的運」[3]という発想のおかげで、現代の哲学者は厳然たる事実に再び取り組まざるを得なくなった。

アリストテレスが考えるユーダイモニアは複雑で、その範囲は道徳的美徳に限定されない。ここには私の心に訴えるもうひとつの要素があって、それは個人的嗜好にとらわれることなく、人間の生に関する現実的な立場を奨励する。すなわち、私たち人間には理性的に思考する能力が備わっているのだ。アリストテレスにとって理性的思考能力とは、論理を理解して応用する能力の範囲にとどまらない。実際のところ理性は、実践的・熟慮的な理性と知的な理性に大別され、どちらも人間の特徴的な行動の数々を促すので、人間が多面的に繁栄するための根拠が提供される。道徳的美徳も多面的な繁栄のひとつにすぎず、アリストテレスはこれをかならずしも最も重要だとは考えない。

アリストテレスによると、道徳的美徳が備わっていれば、私たちは個人的・社会的生活において品行方正にふるまうようになるが、実践理性はその範囲に収まりきらない重要な思考形式であり、様々な芸術や工芸、さらには一般的なあらゆる種類の能力に関わっている。言うなれば行動の理由づけであり、自分は何をすべきかと問いかける。たとえば近所づきあいをどうするべきか、選挙で誰に投票すべきか、彫刻をどのように制作しようか、どのような橋を建設しようかと迷う場面で実践理性は動員される。したがって人間は社会的・政治的存在としてだけでなく、芸術家、職人、エンジニアとしても繁栄することが可能だ。

一方、理性には純粋に知的な側面もある。行動とは無関係に知識や理解を深めることが求められ、哲学や数学や科学など、様々な学問に従事する際に動員される能力である。その成果は実践理性すなわち行動に影響するが、本来は活動とは別の思考である。そして、知識の追求を通じて人間として繁栄することは可能だ。アリストテレスによれば、このような生き方、すなわち「熟考する人生」は実際のところ、あらゆる人生のなかで最も称賛に値する。なぜなら、それはきわめて人間的な生き方であるばかりか、ごく優秀な人たちがきわめて良い状況に置かれたときに志すことができる「神の生」でもあるからだ（ここでもやはり天賦の才能と幸運は重要な役割を果たす）。

ただし私がここで関心を持つのは、人間が繁栄する様々な方法を階層的に分類したアリストテレスの着想ではない。それよりはむしろ、私たちはひとつやふたつに限らず、複数の方法で繁栄すべきだという考え方である。繁栄できる方法が少ないほど、私たちの人生は全体としての価値を失う。たしかに、見事な技量で美しい作品を製作する優秀な画家は称賛されるが、もしもその画家が妻や子どもたちには冷たく、不正な商取引を行い、汚い政治に関わっていることを発見したらどうか。彼の人生全般に対する評価は低くなるだろう。画家としては引き続き称賛できるかもしれないが、人間としては称賛できない。そして、画家をノーベル賞受賞者に置き換えても、同じことは確実に当てはまる。たとえ理論物理学でノーベル賞をもらっても、それ以外の分野での行動がやましければ、人生全体が台無しになってしまう。

これについては特に異論も出ないが、不思議にも、道徳的美徳に注目を移すと反対の声が上がる。一般の人たちだけでなく多くの尊敬に値する哲学者までも、道徳的美徳をひたすら追求すれば称賛に値する人間だと考えてしまう。しかし私は、道徳的に優れてさえいれば、他のあらゆる面で劣っていても称賛に値する人生だという発想には賛同できない。それは画家や理論物理学者の事例と変わらない。そもそもアリストテレスは他のどの哲学者よりも、その理由をうまく説明する手段を提供してくれる。なぜなら、彼は中庸というメッセージを伝える説教で有名になったが、中庸は（すぐあとに取り上げる）道徳的美徳だけでなく、人間としての生き方全体に当てはまるのだ。

つぎのことを考えてほしい。物事は本質的に、欠けていても行き過ぎても台無しになる。それは体力や健康の事例からも明らかだ。……運動をやりすぎたり、怠けたりすれば、体力は失われてしまう。同様に、飲み食いが適量より多くても少なくても、健康は損なわれてしまうが、多すぎもせず少なすぎもせず中庸ならば、健康になり、健康を向上させ維持できるようになる。(4)

つまりアリストテレスにとっては、繁栄する人生と釣り合いのとれた人生は切り離して考えられない。他のすべてを犠牲にして道徳的美徳を追求する人物、すなわち道徳への配慮が常に他のすべてに優先する人物は、当然ながら、人生の釣合いが悪い。人間としての繁栄のために肝心なのは、自分に備わっている複数の能力を磨いて発揮することだ。すでに説明したように、これらの能力は道徳以外の多くの形の生活を支えてくれる。あらゆるものに優先して道徳を追求しても、人間として十分かつ健全に成長できないし、あとから輝ける人生が訪れるとは言えない。哲学者のスーザン・ウルフは、「道徳的聖者」と題する論文でつぎのように説明している。

> 道徳的聖者が抱く人生の理想が厄介なのは、道徳性が過度に強調されることだけが理由ではない。道徳的な完璧さを達成する妨げになる対象や活動や出来事を、普通の人間が切に望んだとしても、それらが単に犠牲にされるだけでなく、取り除かれ、抑圧され、包摂されてしまうからである。道徳性が……強調される傾向で特に厄介なのは、個性ある自己の存在が欠落し、否定されるからだ。[5]

もちろん道徳的美徳もユーダイモニックな人生の重要な一部であるが、ここでもまたアリストテレスは際立っている。というのも、道徳的に秀でるためには、特定の事柄を絶対に実行するか絶対に実行してはならないという有害なアイデアが広く普及しているが、それを改めるために中庸の必要性を訴えている。そしてさらに、理論と実践の関係にも注目している。私たちが思い描く道徳性は原理や規則で満たされているが、そんな状態は不可能であり、それを改めるべき理由をアリストテレスは私たちに教えてくれる。

もうおわかりのように、アリストテレスは繁栄する人生と釣り合いのとれた人生を切り離して考えなかったが、なぜかといえば、ユーダイモニアは一種のウェルビーイングとして解釈するべきだからだ。ここには生理的、心理的、道徳的「健全性」が含まれる。私たちの心理的・精神的ウェルビーイングは中庸な気質や行動によって維持され、個性や行動が極端に走ると損なわれるが、同じことはウェルビーイングの道徳的側面についても言える。つまりアリストテレスの有名な「中庸説」に従えば、特定の道徳的美徳によって象徴される気質や行動は、常に平均的でなければならない。多すぎるにせよ少なすぎるにせよ、極端に走れば不道徳と変わらない。

たとえば、正直という道徳的美徳について考えてみよう。真実を語らない人物は不道徳だと見なされ、しばしば「嘘つき」のレッテルを貼られる。その一方、あまりにも真実を語りすぎても不道徳だと見なされ、こちらは「軽率な人間」という評価を受ける。しかし「適量の」真実を語れば美徳を認められ、「正直者」と評価される。あるいは、節制という徳について考えてみよう。食べ物や飲み物など官能的な喜びをコントロールできない人物は不道徳だと見なされ、「抑えの効かない人物」だと決めつけられる。逆に、あまりにも自制心が強くて絶対に羽目を外さない人物も不道徳だと見なされ、「感情の欠落した人物」という烙印を押されてしまう。適度な徳を備えるために必要なのは適度な自己管理で、それに成功すれば「節度のある」人物として評価される。

この中庸説について何かお気づきだろうか。ここで実際に語られているのは、美徳と悪徳の相対的な立場である。いかなる状況も何を中庸や過多や不足と見なすのか、したがって具体的に何が美徳で悪徳なのか、教えてくれないし、私たちが発見する手助けにもならない。さらに同じものが、ある機会には中庸、別の機会には過剰、さらに別の機会には不足と見なされる可能性がある。たとえばこの九月、私は地元のレストランで盛大なパーティーを開いて五〇歳の誕生日を祝い、多くの家族や友人が出席した。パーティーには何千ドルもの費用がかかり、そのあとの飲み会などのお祭り騒ぎは深夜にまでおよんだ。節目の年を祝うためにこうした行動をとって楽しむのは適切であるばかりか、大切な人たちへの愛情と寛大さを表現するための絶好の機会でもある。しかしこれが毎週の出来事になると、気前の良さも遊び好きな姿勢も評価されない。酒癖の悪さは言うまでもなく、倹約の精神の病的な欠如を指摘されてしまう。逆に、このような行動をいかなる状況でも絶対にとらなければ、慎重さや抑制が過剰だと見なされ、つまらない人間だと思われてしまう。

私たちの社会では、「節制」という言葉は禁酒家の行動の特徴を語るためにしばしば使われる。すなわち、酒を一滴も飲まない人物は節制が徹底していることを評価される。というのも私たちのあいだでは、行き過ぎた個性や行動と道徳的美徳を結びつける傾向がめずらしくないからだ。これは大部分が、キリスト教ならびにキリスト教が称賛する禁欲主義の遺産だが、私には間違っているとしか思えない。ひとつにはすでに論じたように、ここには釣り合いの悪い個性が反映されてしまうからだが、理由はそれだけではない。人生が繁栄するためには多くの事柄が役に立つが、それらを経験する機会が閉ざされてしまうからでもある。だからこそ、アリストテレスの発言は重要なのだ。楽しむ機会が多すぎるのは良くないが、楽しむ機会が少なすぎるのも良くないと、彼は明言している。そこには、人生が繁栄するためには経験に心を開く必要があるという、奥深い基本的な理念が反映されている。あまりにも極端な禁欲主義を土台とする道徳は、その妨げにしかならない。

アリストテレスの見解では、中立と見なされるいかなる行動も本質的には美徳でも悪徳でもない。どちらに評価されるかは、状況次第でどのような道徳的判断が誘発されるかによって左右される。そうなると、いかなる場面においても無条件に適用される一般的な道徳規則など存在し得ない。「人を殺してはいけない」、「他人の持ち物を相手の意思に反して取り上げてはいけない」、「貧しい人たちには金を恵むべきだ」といった規則には例外がないわけではない（人を殺すことや、他人の持ち物を取り上げることなどが正当化される場面は容易に想像できる）。与えられた状況において、どんな行動をとるのが正しいのか理解しなければならない。たとえば行動の心得リストを暗記している場合には、実践理性の登場する出番もないだろうが、道徳的生活のなかでの実際の経験について考えてみれば、実践理性は明らかに必要とされる。ただし、特定の状況で自分にはどんな義務が求められているのか決断するためには、実践理性だけでも十分ではない。なぜなら、理性による推論は常に大雑把だからだ。詳細に関しては推論できない。特定の状況で何が節度ある行動、したがって正しい行動に該当するか理解できるためには、正確に見極めなければならない。アリストテレスはつぎのように語っている。

熟慮の対象になるのは目的ではなく、手段である。特定の事実も熟慮の対象になり得ない。これはパンなのか、指示どおりに焼かれたパンなのか、考えることはできない。なぜならこれは知覚の問題である。(6)

ベーグルは焼きすぎても生焼けでもよくない。程よく焼き上げるべきだということをパン屋は知っている。したがって実践理性に従えば、温度と時間を正しく設定して焼くだろう。ただし、特定の時点で特定のベーグルが十分に焼けた状態かを知りたければ、推論するのではなく、目で確認するしかない。同様に、楽しみは行きすぎても少なすぎても良くないことを私は知っているし、理性に従って一般的な判断を下し、自分を何らかの状況に置いて特定の行動をとる決心をするかもしれない。しかし特定の場面で飲み食いの量がどれだけなら適切かは、その場で「見極める」ものであって、推論することはできない。そうなるとアリストテレスにとって、道徳的美徳を身に付けるためには実践理性が優れているだけでは不十分で、ある程度の知覚力も必要とされる。両方を組み合わせた、いわゆる「実践知」が求められるのだ。したがってアリストテレスによれば、道徳的美徳とは教えられて身に付くものではない。パン焼きの腕や橋を建造する技術など、実践を通じて能力を向上させるケースと同様、たくさんの経験を積まなければならない。推論する方法をわかりやすく教えることはできても、様々な場面や状況で正しく見極める能力は、考えている事柄を行動に移さない限り手に入らない。

　もしかしたら、一部の読者は失望しているのではないか。というのも、この章では心に響く格言を提供したわけではない。マントラも、瞑想法も、毎朝実践すべきエクササイズも登場しないし、具体的にどんな手順を踏むべきかまったく紹介していない。もちろん、これは意図的なものだ。哲学とは何か特定の目標を設定し、そこに私たちを導いてくれるものではない。せいぜい提供できるのは、一般的な指針だけである。ごく大まかな枠組みを構成する基本的なアイデアのいくつかを紹介し、どんな人生をおくるべきか、その枠組みのなかで考えるところまでに限られる。私がアリストテレスを大好きなのは、この点を理解しているからであり、しかもそれを認めているからだ。人生について語る多くの哲学者とは異なり、アリストテレスには誇張も激しい売り込みもない。教えの多くは、理解するために正式な教育を必要とせず、常識の範囲に収まっている。しかしそれでも様々な教えを組み合わせれば、明確な信条が生み出される。その姿勢ゆえ、アリストテレスの教えは異彩を放ち、人生の哲学として役に立つと私は考えている。経験に対して、できる限り心をオープンにしよう。成功とは何か、失敗とは何か考えるとき、自分に都合のいいように誤解してはいけない。自分の能力をできるだけたくさん、できるだけ十分に発揮しよう。学校の教育からは得られない経験の必要性を理解し、評価するのだ。運にも役割が与えられていることを認識して受け入れよう。良き生を達成する方法について、哲学が筋道の通った形で教えられるのはここまで。あとは自分で発見していかなければならない。

5章 ストア哲学

マッシモ・ピリウーチ

数年前、ツイッターフィードをのんびりチェックしているとき、「ストアウィークにご協力をお願いします」というツイートが目に入った。「現代ストア哲学」のURLがついている。「ストアウィークって、何だろう。よりによってストア哲学を祝いたいなんて、どんな理由があるのかな」。このツイートをきっかけに、私の人生に思いもよらない大きな変化がもたらされるとは、当時の私には知る由もなかった。ただし、良い方向に変化したことは間違いない。

多少の好奇心に駆られ、私は提供されているリンクを順々にたどり、現代ストア哲学というサイトに行き着いた[1]。それからハンドブックを一通りダウンロードして、一週間「ストア哲学者としての生き方」を体験した。ストア哲学に関する文献を読み、古代のテキストの一部を学び、他には視覚化、哲学日記の執筆、穏やかな形の自制（買い物を控える、断食する、寒い日に軽装で外出する）など、いろいろな習慣に挑戦した。一週間が終わる頃には、いわゆる「ストア哲学者としての生き方」に大いに好奇心をそそられ、年末まで（この時点では残り数週間）継続することにした。そして年が明けると、あと一年試してみようと決心をした。それから数年が経過して、私は未だにストア哲学者としての生き方を継続し、その結果として多くの点が改善された。少なくとも、ちょっぴり良い人間になったと思う。以前ほど不安や怒りといった感情に振り回されなくなった。そして、宇宙から提供されるあらゆる事柄を平静に受け止められるようになった。良いことがやって来ても、執着しすぎずに楽しみ、悪いことがやって来れば、いつでも勝てるわけじゃない、いまに良い日も来るさ、と達観できるようになった。

そもそもストア哲学とは何だろう。感情に翻弄されず、厳格に生きるための哲学ではないか。そんな生き方にあこがれる理由など、考えられるだろうか。

ストア哲学は古代ギリシャ・ローマ時代の哲学で、ヘレニズム時代（アレクサンドロス大王の死からローマ帝国の台頭まで）に誕生した。紀元前三〇〇年頃、キティオンのゼノンによって始められる。フェニキア商人だったゼノンは、乗っていた船が難破して財産のほとんどを失い、アテネにたどり着いた。そこで本屋に向かい、本に慰めを求めた。彼が選んだのはクセノポンの『ソクラテスの思い出（メモラビリア）』で、それをきっかけに哲学の研究に興味を覚えた。そこでゼノンは、どこに行けば哲学者に会えるだろうかと店主に尋ねた。すると店主は、ちょうど通りかかった人物を指さして、「あの男に付いていきな」と教えてくれた。[2]偶然にもそれはテーバイのクラテスというキニク学派（誕生した当時、この言葉には今日のような「シニカル」という意味はなかった）の哲学者で、ゼノンは彼の弟子になった。

最終的にゼノンは、様々な学派の複数の哲学者のもとで学び、ついには自らの学派を立ち上げる。それがストア学派として知られるようになったのは、アテネ中心部のストア・ポイキレ（彩色柱廊）に定期的に集まって講話を行う習慣が（哲学者としては）めずらしかったからだ。この新しい哲学は、生きる価値のある人生、すなわちユーダイモニックな人生――現代の哲学者も心理学者も、未だにそう呼んでいる――をおくる方法を理解するために、ふたつの課題をマスターすることを大前提としている。まず、私たちは世界がどのように機能しているのか、きちんと理解する必要がある。そうすれば、希望的観測を捨てられないまま時間や資源を無駄に費やさずにすむ。そしてもうひとつ、物事をできる限り論理的に思考する必要がある。さもないと、何をどのように実行すべきか、間違った結論に達するリスクが発生する。つまり、ストア哲学のレシピは以下のように表現できる。

「物理学」（世界が機能する仕組みについての研究。今日では自然科学とか形而上学と呼ばれる）
＋「論理」（認知科学など、論理的思考についての研究）＝＞倫理学（生き方についての研究）
＝＞ユーダイモニア（繁栄する人生）

このアプローチは古代世界全体に広がり、ストア哲学の中心は最終的に、当時、西洋世界の政治的、財政的、文化的中心地であるローマへと移行していった。古代のストア哲学で最も有名な三人の著述家は、ローマで誕生している。一人目のセネカは皇帝ネロの家庭教師と顧問を務めた。二人目はエピクテトスで、奴隷の身分の出身ながら、古代ローマで最も尊敬される教師のひとりになった。そして三人目は、哲人皇帝のマルクス・アウレリウスだ。紀元二世紀以降は他のヘレニズム哲学と同様、ストア哲学も正式な学派としては徐々に衰退していった。しかしその理念は、キリスト教の思想に組み込まれたおかげで生き残り、聖アウグスティヌスからトマス・アクィナス、デカルトからバールーフ・

スピノザに至るまで、あらゆる時代の大物哲学者に影響をおよぼした。

やがて二〇世紀になると、ストア哲学の理念は改めて注目されるが、それはおそらくヘレニズム時代と同様、社会が混乱に陥ったからだろう（ふたつの世界大戦や公民権運動など）。さらにストア哲学は、現代の心理療法のなかでも認知療法、たとえば論理情動行動療法や認知行動療法にインスピレーションを与えている。そして二〇一〇年以降は、現代ストア哲学は組織化された運動として発展し、オンラインで存在感を強めている。[3] 地域団体の数も増え、「ストアウィーク」には「ストイコン」のような国際的イベントが催され、それが私にとってはストア哲学との出会いの場になったのである。

では、ストア哲学は正確には何から構成されているのだろう。そして、ゼノン、セネカ、エピクテトス、マルクス・アウレリウスなどの哲学者が活躍した時代から二〇〇〇年が経過した現代に生きる人びとにも訴えるのは、なぜだろうか。

ストア哲学を支えるのはふたつのアイデアで、そのどちらも、実践を通じて大きな効果が期待できる。ひとつ目は、人生の目的は基本的に良い人間になることだというアイデアで、それは四つの枢要徳を継続的に実践すれば達成される。ふたつ目のアイデアはいわゆるコントロール二元論で、具体的には、物事にはコントロールできるものとできないものがあるという概念である。ひとつ目のアイデアを実践すれば、最後はユーダイモニックな人生に行き着くので、あとから振り返ったとき、充実した人生だったと満足できる。一方、ふたつ目のアイデアを実践すればアタラクシアの境地に達し、宇宙から何を投げかけられても平静な心は乱れない。穏やかで充実した人生を望まない人間がいるだろうか。

ストア学派が考える善の人生、すなわち道徳にかなった生き方とは、「自然本来の性質に従った」生き方だ。人間は本質的に理性に従うことができる社会的動物である。したがって、自分自身を含めたすべての人たちにとって世界をより良い場所にするために理性を働かせるのは、当然ながら正しい行為となる。「あなたは理性を持っているだろうか？　私は持っている。ならば、それを使うべきではないか」[4]とマルクス・アウレリウスは語っている。あるいは、もっと明確にこう述べている。「もしも知性をすべての人間が共有するならば、理性も共有するはずで、その意味で我々は合理的な存在である。ということは、何をすべきか否か命じる理性も共有しているはずで、そうなれば、コモンロー（慣習法）も共有しており、そうなると我々は同胞ということになり、さらには何らかの政治共同体の一員ということになる」[5]。

これはコスモポリタニズムと呼ばれ、ストア哲学の中心的な概念になっている。すなわち私たちは地球という惑星に暮らす運命共同体であり、宇宙船地球号が無事に航海を続けて乗船者が繁栄するために、お互い依存し合っている。その意味では、自分の関心事と他人の関心事のあいだに際立った違いは存在しない。世界で環境破壊が進行し、戦争の脅威が消滅しない今日では、コスモポリタニズムは特に適切な概念であり、緊急に必要とされる。

これらいっさいを実践するために、ストア哲学は四つの枢要徳という手段を考案した。ひとつ目は思慮。すなわち複雑な状況、なかでも道徳的に際立って複雑な状況を、できる限り最善の方法で切り抜けていく能力である。ふたつ目は勇気で、毅然とした態度で正しい事柄を実行する勇気を持たなければならない。三つ目は正義。誰もが同胞だという視点に立ち、相手の尊厳を大切にする気持ちを忘れてはいけない。そして四つ目が節制で、状況には正しい対応が求められる。対応が行きすぎても少なすぎてもいけない。

これら四つの枢要徳は、後にトマス・アクィナスによってキリスト教の教義に組み込まれたが、彼はキリスト教に関する独自の解釈に基づいて他にも三つの徳を追加した。希望、信仰、愛の三つだ。これらの徳（その他にも、ストア哲学が存在を認めたけれども徳とは見なさなかった人間性と超越のふたつも含む）は、世界のほぼすべての文字文化で尊ばれていることが、現代の比較社会心理学によって発見されている。[6] こんな生き方は要求が多すぎて窮屈だと反論したくなるだろうか。たしかに窮屈だろう。でも繰り返すが、このような生き方を通じて得られる報酬は、最期に人生を振り返ったときに得られる満足感なのだ。しかも、結局はどの人生哲学も宗教も、教えを厳密に実践するのは大変だ。良いキリスト教徒や仏教徒になるのは簡単ではない。それでも納得できなければ、以下のたとえについて考えてほしい。これは養生についてのたとえで、古代のストア哲学者によってしばしば使われた。すなわち、食事に気をつけ、定期的に運動を続けるのは決して簡単ではない。でも、そのご褒美として健康で長生きできるならば、カウチポテトの習慣を克服する価値は十分にあるのではないか。

でも具体的にどうすれば「徳を実践」できるのだろうか。ストア哲学は現実志向が大きな特徴であり、より良い人間になるために使える多くのエクササイズや秘訣を準備している。なかでも特に重要なもののひとつが、一日の終わりに書き留める哲学日記だ。このツールによって内省の機会が提供されるので、自らの経験から教訓を学び、間違いを犯した自分を許し、明日をより良い日にするための準備が整う。これをどのように実行するか、なぜ必要なのか、セネカは以下のように詳しく説明している。

精神状態は毎日きちんと確認しなければならない。セクスティウスは一日の終わりに解放されると、自分の精神にこう問いかけたものだ。どんな悪癖を改めただろう。どんな悪徳を点検しただろう。どのような点で改善できただろうか」。毎日かならず判事席の前に座らなければならないことがわかっていれば、怒りは鎮まり、気持ちが穏やかになるだろう。このような形で一日の出来事のいっさいを確認できるとは、何と素晴らしいことだろう。一日の出来事を反省したあとには、安らかな睡眠が待っている。良い行いが称賛され、悪い行いが非難され、秘密の尋問者や検閲官が品行について報告してくれると、精神は落ち着いて安定し、不安が取り除かれる。私はこの特権を利用して、一日の終わりにじっくり反省することを毎日の習慣にしている。明かりが消され、私の習慣を知っている妻が口を閉じると、私は自分自身の前で一日を振り返り、その日の発言や行動を一通り再現する。何も隠さず、何も省略しない。なぜなら、この時間には「今回はおまえを許そう。二度と繰り返さないように気をつけるのだな」と自分に言い聞かせることができるのだから、いかなる欠点も恐れる必要はない。良い人間は忠告をありがたく受け取る。せっかくの助言を拒むような人間は救いようがない。(7)

ストア哲学のツールボックスにはもうひとつ、強力な道具が含まれている。自分は何をするべきか、どう反応するべきか、いかなる状況でも気づかせてくれる気の利いた言葉が準備されているのだ。ストア学派の人間はこれらの言葉を暗記して、困難に陥ったときにはそれを心のなかで思い出すか、声に出して自分に言い聞かせる。そうすれば自分は何を学んできたのか気づかされ、充実した人生をおくるためには何に従うべきか理解できる。以下に、私のお気に入りの言葉の一部を紹介しよう。

人間としての仕事から逃げない。

朝起きて、新しい一日と向き合うのが億劫なときはないだろうか。そんなあなたには、心強い相棒がいる。皇帝マルクス・アウレリウスその人だ。ただし彼は、人間は温かい毛布にぬくぬくとくるまっているために生まれてきたのではないと指摘して、つぎのように語っている。「夜が明けても床を離れたくないときには、こう言い聞かせるとよい。『人間として、自分は働かなければならない。そのために、この世界に生まれたのではないか。与えられた使命を実行することの何が不満なのか。そもそも働くために創造されたのだ。温かい毛布にぬくぬくとくるまっているためではない(8)』」。

障害からは道が開かれる。

レンガの壁があったら、突進してぶつかるだろうか。突進するのは最善の戦略とは言えない。よじ登ってもよいし、迂回してもよい。「私たちの行動は［他人］によって邪魔されるかもしれないが、意思や気質は何ものにも妨げられない。なぜなら私たちには、順応し適応する能力が備わっている。心はうまく適応し、行動の妨げになる障害を目的に変換してしまう。行動の障害物は行動を促す。障害からは道が開かれる[9]」。

相手は間違いに気づかない。

自分には明らかに間違っているとしか思えない事柄を、周囲の人たちはしばしば実行する。不正が行われていたら、断固として反対しよう。ただしストア哲学は、他人を（あるいは自分自身を）裁くなと教えている。この言葉からは、誰でも自分の行動は正しいと考えていることがわかる。「誰かが道に迷ってさまよっているところを見かけたとき、優れたガイドは、困っている相手を嘲笑したり暴言を吐いたりして見捨てない。正しい道へと誘導してやる。だからあなたも相手に真実を伝え、どのように行動すべきか教えてあげよう。十分に理解してもらえなくても、相手を馬鹿にしてはいけない。むしろ自分の能力のなさを認識すべきだ[10]。

あらゆるものにはふたつの対処法がある。

状況の見方はひとつではないことを思い出そう。人間関係では特にそれが大切である。相手に対立的な態度をとらず、ポジティブな態度を心がけよう。「あらゆるものにはふたつの対処法があるが、ネガティブなアプローチは禁物。もしも兄弟があなたに間違った行動をとっても、相手は自分を傷つけるつもりだと決めつけてはいけない（これでは問題は解決しない）。血を分けた兄弟で、一緒に成長した間柄だという点に注目すれば、ポジティブなアプローチによって厄介な状況も乗り切れる[11]」。

カップもいつかは壊れる。

この言葉は、すべては束の間の存在であることを私に気づかせてくれる。最も重要度の低い物質的なもの（ここで引用したカップなど）から、人生で最も大切な人間関係（娘やパートナーや兄弟姉妹との関係）に至るまで、すべてのものは宇宙の法則に左右され、かならず終わりを迎える。「朝から晩まで、つぎのことを実践しよう。まずは最も小さくて最も壊れやすいもの、たとえばポットやカップについて考え、つぎにチュニック、犬、馬、土地について考える。そうしたらつぎに、自分自身、自分の体、体の一部、子ども、妻、兄弟という具合に、対象を拡大していく。あらゆる方向から自分を見回し、いま紹介したものを遠ざけよう。こうして、一切の干渉を受けない純粋な気持ちで判断できるようになれば、変なこだわりを捨てきれず、失ったときに痛みを感じる心配もない。ひとつ忠告がある。毎日訓練を繰り返しているときには、哲学者になった気分で行動してはいけない（哲学者を名乗るのは思い上がりだ）。むしろ、自分は解放への道を歩んでいる奴隷だと考えてほしい。奴隷ならば、真の意味で解放される。[12]

ではエピクテトスは、自分自身や大切な人たちに関心を持たないようにと忠告しているのだろうか。決してそうではない。彼が言いたいのは、私たちが所有するすべてのものは宇宙から「借りてきたもの」だということで、あらゆる場所でそれを指摘している。したがって、所有しているあいだは十分に楽しみ、所有できなくなったらきっぱり手放すのが正しい姿勢だ。実際、いつかはなくなるのであれば、所有しているあいだはなお一層、貴重な存在になる。

他にも非常に役に立つ言葉はいくつかあるし、実践できるエクササイズもたくさん考案されている。[13]「プロフィシエンス」（進歩する人間）はこれらについて古代や近代の作品を読み、哲学に関して志を同じくする学究の徒と共に実践を積むうちに学んでいく。

道徳的に正しく生きることが大切だという概念の他に、ストア哲学にとって重要なもうひとつのアイデアは、コントロールに関する二分法の概念である。エピクテトスはつぎのように語っている。「物事には自分の力が及ぶものもあれば、及ばないものもある。意見、モチベーション、欲望、嫌悪、要するに自分自身の行動に関わるものはすべてコントロールできる。これに対して行動とは関係ないもの、すなわち体、財産、名声、職場などには、自分の力が及ばない[14]」。この発想は馴染み深いはずだ。なぜなら、多くの異なる教えでも同じことが指摘されているからだ。おそらく最も有名なのは、現代キリスト教のニーバーの祈りだろう。これは一二ステップ系組織［訳注：問題行動から回復するための、ガイドライン方針のリストを準備している組織］の多くで採用されているが、一九三四年頃のアメリカの神学者ラインホルド・ニーバーの作とされる。「神よ、変えることのできないものを静穏に受け入れる力を与えてください。変えるべきものを変える勇気を、そして変えられないものと変えるべきものを区別する賢さを与えてください」と祈りは続く。

同じ概念はユダヤ教にも存在しており、たとえば一一世紀の哲学者ソロモン・イブン・ガビロールの作とされる以下のような格言もある。「つぎのことを忘れてはいけない。すべてを理解するためには、世の中には力の及ぶものと及ばないものが存在するという現実をまず認識しなければならない。力の及ばないものは変化できないことがわかれば、心は慰められる」。同様に、八世紀の仏教学者のシャーンティデーヴァは、つぎのように記している。

困難に見舞われたときに改善策があれば
落胆する理由などない
そして避けられない運命に対しては
くよくよしても仕方がない

ただしここでは、行動を起こさず人生を消極的に受け入れなさいと忠告しているわけではない。ストア哲学は、決して静かな哲学ではない。それは古代や現代の実践者たちを思い浮かべればわかる。みんな行動的だ。小カトーは、ユリウス・カエサルの独裁政治に対する戦いに生涯をささげた。ジェームズ・ストックデールはベトナムで戦争捕虜として七年間を生き延びたが、それにはエピクテトスから学んだ教えも役に立った。

二分法のアイデアは巧妙で示唆に富んでいる。というのも、人生のあらゆる事柄には、境界線を意識してアプローチしなければならないと教えているからだ。努力や判断や決断（コントロール可能）と、努力や判断や決断の結果（完全なコントロールは不可能）のあいだには境界線が引かれているのだ。キケロはわかりやすいたとえを使って、これを説明している。自分が射手で、難しい標的を狙っているところを想像しよう。たとえば狙っているのは敵の兵士で、決して一カ所にはとどまらない。この場合、射撃の訓練、弓矢の選択、弓の張り具合、矢を放つときの動きは自分でコントロールできる。

しかし、いったん矢が手から離れたら、もはやあなたは何もコントロールできない。突風が吹けば、矢の進路はそれてしまう。敵が直前にあなたの存在を確認すれば、致命的な的中をかわすだろう。

それは人生も同じ。職場で昇進するために最善を尽くしても、それを実現できるか否かは、自分ではコントロールできない多くの要因に左右される。同僚との競争があるだろうし、上司の気分にも影響される。あるいは、誰かから愛されたいと願っても、その実現は相手次第。自分にできること、やるべきことと言えば、相手にとってできる限り愛すべき人間になるためにベストを尽くすぐらいだ。要するにストア哲学は、外で得られる結果から自分自身の努力へと、目標を移行するように忠告している。いっさいの努力をやりきれば、どんな結果も冷静に受け止められるはずだ。良い結果がもたらされたときには喜べばよいが、逆の展開も容易にあり得たことを忘れてはいけない。結果が芳しくなかったときには、人生において当たり前の出来事として受け入れ、つぎの挑戦の準備を進めればよい。

コントロールに関する二分法を真に理解して実践すれば、努力に値する報酬が手に入る。エピクテトスはつぎのように語っている。「誰もあなたに強制せず、制約も課さない。あなたは誰のあら探しもせず、誰も非難せず、意思に反する行動をとらない。誰もあなたを傷つけず、あなたは敵を持たず、危害を加えることもない[15]」。そんなときあなたは、アタラクシアの状態に近づいている。アタラクシアとは仏教の悟りと似たような心の平穏で、世界や自らの限界について真に理解した段階で到達できる。すると、最善を尽くして良い結果につながらなくても、心の平穏は乱されない。これは真に強力な洞察であり、それゆえストア哲学は真に強力な哲学になっている。

これはたしかに素晴らしいが、それでも異議を唱えたくなるかもしれない。そもそも人生は、美徳や静穏な心だけで成り立つわけではない。私たちは生計を立てなければならない。恋をしたいし、物事を達成したいと願う。それについてストア哲学はどのように教えているのか。ストア哲学によれば、自分でコントロールできないもののすべて、すなわち努力、判断、決断以外のものはすべて、ふたつのカテゴリーにおおまかに分類されるという。具体的には、無関心を優先すべき事柄と、無関心でいるのは好ましくない事柄という、対照的な面白い表現を使って分類している。

たとえば富と、その対極の貧困について考えてみよう。裕福なほうが貧乏よりも良いことは間違いなく、それにはエピクテトスといえども理性的に反論できない（同様に、病気にかかるよりも健康なほうが、無学なよりも教養のあるほうが評価される）。その意味では、富は「好ましく」、貧困は「好ましくない」。しかし、ここが古代ストア哲学の発想のすごさだと思うのだが、私たちが善良な人間になり、人生で強い志を持ち、四徳を実践するための能力にとって、金持ちか貧乏かは重要ではない。その意味では、富にも貧困にも「無関心」でかまわない。たとえ裕福でも、富を悪用する可能性（あるいは、良からぬ方法で富を獲得する可能性）があるのだから、この主張の正しさはさらに裏付けられる。逆に、貧乏でも正直で善良な人間になることはできる。もちろん、善良な金持ちも悪しき貧乏人もたくさん存在している。ストア哲学はまさにその点を重視して、善良な人間になるか否かは富や貧困と無関係だと主張する。そのうえで、ユーダイモニックな人生につながるのは、善良な人間のほうだと考える。

無関心を優先すべき事柄と、無関心でいるのは好ましくない事柄という問題を理解して、それが善の人生とどのように関わっているか学ぶためには、別の方法もある。現代の行動経済学者が考案した、辞書式選好という概念である。古典経済学ではすべてのものが通貨を手段として取引されることが前提にされるが、現実にはかならずしもそうではないことを行動経済学者は認識した。むしろ人間は物事を通貨以外の様々なカテゴリーに分類しており、その重要度は同じではない。たとえば私にとってのカテゴリーAには娘の幸せが含まれる。一方、カテゴリーBには（十分な資金があれば）ランボルギーニが含まれ、できればオレンジ色がよい。そして、ランボルギーニを購入するためにはかなりのお金を費やすが（お金もカテゴリーBに含まれる）、娘の幸せと引き換えに車を手に入れようとは思わない！　娘は所属するカテゴリーが異なるのだから、ランクの低いカテゴリーに所属するものと交換する気にはなれない。

ストア哲学では、徳はカテゴリーAに含まれる。なぜなら、他人に対して道徳にかなった行動を心がけ、善良な人間になることが最も重視されるからだ。他の事柄はすべて二の次で、繁栄する人生のためには徳が必要不可欠である。対照的に、富、健康、教育などはカテゴリーBに含まれる。どれもお互いに交換可能で、状況に応じて追求できるが、カテゴリーAに該当するインテグリティ（誠実さ）を売り渡してまで手に入れることはできない。それでは、ランボルギーニを購入するために娘を犠牲にするようなものだ。ドライブを楽しめるかもしれないが、これはまさに人生の最期で深く後悔する行為である。

では、人生の感情的側面はどうなるのか。実際に私たちは腹を立て、恋に落ち、不安や喜びを経験する。一般に誤解されているが、ストア哲学はゾンビのように感情を避けて通るべきとは考えていない。スタートレックのスポック博士のように、感情には動かされずに冷静さを保つことが肝心だというわけではない（後にスポック博士は、「論理は知恵の始まりであって、目的ではない」ことを発見する）[16]。私の話を信じられないなら、以下のセネカの言葉に耳を傾けてほしい。

カトーは国政に心を砕いて疲れきったあと、ワインを飲んでリフレッシュしたものだ。スキピオは音楽に合わせて手足を動かし、戦いでの勝利を祝ったものだ。……戸外に出て散歩するのも効果がある。外気や新鮮な風に当たると精神は高揚し、爽快な気分になる。あるいは、馬車での外出、旅行、転地療養、会食によって力がみなぎるときもあるし、普段よりもワインの量を増やすのも効果的だ。ワインで酔っぱらうことも時には必要とされる。泥酔しては困るが、ほろ酔い加減ならば許される。なぜならワインは厄介な問題を洗い流し、心の奥底から取り除いてくれる。悲しみにも、そして一部の病気にも、治療薬として作用する[17]。

私たちは感情を健全なものと不健全なものに区別して、不健全な感情を減らして取り除く努力をすると同時に、健全な感情を育み伸ばさなければならない。これはちょうど、感情スペクトラムの移動訓練を常に行っているようなものだと考えてほしい。不安や怒りや嫌悪から、喜びや愛情や友情へとスペクトラムを移動させるのだ。不健全な感情は心を麻痺させ破壊する。たとえば不正行為を目撃して怒りが沸き上がるなど、「正当な」理由で腹を立てたとしても、やはり有害な感情にコントロールされてしまう。その結果、理不尽な対応をとる恐れがあり、これでは悪い状況をさらに悪化させてしまう。ストア哲学は、負の感情を受け入れてはいけないと教える。そして、負の感情は世界に関する客観的な事実が引き起こした結果ではなく、自分自身の判断の結果であり、判断は自分で変更可能だという点を強調する。「つまり、何か強い印象を受けたら、いつでもすぐにこう言い聞かせる習慣をつけよう。『印象とはすべて自分が作り出すもので、どこかから湧き上がってくるものではない』。そうしたらつぎに、自分の基準に照らして印象をじっくり評価したうえで、こう自問しよう。『これは自分でコントロール可能だろうか、それとも不可能だろうか』」[18]。

よくある事例について考えてみよう。おそらくあなたを意図的に傷つけるため、誰かが侮辱してきた。このような機会には、いくつかの事柄について熟慮しなければならない。まず、この「侮辱」は実際に妥当な批判なのだろうか。その場合には、侮辱をありがたく受け入れ、改善に努めるべきだ。では、批判が的外れだったら？　その場合には、相手は物笑いの種になる。なぜなら、発言は明らかに間違っているのだから。

つぎに、相手にはあなたを傷つける意図があったと確信できるだろうか。もしかしたら相手の発言は善意によるものかもしれない。あるいは、深く考えたすえの発言ではないかもしれないし、自分には発言する権利があるという前提に立っている可能性もある。相手の動機について確信できないときは、発言を好意的に解釈するべきだ。そうすれば、状況の改善に大いに役立つ。

では、相手が本当にあなたを傷つけるつもりのときはどうか。ここではコントロールに関する二分法を思い出そう。先に手を出したのは相手のほうだが、結果は実際のところあなた次第だ。あなたが予想通りに反応して感情を害するときだけ、辛辣な言葉は目的を達成し、言うなれば矢は的に命中する。エピクテトスは弟子たちにこう語っている。「私たちは自分で勝手に苦しみ、困難な状況を作り出していることを忘れてはいけない。自分の意見に影響されている。たとえば、侮辱されるとはどんな意味だろう。石のそばにたたずんで、石を侮辱したところで、何か達成されるだろうか。侮辱しても相手の反応が石のようなら、非難は何の役にも立たないのではないか[19]」。

最後になるが、ストア哲学はポジティブな人生哲学のひとつで、それがあなたの心に訴えるか否かは、あなたの文化的背景、育った環境、天性の気質、そして生きている時代とそこでの出来事に左右される。しかしそれでもストア哲学は、金持ちでも貧しくても、健康でも病気でも、教養があろうとなかろうと、すべての人にとって役に立つ可能性を秘めている。哲学として大きな力が備わっているのは、人間性や人間の心理に対する洞察が深く、実際に最善の人生を送るために役立つ実践的な訓練が提供されるからだ。

この章の内容を手短にまとめれば、つぎのような結論が導き出される。人生で最も重要なのは、道徳に関する誠実さを常に心がけ、他人のために役立つことであり、それは四元徳を絶えず意識的に実践すれば達成される。その際には、コントロールに関する二分法を理解したうえで、あらゆる機会に利用するべきだ。物事には自分でコントロールできるものとできないものの二種類があることを忘れず、それを前提にして、自分でコントロール可能なものを目標に据えるべきだ。それ以外のすべてのもの、たとえばキャリアの追求や蓄財など、コントロールの範囲外にあるものは、徳の妨げにならない限り許容される。そしてもうひとつ、人生の感情的側面は、破壊的で不健全な感情から距離を置き、建設的で健全な感情を育むほど豊かになる。これらをぜひ実践してもらいたい。私はそれこそ生きがいのある人生だと確信している！

6章 エピクロス主義

ハイラム・クレスポ

魂と肉体を調和させる

私が二〇一二年からエピキュリアンを名乗っているのは、エピクロス主義が自分にとって最も満足できる哲学だと認識したからだ。私はカトリックの家庭で育ったが、カトリックの信仰を否定して様々な宗教を研究してみた。仏教に興味をそそられた時期もあり、どんなに愛する仕事や人間も永遠に存在するわけではなく、いつかは消滅するという現実を受け入れるために仏教の教えは役に立った。あるいはクリシュナ意識国際協会からは、高尚な喜び――菜食、耳に心地よい音楽、健全な交際など――を育むことの大切さを学んだ。しかし結局、この宗教の主張はあまりにも超自然的で、グルへの全面的な服従が要求された。私のなかには西洋の価値観が深く根付いており、東洋の伝統を素直に追求する気持ちにはなれなかった。そこで新無神論者たちの本を読んでいるとき、エピクロス主義の教えに出会ったのである。

きみと同様、私もエピキュリアンなのだよ。エピクロス主義の（帰負を求めない）本物の教義には、ギリシャ・ローマ時代の道徳哲学のあらゆる合理的な事柄が含まれている。

トマス・ジェファーソン、ウィリアム・ショートへの書簡

ジェファーソンの独立宣言のなかにある「生命、自由、および幸福の追求」という文言を読んだとき、そこで立ち止まってアメリカのエピクロス主義のルーツについてわざわざ考える人はほとんどいない。しかしジェファーソンが友人であり外交官のウィリアム・ショートに宛てた書簡や、モンティチェロ［訳注：ジェファーソンの邸宅があった場所］でフランシス・ライトから薫陶を受けた事実からは、エピクロス主義の倫理に馴染み深く、深く傾倒している姿勢が明らかにされる。ちなみにライトが執筆した『アテネでの数日間』（一八二二）は、英語で書かれたエピクロス主義関連書の傑作として評価が高い。あるいは、ジェファーソンが編纂した聖書から超自然的要素が取り除かれていることは、エピクロス主義の観点から福音書を大胆に解釈し直した証拠だと考えられる。そして今日、幸福運動に従事する現代ギリシャのエピキュリアンは、パリニ宣言の採択を目指して進める欧州議会でのロビー活動のなかで、ジェファーソンの事例を引用している。パリニ宣言は、欧州連合のすべての市民を対象とする「幸福の権利」が、正式に認められて文書で謳われることを要求している。

エピキュリアンという単語を「エピクロスの弟子」と一緒にオンライン検索してみると、つぎのような定義が登場する。「感覚的な楽しみに熱心な人物。特に食べ物と飲み物に由来する楽しみに関心が強い[1]」。つぎにエピキュアという単語を検索すると、「感覚的な喜びに熱心な人物。特に食べ物とワインには目がなく、舌が肥えている[2]」とある。

食べ物と飲み物に目がないという指摘に関して、私自身は多少非難される程度だろう！　私は食べることが好きかもしれないが、すごい食道楽ではない。お酒は飲まないし、ドラッグにも手を出さない。大体において食事は適量にとどめ、普通は一〇時までには就寝する。では、どうして「エピキュア」は食通やワイン・スノッブを意味するようになったのか。ならばついでに、古代ギリシャでエピキュリアンが敵から「豚」と呼ばれたのはなぜか。そして「アピコレ」という言葉（エピクロスに由来する）にユダヤ教で差別的な意味が備わり、異端者や異教徒を意味するようになったのはなぜか。

哲学のどの学派よりも、エピクロス主義はひどい中傷を受けているように思えるが、それには多くの理由が考えられる。肉体や物質界や肉欲を嫌悪する宗教の姿勢、学問の世界で双璧を成すプラトンとアリストテレスの存在、快楽に関する世間の無理解[3]。ほかには理性礼賛の風潮も考えられる。いずれも理性を崇めているが、これでは人間性のなかにある理性以外の部分が顧みられない。……そんな人生では充足感が半減してしまう。

ここで、冒頭で紹介した私のストーリーに話題を戻し、エピクロス主義の哲学との出会いについて引き続き紹介したい。私にとってエピクロス主義の哲学は、科学に則した明確な倫理的指針であり、認知的不協和が引き起こされない。しかも、魂と肉体を調和させる方法が暗示されている。私は子ども時代に教えられたカトリックの信仰の影響で、苦しみは良い経験であり、美徳の源泉である一方、快楽、それも特に肉体由来の快楽は悪徳だと確信していた。この発想は、十字架にかけられた屍、涙を流して悲しむ乙女たち、顔に苦痛の表情を浮かべた聖人たちといった、不安をかき立てるイメージによって強化された。生きているあいだは「自分の十字架を背負わなければ」いけない、そうすれば死後には至福が訪れると教えられた。一度限りの人生を耐え忍んだあとに、ようやく許されるのだという。でもやはり私は幸せな人生をおくり、不幸を回避したかった。しかし魂が肉体や本能と敵対している状態では、健全で幸せな人生をすごすことなど不可能である。

さらに私は、教えを素直に信じ、疑問を抱いてはいけないとも教えられた。信仰の裏付けとなる証拠などは必要とされない。これに対しエピクロス主義の哲学では、全体系が、自然が私たちの能力に訴えてくる証拠に基づいている。

思春期に入ると、私は自分がゲイだという事実を発見した。そして何年間も、自分の体や自分自身を嫌悪した。もっと不幸な魂の持ち主――地獄を恐れながら成長した人たち――とは異なり、自分が地獄に落ちるとは信じなかったし、自分が取り返しのつかないほどの悪人だとも思わなかった。しかし成長するうちに、子ども時代に教えられた嘘の数々に混乱を深めた。自分の気持ちに正直になるなら、先祖たちの信仰を捨てなければならない。そして、何年もかけてカトリック以外の多くの世界観を学んで評価したすえ、エピクロス主義の哲学ならば肉体と本能を調和させることが可能だという結論に達した。自然に備わっている能力に抗うのではなく、むしろ誠実に利用すれば、本物の幸せな人生が手に入るのだ。

規範、自然哲学、倫理学

エピクロス主義の教義は規範と自然哲学と倫理学から構成され、どれも首尾一貫して関連し合っている。規範は、自然についての考え方――自然はどのように正体を現し、私たちはそれをどのように感じとるか――を説明する。つまり、認識論である。自然哲学は、基本的に粒子と空間から成る物事の性質について説明する。そして、倫理学は生き方を解明する。

規範、すなわち「物差し」は、私たちが現実を把握できるように自然から与えられた能力である。具体的には五感、喜び・嫌悪する能力（感情あるいは快適度）、予想（抽象的なパターンを認識するために役立つ能力）が該当する。この三つの能力は、一括してトライポッド（三脚）として知られる。規範は、三本の脚に支えられていると言ってもよい。これらの能力は、自然から提供される証拠をいっさいの判断ぬきで伝える。そしてどの能力も、自然のひとつの側面をユニークな形で伝える。音を伝えるのは耳だけ、香りを伝えるのは鼻だけ、何が選択に値するか伝えるのは快適度だけ、という具合に。たとえば、水に浸かって形状が歪んだら、水から引き上げたときの物体の形状を目が確認してはじめて、形状についての最終的な判断が下される。

ここでひとつ指摘しておくが、規範からは理性が欠如している。むしろ理性は、規範の補助的な能力として考えられる。理性そのものには自然との直接的な結びつきがなく、規範の能力が伝えるデータを解釈する手段として使われるが、この解釈のプロセスでは間違いが発生しかねない。聖なる感情（アフロディテ）が聖なる理性（アテナ）よりも優先されることについては、あとから詳しく説明する。

ここでは初期のエピキュリアンが、気まぐれに利己的な選択を行ったわけではないことを指摘しておきたい。人間は根拠のない理想を掲げるべきではない。自然が私たちに特殊な能力の数々を提供し、真実に関する基準を設定してくれると、エピキュリアンは信じている。

無数の世界が存在しており、この世界と似ているものもあれば、似ても似つかないものもある。なぜなら、原子は無数に存在することが証明されている。ならば成長する進路も数限りない。世界を創造し形成していく原子が無数に存在するなら、ひとつの世界もしくは数の限られた世界を生み出すためだけに原子が使われるはずがない。好むと好まざるとにかかわらず、世界の数は限りない。数を制限するものはいっさい存在しない。

エピクロス『ヘロドトスへの書簡』

つぎに自然哲学についてだが、肉体が分子から構成されることは古くから確認されている。最初に提唱したのは原子論者たちで、彼らの対話はエピクロスの『ヘロドトスへの書簡』のなかにまとめられている。この古代の原子論者たちは（彼らの自然に対する畏怖の念は、今日のカール・セーガンとよく似ている）、すべてのものは究極の粒子と真空によって構成されるという理論に基づいて宇宙論を発展させた(4)。彼らは超自然的な力の存在を肯定する意見のいっさいを拒み、早くも相対性原理を想定し、「世界は無数に存在するという教義」を考案した。そしてすでに二三〇〇年前の時点で、物事の性質に関する観察を始め、それに基づいて地球外生命の存在を推測している。太陽系外惑星に関する最近の研究――この数十年間で何千もの存在が発見されている(5)――は、エピクロスからヘロドトスに送られた書簡に見出される洞察の鋭さを裏付けている。すなわち、あらゆる方向に無数に存在する粒子と空間に基づいて無数の世界が存在しているが、これらの世界同士の結合が進む可能性は限られるという教義が、この書簡のなかで確立されているのだ。そして現代のエピキュリアンも、科学の研究に大きな喜びを感じている。

倫理学――選択と回避

倫理学――生き方の学問――には、エピクロス主義の教義の最も豊かで興味深い果実が見出される。古代のエピキュリアンは、つぎのように考えた。私たちは誰もが粒子から構成され、死んだあとは感覚が失われるのだから、恐れを土台にした宗教など不要であり、人びとは良き生の実現に専念すべきだ。死んだあと、私たちの体を構成する粒子は自然に返り、他の肉体を作るために再利用される。生命は一度しかないという発想を受け入れれば、それは重要な倫理的波及効果をもたらす。

私たちが生まれるのは一度限り。二度生まれることも、永遠に生きることもできない。明日を支配できないのに、楽しみを引き延ばしてよいものだろうか。物事を先延ばしにすれば人生は台無しになり、誰もが真に生きることなく死んでしまう。

エピクロス『主要教説』

感情を指針として受け入れる姿勢は、エピキュリアンの大きな特徴のひとつだ。私たちエピキュリアンは、人間を単に「理性的な」存在ではなく、完全な存在として考える。不合理な部分、本能的な部分、感覚的な部分も自己の一部として受け入れる。自分自身を、自然と結びついた存在として全面的に受け入れるのだ。プラトン主義や理想主義は自然をイデアと置き換え、人びとを直接的な経験から遠ざけた結果、道徳律や哲学を変性させ、王道から反れてしまったとエピクロスは考えた。私たちは足を地につけ、目を見据え、持てる能力を存分に利用しながら、哲学に取り組まなければならない。喜びには本質的に選択すべき価値が、苦しみには本質的に回避すべき価値が備わっていることは、直接経験すればすぐに理解できる。このような洞察は、三段論法や論理学、あるいは言葉による理屈付けの対象にされるべきではないとエピクロスは主張した。生まれたばかりの赤ん坊を見ればよい。新生児は苦しみを避け、喜びを追求するではないか。倫理学が配慮の行き届いた有益な体系として確立されるためには、喜びを追求する一方で苦しみを回避する能力の重要性を受け入れなければならないと、私たちエピキュリアンは確信している。これは自然が私たち人間に与えてくれた道徳的指針のなかで最も重要な構成要素だ。

それゆえ私たちは、快楽とは、祝福された豊かな人生の中心的要素だと考える。快楽は心地よく、最優先すべき善である。そして、あらゆる選択やあらゆる反感の起点でもある。あらゆる良い事柄の判断基準として感情を受け入れるならば、最後は快楽に立ち返る。

エピクロス『メノイケウスへの書簡』

喜びや嫌悪を感じる能力は直接的かつ実際的でもあり、生い立ちや学歴とは関係なく、すべての人たちにとって例外なく役に立つ。男性と同様に女性も、年長者と同様に子どもも、この能力を利用できる。何を選択して何を回避するか決断するうえで、聖職者も預言者も、論理学者も仲介者も必要とされない。エピキュリアンの規範は私たちに権限を授け、伝統的な権威から私たちを解放してくれる。

つまり快楽は私たちにとって、真っ先に重視すべき固有の善である。したがって、いかなる快楽も選ぶというわけではない。付随する苛立ちのほうが大きいときには、多くの快楽がしばしば回避される。あるいは、長いあいだ苦しみを耐え忍び、その結果として大きな喜びがもたらされるときには、私たちは快楽よりも苦しみのほうが優れていると考える。したがって、快楽は本来どれも身近な存在であり、どれも善ではあるが、だからといって、すべての喜びが選択されるべきではない。同様に苦しみはどれも悪だが、だからといって、すべての苦しみが回避されるべきではない。むしろ優劣を測り、都合の良い点と不都合な点の双方に注目したうえで、これらの問題についての判断を下さなければならない。時には善を悪と、逆に悪を善と見なすこともある。

エピクロス『メノイケウスへの書簡』

エピキュリアンは最初から、理想主義や絶対的存在を拒んできた。それは人びとを状況や自然から切り離すからで、むしろ現実に関わることを選んだ。私たちエピキュリアンの道徳律は状況を重視する。初期のエピキュリアンは行動の良し悪しを厳密に定める代わりに、自分の能力を最も効果的に活用できる方法の考案に取り組んだものだ。

何を選択して何を回避すべきかは、具体的な状況に左右される。道徳的な疑問への回答は常に、快楽計算によって求めなければならない。有利な点と不利な点を数値化して比較するのだ。快適な人生を目標に据えるならば、目先の楽しみにも慎重な態度で臨まなければならない。あとから喜びではなく不利な状況がもたらされるのであれば、回避または先延ばしにしなければならない。長い目で見て大きな喜びがもたらされるのであれば、敢えて不利な状況を選択するときもある。

要するに、エピキュリアンは中庸を重視する。エピキュリアンについては良からぬステレオタイプが定着しており、そのため誹謗中傷を受け、エピキュアの定義は歪められ、感覚の奴隷というレッテルを貼られた。でも、それは正しくない。たとえばビールを飲めば気分は高揚するが、私たちエピキュリアンは足るを知るべきだと考える。私など三杯目ともなると、頭がぼんやりしてくる。そして翌朝は脱水状態になり、生産的な活動ができない。これでは喜びよりも苛立ちのほうが大きい。強調しておくが、真のエピキュリアンは「ビールの喜びは尽きない」とは決して考えない。何を喜び、何を回避すべきか判断する能力を駆使するので、一杯目のビールによって愉快な経験を味わうが、三杯目ともなると愉快ではなくなる。対象から伝わる感覚は時によって異なるが、生来備わっている能力が常に正しい方向へと導いてくれる。

私の人生における感情計算の事例をもうひとつ紹介しよう。それは学業に関わっている。パートタイムの仕事しかできずに貧しかった私は、大学教育を終えるために一生懸命勉強した。それは苦しい試練だったが、乗り超えれば大きな満足感を味わえるし、将来は高収入を期待することもできる。そのため、感情計算からは試練に耐えるべきだという回答が導き出されたのである。

聖なる友情

有利な点と不利な点を私が頻繁に比較計算するもうひとつの分野が、友情だ。エピキュリアンによれば、友情は快適な人生にとって最も重要な構成要素のひとつである。友人は喜びや安心感や安定感をもたらしてくれる。友人や最愛の人がいない苦しみに耐えきれず、手に入れるためには大きな犠牲を厭わないときもある。あるいは、友人と頻繁に会うために口実を設ける。でも、ちょっと待ってほしい。『主要教説』(39)[6]は、古来からの賢明な言い伝えとして、私たちは誰とでも友人になれるわけではないと教えている。なかには偽りの友人もいて、ほめる以外は何もしてくれず、相手を信頼して率直な評価を期待しても、何も提供してくれない。なかには不利な点が多すぎて、友人になるのを回避するのが最善策となる相手もいる。自分の周囲に同心円を描いて境界を設定する必要がある。フランスの快楽主義哲学者のミシェル・オンフレには、eumetry（正しい尺度）という造語がある。すなわち、快適な生活を確保するためには安全な距離を正しく測定し、「人間関係にとって良からぬ人物」を遠ざけなければならない。

アメリカでは、孤立化と抑うつ状態が深刻な危機になっている。ハーバード・メディカルスクールのニコラス・クリスタキスとカリフォルニア大学サンディエゴ校のジェイムズ・ファウラーの研究からは、幸せは（そして抑うつ状態も）伝染性があることが明らかにされた[7]。さらに、クリスタキスがシカゴ大学ならびにカリフォルニア大学サンディエゴ校の研究者と行った別の研究からは、孤立化は肥満や喫煙に匹敵する健康のリスク因子であることが明らかにされた[8]。これらの研究で友情は、当然ながら、必要とされる欲望のカテゴリーに位置づけられている。
私たち人間は大都市での暮らしに合わせて進化を遂げたわけではない。大都市では知らない人たちに囲まれ、そんな相手に私たちは話しかけるわけでもなく、自分の携帯電話にひたすら集中しながら通り過ぎていく。今日、孤独に慣れてそれを正常な状態だと見なす人たちは多い。あるいは根拠のないプライドを抱き、「一匹狼」になることを勝手に目標として設定し、孤立状態を標準化するために、これこそ理想の姿だと意気がる。一方、「部族主義」は現代社会の大きな「問題」のひとつだと言われ、人びとを分断する点がクローズアップされる。しかし私たちは社会単位で暮らすように進化を遂げている。したがって共同体、部族、氏族、家族の存在は、私たちが人間にふさわしい健全な感情を抱くために役に立つ。

私は彼らの眠っている能力を穏やかに目覚めさせた。
フランシス・ライト『アテネでの数日間』に登場する架空のエピクロス

エピクロスは『ヴァチカン箴言集』(21)のなかで、「私たちは自然に対して強制するのではなく、穏やかに説得しなければならない」と語っている。私たちがエピクロス主義の教えを生活に実際的に応用したければ、これは理解しておくべき大事な点だ。人間は群れを作る生物種だから、その本能を押さえつけるのは不適切かつ不健全だ。むしろ私たちは、群れを作る本能をできる限り健全な形で活用する術を学ぶべきだ。そのためにエピクロスは、親しい友人によって常に周囲を囲まれた状態を心がけるべきだと忠告している。私もこれは、群れを作る本能にとって最も健全なはけ口であり、疎かにするのは危険だと思う。今日では父親や適切なメンターが不在で、群れを作る本能がギャングカルチャーに悪用されてしまった。ギャングは儀式、歌、シンボル、暴力などの儀式を通じて絆を深め、青少年に欠けている共同体を提供している。

ノーマン・デウィットは著書『エピクロスと彼の哲学』のなかで、エピクロス主義の倫理は友情を土台としていると記している。エピキュリアンは群れを作る本能のはけ口として、部族すなわち友人の輪を形成しなければならない。古代のエピキュリアンは「トウェンティーズ」として知られたが、それは毎月二〇日に「理性の饗宴」を催し、友人同士で哲学を研究したからだ。みんなが集まるためにはあらゆる口実が使われ、特に誕生会は賑やかだった。今日ではスポーツのチーム、共通の趣味を持つグループ、ボランティア協会、専門家組織、青年部、その他の課外での社交クラブが、群れを作る本能の健全なはけ口として役に立っている。

逆に言えば、数えきれないほどたくさんの友人は必要ではない。人類学者のロビン・ダンバーによれば、人間の脳はおよそ一五〇の対人関係しか処理できないという。これはダンバー数として知られるが、小さな部族のサイズにほぼ該当する。

欲望のヒエラルキー

エピクロス主義には、他にも快楽計算に役立つものがある。仏教やヒンズー教など、他の禁欲的な教えは、あらゆる欲望を不満のカテゴリーに分類し、したがって本質的に苦しみの原因と見なす。これに対してエピクロス主義では、欲望にヒエラルキーが存在する。なかには、自然が人間に選択の余地を与えないものもあり、そんな欲望には注意を払わなければならない。その一方、生きるために欠かせないわけではないが、快楽にバリエーションを加えるために利用できるものもある。

欲望のなかには、自然なものと根拠のないものが存在する。自然な欲望は、自然であると同時に必要なものと、自然なだけのものに分類される。そして必要な欲望のなかには、幸せになるために必要なもの、体から不安を取り除くために必要なもの、さらには生きるために必要なものが存在する。

エピクロス『メノイケウスへの書簡』

満たされなくても痛みを感じない欲望はどれも不要だ。しかし、願っても達成が難しいときや、欲望を達成するために危害がもたらされそうなときには、欲望は簡単に断念されてしまう。このように、自然な欲望を大変な努力で追求しても失敗に終わり、それでも痛みを伴わないときは、根拠のない見解を抱いていたことが原因でもある。欲望そのものの性質ではなく、見解に落ち度があったせいで残念な結果がもたらされるのだ。

エピクロス『主要教説』(26、30)

自然な欲望のなかでも必要とされるものを、紀元一世紀にエピクロス哲学を教えたガダラのフィロデモスは「最も重要な善」と呼んだ。そこには安全、家庭、暖かい人間関係、食べ物、水、健康、幸せが該当する。これらの善に関しては、喜びを制限しなくてもよい。むしろ『主要教説』(20)には、喜びを回避するのは本性に反すると記されている。つぎに、自然であっても不要な欲望は、人生に多様性や趣を添えるために役立つ。私たちはこれらを回避するわけではないが、その一方、かならずしも必要ではないことを理解している。自然であり、なおかつ必要とされる欲望が存在している限り、「最高神のゼウスと競い合っても」幸せを追い求め、自己満足を得ることができる。これらの点を明確に理解したうえで、必要なものを手に入れやすい環境を整えてくれた自然に感謝する気持ちを忘れなければ、取捨選択のすえに到達した人生では真の喜びと満足を経験できる。

笑う哲学者

エピキュリアンの生き方のもうひとつの側面は、自分について深刻に考えすぎない姿勢と関わっている。エピキュリアンのあいだでは、喜劇の文化が常に存在してきたと考えられる。それはルキアノスやホラティウスの作品からも明らかであり、時にはルクレティウスにもその傾向が見られる。古代ギリシャの詩人ホラティウスは肥満体で、自らを「エピクロスの獣群のなかの豚」と呼んだことがあり、私たちの学派にしばしば向けられる侮辱を明るく受け流した。ルクレティウスは世間一般の迷信を嘲笑する一方、『事物の本性について』のなかでつぎのような軽口をたたいている。ローマの最高神ユピテルが人間にもっと正確に稲妻を命中させたければ、天から降りて地上にもっと近づくべきだった。

サモサタのルキアノスは喜劇の傑作『本当の話』のなかでエピクロス主義をパロディーで宗教と見なし、至福の島という楽園を想像した。この島では、キュレネ派とエピクロス派の誰もが永遠の至福を経験する。これに対してストア派やアリストテレス派などの学派はこの島に到達できず、その理由をルキアノスはコミカルな文章で説明し、どの冒険でも教訓として紹介している。

ルキアノスには『偽預言者アレクサンドロス』という作品もあり、新興宗教の教祖の実体を暴露している。ちなみに作中で嘲笑された教祖はルキアノスの殺人を試みたが、ローマの元老院は、偽預言者の弟子たちが暴動を起こす可能性を恐れて告訴を断念した。ルキアノスの作品を二一世紀の視点から読んでみると、フランスの週刊風刺新聞『シャルリー・エブド』への攻撃を思い出さずにはいられない。他にも最近ではサルマン・ラシュディなど、宗教を批判または嘲笑した有名人が脅迫の対象になっている。

エピキュリアンは笑う哲学者の系統に属する。笑う哲学者の元祖は、最初の原子論者であるデモクリトスで、彼はしばしば人間性を笑いの種にすることで知られた。この姿勢は理にかなっている。というのも、物事の性質を研究したうえで多数派が何を信じているかに注目すると、馬鹿馬鹿しさを感じずにはいられないからだ。人間は優れた知性に恵まれている一方、迷信にいとも簡単にだまされてしまう。ちなみにエピクロスはライバルの哲学者に面白いあだ名をつけることで有名だった。歴史家のディオゲネス・ラエルティオスの記録では、プラトンは「黄金人間」、ナウシファネスは「クラゲ」と呼ばれた。さらにエピクロスは、親しい仲間にもあだ名をつけた。エピクロスは仲間たちから慕われ、そのためこの学派はエピクロス派と命名される。メトロドロス、ヘルマコス、ポリュアエヌスなど、同じように影響力を持つ人物を差し置いて評価されたのは、明るく信頼感のある性格が尊敬されたのだろう。

苦難や困難な状況、屈辱的な状況や落ち着かない状況に対処するうえで、笑いは健全な方法だ。そして笑いには、哲学者の社会的役割のひとつであるパレーシア、すなわち率直な批判を和らげる効果もある。ガダラのフィロデマスによれば、パレーシアにはふたつの形がある。ひとつは社会の道徳的発展に役立つ公の場での批判、もうひとつは個人を対象にした私的な批判だ（批判を和らげる手段としてはもうひとつ、古代のエピキュリアンの名を広めた美徳がある。それは人当たりの良さ、すなわち感じの良い話し方だ）。教訓を目的とするときにコメディはパレーシアとして役立つが、信憑性を訴えるため、迷信など望ましくない特性を回避するため、中身が空っぽの主張を見抜くため、わだかまりを取り除くためにも役に立つ。笑いは喜びを生み出す社会的潤滑油として大切な存在であり、大きな実用性の価値を損なわない。

エピキュリアンの経済学

私たちは哲学を実践し、笑い、家計をやりくりしなければならないが、それと同時に、真の哲学の言葉を語り続けなければならない。

エピクロス『ヴァチカン箴言集』（41）

自然かつ（人生や健康や幸せのために）必要な喜びは何よりも優先されるべきだと主張する教義は、

政治や経済にも応用が可能だ。アウタルキー（自立、自治）は、経済の原理であると同時に哲学の原理でもある。哲学者は世論に極端に振り回されず、自然かつ必要な善をうまく身に付け、自立しなければならない。しかし、がむしゃらに働くべきではない。むしろガダラのフィロデモスは、『財産の管理術に関して』のなかで以下のように提言している。哲学者は効果的なものを所有し（すなわち生産手段を所有し）、複数の収入の手段を持ち（哲学の教師、貸物件からの家賃収入、社員を抱える企業の経営などは、他の収入源よりも特に優先される）、手に入る収入は当面のニーズを満たしてお釣りが来なければならない。肝心なのは、余暇を楽しむ魅力的な生活の達成が促されることだ。所有する財産や生産手段が充実し、市民が賃金奴隷状態から解放されて快適に暮らすためには何が最善の方法か、今日の私たちは問いかけなければならない。さらにフィロデモスは、労働における人間関係の重要性を強調し、従業員や雇用者や仕事仲間を慎重に選ぶべきだと論じている。選んだ相手が私たちの友人になれば理想的だ。

エピキュリアンの契約主義——絶対的な正義など存在せず、正義は相互利益を目的とする契約に基づいて決定されるという理論——からは、ビジネスやアウタルキー（経済的自給自足）の考え方についてのヒントが提供される。自立とは、互恵ネットワークへの関わりを断つことを意味するわけではない。むしろ、自然界で観察される共生関係と同じものが、経済においても再現される。自分と関係者全員のあいだで、どんな相互利益が成り立っているのか発見すれば、全員にとっての安心と繁栄を確保しやすい。これは企業間の取引の関係にも、従来の雇用のケースにも当てはまる。たとえば被雇用者は給与、年金、医療保険を通じて時間を有効に活用し、雇用者は提供される労働やスキルから価値を獲得する。

自然かつ必要な財産を確保するために欠かせない富には、自然に設定された基準が存在するとガダラのフィロデマスは確信していた。二〇一〇年にプリンストン大学の研究者が行った研究からは、アメリカ社会において幸せと収入との相関関係は七万五〇〇〇ドルまでに限られることが示された。それ以上になると、幸せには健康や人間関係など、他の要因からの影響が大きくなる[10]。消費主義や際限ない欲望に伴う不要な不安を回避するためには、私たちの欲望に最初から設けられている限界を理解することがきわめて重要である。さらに、何かを所有するよりも経験の積み重ねや人間関係の構築のほうが、幸せの獲得への貢献度が高い点も理解しておくべきだ。ダンバー数は共同体に関して自然に設定された基準だが、フィロデマスの概念では同じような基準が食べ物や住居やお金に使われている。

では、エピキュリアンの教義を税金に応用すると、どうなるか。個人や家族が住居、安全、食べ物、健康、幸せを確保するために必要な富や収入には課税せず、その上限を超えた部分のみを対象にすべきだと解釈できる。ユニバーサル・ベーシックインカム（ＵＢＩ）を提言して実験に取り組む知識人やインフルエンサーの数は増え続け、一部の都市も参加している。ＵＢＩにおいては、最低限の生活をおくるために必要な額の現金が、すべての市民に非課税で提供される。ＵＢＩを批判する陣営は費用の高さを指摘するが、擁護する側にとってこれは不可欠である。社会はベーシックインカムの様々なモデルを実験したうえで、最も実用的なＵＢＩモデルに落ち着くことになるだろう。

一方、労働の自動化の傾向は、週間労働時間を見直す良い機会として理解されるようになっている。直観的に考えると、人間の代わりに働いてくれる機械を所有する人たちが増えるほど、ロボットの労働から得られる利益は膨らむと考えるのが理にかなっている。しかし、自動化への包括的な解決策はまだ手の届くところにない。結局のところ、高齢化が進むと同時に人間に任せられる仕事が減ってくれば、政府は労働に関するパラダイムをシフトしなければならないだろう。たとえば週平均労働時間を短縮し、さらには／あるいは個人セミリタイア口座を導入してもよい。これは従来の退職口座（IRA）よりも流動性が高い。ここアメリカでは、IRAの口座から現金を引き出すときには一〇パーセントの手数料がかかるが、景気変動型退職モデルや部分退職モデルを見越して、これを廃止できないだろうか。エピキュリアンは、生産活動を続けながら最も快適に暮らせる方法について頭を悩ませなければならない。

今日のエピキュリアン

いまではエピクロスの呼びかけに応え、小さいけれども自己主張の強い多くのグループや個人が目を覚まし、地に足をつけて哲学に取り組み、自然から寛大に提供される喜びに満ちた人生の創造に努めている。

フランスで最も著名な有識者のひとりがミシェル・オンフレだ。彼によれば、プラトンやアブラハムの因習はあまりにも長く不動の地位を享受しすぎたという。そのうえで、エピキュリアンの哲学が歴史を通じて受けてきた不当な扱いを是正するためには、「エピクロスの友人と同時にプラトンの敵としての視点」から哲学史を見直す必要があると提言している。オンフレはプラトン主義を「西洋文明の中心を蝕む深刻な神経症」と呼んだ。著書は一〇〇冊以上におよび、自らが批判する問題を是正するためにカーン大学を創設した。

南北アメリカ大陸では、私を含めた数人のエピキュリアンがペンを執り（あるいはキーボードを叩き）、サモサタのルキアノスの言葉を借りれば「エピクロスに加勢している」。たとえば、ウルグアイのホセ・ムヒカ元大統領は最近、現代西洋世界の実存的危機からの救済策として、エピキュリアンの教えを引用している。ムヒカによれば、いまや「キリスト教は我々の役に立たず」、人びとは飽くなき消費者主義に不満を抱いている。

エピクロスの故郷ギリシャでは、様々な都市の複数の共同体が、幸せの権利をヨーロッパ市民に認めるよう欧州議会に求めている。そして毎年二月にはエピクロスの誕生日を記念してシンポジウムを開催している。

エピクロスのメッセージは、今日でも未だに人びとの心に響く。いまや消費主義が蔓延し、伝統的な宗教の信頼性は徐々に蝕まれ、多くの人たちがこれまで受け継がれてきた価値観に疑問を抱いている。グローバリゼーションと労働の自動化は、経済的不安定を引き起こした。（エピキュリアンの大半が居住する）ギリシャでの金融危機をきっかけに、欲望に自ずと備わっている限界に人びとは目を向けるようになった。アメリカでは国民の孤立化が進み、価値観に関する混乱が深まった結果、自殺率が上昇している。そして各国政府が協力して多くの問題――ほとんどが緊急を要する環境問題――に関して定めたグローバルな方針には、経験的証拠が欠けている。いまはエピクロス哲学の助言に従い、自然に関する研究に基づいて、これらの問題すべての解決に取り組むべきだ。そうすれば、いま紹介した事柄に限らず、社会の機能不全に関わる多くの症状の改善に自信を持って取り組み、効果を上げられるだろう。

楽しみ、そして幸せになろう！　道に迷っているだろうか。ならば、エピクロスに案内してもらえばよい。あらゆる喜びの源は、あなた自身のなかに存在している。あなたの前には善と悪が差し出されている。善は専ら喜びを生み出し、悪は苦しみをもたらす。ここにはいっさいの逆説も、不明瞭な言葉も存在しない。寓話のなかに隠された教訓に頼る必要もない。

フランシス・ライト『アテネでの数日間』

Ⅲ部　宗教的伝統

ヒンドゥー教
ユダヤ教
キリスト教
進歩的イスラム
エシカルカルチャー

哲学と宗教は、歴史を通じ、かならずしも良い関係ではなかった。ソクラテスなどの哲学者が宗教を否定したり疑ったりすれば異端者と見なされるときもあり、それも一因となってソクラテスは死刑を宣告された。しかし本書の「はじめに」で指摘したように、ふたつの領域の境界は明瞭ではない。アリスター・マクグラスによれば、初期キリスト教の著述家は、キリスト教を宗教というより哲学と見なした。そして初期キリスト教の芸術作品に登場するキリストは、哲学者のマントを身に着けていることもある。ユダヤ教とイスラム教は何百年にもわたって哲学に関わってきた。あるいは比較的最近登場したエシカルカルチャーは、倫理学——一般的な哲学の一領域——から明らかに派生した原理を土台としている。

キリスト教を信仰する哲学者セーレン・キルケゴールはかつて、（ペンネームを使って）つぎのような辛辣な発言をした。「超自然的な事柄の評価を貶め、平凡で取るに足らない存在にすることが目的でなければ、哲学者が必要とされる理由などあるだろうか[1]」。宗教的伝統には、超自然的な事柄、神秘的な事柄、精神的な事柄を受け入れる余地が確保されている。だからこそ信仰は宗教の核心的要素なのだが、哲学は信仰をほとんど受けつけられない。逆に宗教は信仰に支えられているからこそ、明快な回答を提供できなくても冷静さを失わず、哲学者にはお手上げの疑問（論理や合理性が無視されるときが多い）の一部に回答することができる。宗教は儀式を行い、預言者に耳を傾け、しばしば神を崇める。エシカルカルチャーの信仰は神を必要としないが、儀式を行い、精神的な要素が含まれる。ちなみにヒンドゥー教は多神教で、ユダヤ教、キリスト教、イスラム教は一神教だ（キリスト教における父と子と聖霊の三位一体は、隠れた多神教だという指摘も一部にはある）。さらに宗教には来世の存在を信じるものが多く、ヒンドゥー教など東洋の宗教は輪廻の存在を肯定する。輪廻のプロセスでどんな生命に生まれ変わるかは、現世での行動の良し悪しに左右されるという。宗教と哲学のあいだにはこのような違いがあるものの、ひとつ大事な要素を共有している。すなわち、どちらも人生の意味の解明に取り組み、倫理的枠組みのなかでいかに生きるべきかを問いかけている。

宗教は驚くほど多種多様で、数えきれないほどたくさんの宗派やバリエーションが存在するので、一般論を述べるのは難しい。歴史や地理的分布や信者の人数を考慮すれば、世界の人口のおよそ八四パーセントが何らかの宗教に所属しているが[2]、それも意外ではない。したがって、Ⅲ部を構成する各章の著者らも、自らの宗教の実践に対するアプローチは様々である。なかには宗教儀式が現代の生活と相容れないときもある。最初に登場する7章でヒンドゥー教を論じるディーパク・サルマは、そんなジレンマに直面した。あるいは、宗教の実践は新しい方向や局面に進化を遂げるときもあり、それについてはアディス・ドゥデリヤが進歩的イスラムをテーマにした10章で取り上げている。さらにラビ・バーバラ・ブロックによれば、ユダヤ教では複数の意見や真実が許されるだけでなく、奨励もされる。なぜなら同じ目標に到達する道はひとつではないからだ。そのため「ユダヤ人がふたり集まれば三つの意見を聞かされる」と皮肉られることもある。そしてアリスター・マクグラスはこう語る。「キリスト教について一般論を述べるのはおそろしく難しい。そんな作業にわざわざ取り組むのは、腹に一物ある人間ぐらいだ」。

しかし、私たちには下心などない。ここで見解を紹介してくれる五人の宗教哲学者は、哲学と宗教の複雑な結合体をうまく誘導する作業に取り組んでいる。Ⅲ部には、宗教に対する様々な解釈やアプローチを意図的に含めた。古典もあれば（ラビ・ブロックが紹介するユダヤ教など）、独自性の強いものもある（アディス・ドゥデリヤが紹介する進歩的イスラムなど）。それは、人びとが宗教に取り組む様々な方法について紹介することで、宗教に関する読者の見解を広げたいからだ。読者の皆さんには、精神的要素の強い人生哲学のなかの新しい側面を発見してもらいたい。そのために、Ⅲ部の著者らの主観的な経験を洞察してほしい。

　インドの宗教であるヒンドゥー教はおよそ一一億人の信者を擁し[3]、世界で三番目に大きい。ヒンドゥー教は世界最古の宗教だという意見もあるが、それは古代の複数の宗教を土台にしていることも理由のひとつだ。アリストテレスやキティオンのゼノンやエピクロスが自分たちの哲学について論じていた頃（紀元前およそ五〇〇～三〇〇年）、古代の複数の宗教が統合され誕生したのである。ヒンドゥー教がユニークなのは、これまで紹介してきたいかなる哲学とも異なり、特定の人物にまで起源をたどれない点だ。ディーパク・サルマが指摘するように、ヒンドゥー教は始まりのない哲学である。しかも、自己は永遠に存在し続け、始まりも終わりもない輪廻転生が繰り返されるという概念が、ヒンドゥー教には深く関わっている。私たちが現在陥っている苦境は、良きにつけ悪しきにつけカルマの結果であり、このカルマは過去の数えきれない生のなかで積み重ねられてきたものだという。そしてここから、私たちは現在の生で良い行いを心がけ、未来の生のために「良い」カルマを積むべきだという発想が導かれる。一部のヒンドゥー教徒はこの概念を利用して階級制度を説明し、正当化に努める。しかしサルマによれば、この制度は、平等と社会正義という理想とのあいだで大きな緊張を生み出している。

ヒンドゥー教と同じく、ユダヤ教もいつ頃に誕生したのか定かではないが、一部ではアブラハムが創始者として特定されている。彼はおそらく紀元前二〇〇〇年頃にウル（現在のイラク）という都市で生まれ、カナン（現在のイスラエル）に移住した。もともとは羊飼いで、永続的な契約（神との契約）を交わした最初の人物と信じられている。創世記のなかで、神はアブラハムとその子孫にカナンの地を与えている。そして見返りとして、アブラハムとその男性の子孫に割礼を要求している。

世界に存在するユダヤ人はおよそ一四〇〇万人で、この人数を考えれば、ユダヤ教はⅢ部で紹介する他の宗教よりも規模が小さい。しかしユダヤ教は世界最古の一神教であり、アブラハムの宗教的伝統を受け継ぎ父祖として仰ぐ宗教の源でもある。アブラハムの宗教には、キリスト教、イスラム教、バハーイー教、ラスタファリアニズムなど、多くの宗教が含まれる。[4] ラビ・ブロックはホロコーストを経験した難民の娘で、六〇〇万人のユダヤ人の殺害を許した神をどうすれば信じることができるのか論じている（彼女の父親は信じられなかった）。ユダヤ教への彼女のアプローチは、神は全知全能ではなく、世界を修復するために私たちの助けを必要としているという視点に立っている。契約によって神と提携し、個人よりも共同体を重視する姿勢は、ユダヤ教の中心的なテーマであり課題でもある。

キリスト教はユダヤ教のひとつの宗派として始まり、紀元一世紀にイエスの教えから発展し、後にそれは新約聖書としてまとめられた。キリスト教は世界で最も普及した宗教となり、信者はおよそ二三億人に達する（世界人口の約三一パーセント[5]）。アリスター・マクグラスは無神論を含めいくつもの教えを経験したすえ、最後はキリスト教に落ち着いた。彼はC・S・ルイスに注目し、キリスト教の魅力をつぎのように語っている。すなわち、キリスト教は経験的事実という「くさび」に制約されず、私たちの生を大きな計画の一部としてとらえ、一貫性と秩序の備わった世界で生きるため、（たとえ「大局」の全体像をつかめないとしても）一種のメンタルマップを提供してくれる。さらにキリスト教は、キリストの立場から信者の人生をとらえ、ストーリーを展開している。こうして信憑性や達成感を追い求める手助けをしてもらえるおかげで、信者は広い宇宙のなかでも自尊心を経験できる（なぜなら、神から愛されているのだから）。さもなければ取るに足らない存在の私たちは、宇宙の大きさにいとも簡単に圧倒されてしまう。ほかにもキリスト教からは、心的外傷に立ち向かうために役立つ物語（裏切り、拷問、十字架刑、復活）が提供される。マグラスはつぎのように説明している。「キリスト教の中心をなすキリストの十字架刑と復活は、実際のところ心的外傷後成長の典型的な物語で、人間の状況はきちんと解明すれば変容できる可能性が示唆されている」。

一八億人の信者を擁し、世界で二番目に普及している宗教のイスラム教は、七世紀頃にサウジアラビアで誕生した[6]。ユダヤ教の最重要人物はモーセ（トーラーの著者と信じられている）、キリスト教の最重要人物はイエス・キリストだが、ムスリム（イスラム教の信者）は、ムハンマド・イブン・アブドゥッラー（およそ五七〇年〜六三二年六月八日）こそ最後にして最も重要な預言者だと考える。コーランはイスラム教の聖典で、ムハンマドが天使ガブリエルを介して伝えられたアラーの神のメッセージに基づいて、ムハンマドの死からおよそ三〇年後に成文化された。

アディス・ドゥデリヤは、進歩的な形のイスラム教への傾倒について解説している。これに彼は、九・一一のテロ攻撃のあとに出会った。おそらくイスラム教についての一部の通念とは異なり、ドゥデリヤが提唱する進歩的な形のイスラム教は、概念的には世界人権宣言（ＵＤＨＲ）と矛盾しない。さらに、信仰や生い立ちとは無関係にすべての人たちの道徳的平等を謳い、宗教多元主義を擁護し、法律に関しては、理性の裏付けを持つ道徳の導きが必要だと主張している。理性の裏付けを持つ道徳が、人間性、環境の持続可能性、さらにはジェンダー公正――女性の性と生殖に関する権利と指導的立場を含む――などの分野で展開されるべきだとドゥデリヤは考えている。ストア哲学と同様、進歩的イスラムはコスモポリタニズムを強調し、アリストテレス主義などの哲学と同様、人間としての繁栄を非常に大切にしている。

エシカルヒューマニズム（世俗的人本主義）（「宗教的ヒューマニズム」、あるいはアン・クレイセンは「エシカルカルチャー」と呼んでいる）のなかでは、これははたして宗教なのかという議論が交わされている。なぜなら、ここには超越的な要素や超自然的な要素がいっさい含まれないからだ。仏教、道教、ジャイナ教、クエーカー派、サタニズムと同様、エシカルカルチャーは概して無神論的宗教と考えられている。クレイセンによれば、エシカルカルチャーはおよそ一万人のメンバーを擁し、宗教に分類されるけれども、これを個人的に宗教として経験するか否かの決断は、各メンバーに任せられている。エシカルカルチャーは一八〇〇年代末、フェリックス・アドラーによってニューヨークで始められた。アドラーはラビとしての修行を積んでいたが、イマヌエル・カントやラルフ・ワルド・エマーソンのアイデアの魅力に抗えず、途中で信仰を捨てた。どちらもユダヤ教にとって、あまりにも異端的だったのである。寺院から追放されたあと、アドラーはコーネル大学の教授としてヘブライ文学と東洋文学を教えるが、講義内容の無神論的な傾向を非難され、退職を勧告される。どこでも歓迎されずに不満を募らせたのだろう。アドラーは自ら「宗教」を立ち上げ、それが友好的な集団としてクレイセンの心に訴えたのだ。この集団は「信条よりも行い」を重んじ（人種、民族、性的指向、経済的地位、能力レベル、宗教的信念よりも倫理的行動を重視する）、社会正義や積極的行動主義を評価する。さらに、自分自身や相手の隠れた長所を引き出し、他の人びとや地球と倫理的な関係を構築し、宗教による救済よりも心の気づきを重視している。

7章 ヒンドゥー教

ディーパク・サルマ

ヒンドゥー教には実にたくさんのタイプがあって種類も様々なので、統一した形で説明するのは難しい。具体的な概念や慣習の一部を紹介する程度のことしかできない。この章での私の解説には、私自身が経験しているヒンドゥー教の生活様式が反映されているが、これはある特定のサンプラダヤ（伝統）に忠実に従っている。それはヴェーダーンタ学派の流れを汲むマドヴァ派で、一三世紀にインドのカルナータカ州で神学者のマドヴァーチャーリャによって始められた。

ヒンドゥー教は多種多様であるが、それでも最初にヒンドゥー教とその人生哲学について大まかに解説しておきたい。まず、カルマにはどんな意味があり、それは因果律とどのように関連しているのか。

大まかに言って、インドに現存する哲学や宗教のすべての学派は、カルマのメカニズムを信じている点が共通している。例外はチャールヴァーカ（唯物論的懐疑派）とアブラハムの宗教だけである。カルマのメカニズムにおいては、前世での行動が未来の生で経験する出来事や転生に影響をおよぼすと考えられる。再生する本体はアートマンと呼ばれ、転生は何度も繰り返される。そのなかで誰もがプニヤ（称賛に値するカルマ）とパーパ（非難すべきカルマ）を何らかの形で蓄積していくが、西洋で普及している表現を使うなら前者は「良い」カルマ、後者は「悪い」カルマとなる。カルマが蓄積されると、その中身次第で最終的にカルマは解消されるか、もしくはさらに積み重ねられていく。したがってカルマは、死後に生まれ変わることを大前提とする信仰と関連性がある。生まれ変わるときにどんなタイプの肉体を持つかは（あるいは過去にどんな肉体を持っていたかは）、プニヤとパーパに基づいて決定される。誰もが逃れられない転生のサイクルはサンサーラ（輪廻）と呼ばれる。

さらにカルマはヴァルナ（カースト）とも関連している。どのヴァルナに生まれるかは、カルマによって決定され、その結果として四つの階級が存在する。バラモン（司祭階級）、クシャトリヤ（武士・王族階級）、ヴァイシャ（商人階級）、シュードラ（労働者階級）の四つだ。このヴァルナの制度の創造に関しては、『プルシャスークタ』（世界で最初に生まれた創造主への讃歌）で言及されている。この讃歌は『リグ・ヴェーダ』の一節（讃歌10：90）だが、『リグ・ヴェーダ』は多くのヒンドゥー教徒からヒンドゥー教の規範に関する最古のテキストと見なされている。ヒンドゥー教の生活様式においては、このヴァルナの制度を受け入れることが要求される。インドの国外に住んでいても、足を踏み入れたことがなくても、例外は許されない。どのヴァルナに所属するかは努力次第で決定されるもので、地位は世襲されないと信じたい人もいるだろう。実際、ヒンドゥー教から宗旨替えした人やヒンドゥー教の「改革派」の多くは、そもそも『リグ・ヴェーダ』には平等主義の精神が満ちていたが、素性のわからない関係者によって平等主義が歪められたと論じている。あるいは、本来この制度は階層を反映しているのではなく、能力主義に基づいて分類されたものだという説もある。もちろん、こうした「なぜなぜ」物語は検証することができない。

『リグ・ヴェーダ』、あるいは『ウパニシャッド』をはじめとするヒンドゥー教の経典など、カーストに言及している書物が教える信条の内容に疑問を抱き始めると、ヴァルナの教義を信じる気持ちは薄れてしまう。

階級制度は多くの人たちにとって確実に問題をはらみ、平等や社会正義という理想を受け入れる人なら誰でも気分を害する。しかしヒンドゥー教の世界観の一部として、ヒンドゥー教徒はこれを進んで受け入れるか、逆に無視するか、あるいは新たに解釈し直さなければならない。ヒンドゥー教の哲学を追求するなら、この社会制度と最終的には向き合わざるを得ない。なぜなら、これは宇宙のまさに因果メカニズムと深く関わっているからだ。

私自身はバラモンに属する身分で、その事実に気づいて以来、自分が受け継いだ地位を時には受け入れ、時には拒絶してきた。当初しばらくは、ヴァルナの制度に内在する差別について私は驚くほど無知だった。バラモンとしてのアイデンティティによって類まれな地位が授けられたと信じ込み、アメリカで少数民族として疎外される生活を支える拠り所にしたものだ。

カルマやサンサーラ（輪廻）のメカニズムが生まれた起源や具体的な機能については、ヒンドゥー教の学派や伝統のあいだで意見が大きく分かれるが、これらの存在を信じている点は共通している。さらに、この一見終わりのないサイクルを断ち切ることへの関心も共有され、それを切望する気持ちが存在理由になっている。衆生はカルマから解放されると、ヒンドゥー教の伝統ではモークシャ（解脱）と呼ばれる状態に入る。仏教のニルヴァーナと同じだ。モークシャの地位や特徴についての解釈は、ヒンドゥー教の様々な学派や伝統のあいだで大きく異なる。そのすべてではないが一部は、信者がカルマのサイクルを断ち切り、望み通りの目的を達成するための体系的な方法を紹介している。ヒンドゥー教徒の生においては、モークシャがテロス（最終目的）または終点と見なされる。モークシャについて絶えず考えるにせよ、一時的ではあるが避けられない死に直面してはじめて考えるにせよ、この点に変わりはない。

宇宙の因果メカニズムに対するこのような確信は、大宇宙的な規模でも小宇宙的な規模でもすべての衆生に影響をおよぼし、すべてのヒンドゥー教徒の信仰の中核を成している。ヒンドゥー教徒の全員が明確に表現するわけではないが、多くの信者は現在や未来の行動の原因や結果について絶えず思いめぐらし、過去の行動を振り返って想像や推測を行う。このような熟慮の対象には、日常のありふれた出来事も含まれる。意外でもないが、きわめてポジティブな経験はプニヤ（良いカルマ）が、きわめてネガティブな経験はパーパ（悪いカルマ）が原因だとされる。

ここで、理解の一助となる具体例を紹介しよう。最近、私は地元で車を運転しているとき、もう少しで事故に巻き込まれるところだった。信号が赤に変わったのに、不注意なドライバーがそれを無視して、私のいる車線に突っ込んできた。急ブレーキをかけてハンドルを切ったが、あと数センチで衝突するところだった。私は一方で、こんなに恐ろしくて不愉快な経験をするのは、これまで積み重ねてきたカルマのせいだと不安を感じた。しかしもう一方で、事故に巻き込まれなかったのはプニヤのおかげだと感謝した。もうひとつ、私が講義で学生たちに好んで語る話がある。それは、私の講義から喜びと苦しみのいずれの感情を経験するかに関わっている。もしも喜びの感情を経験し、講義を受講してよかったと思うなら、それはプニヤ・カルマのおかげで講義に出席できるようになったからだと教える。一方、苦しみの感情を経験する学生には、過去の何らかの行動の結果が、現在の責め苦の原因になっていることを考えてほしいと提案する。世界のなかでの他人との関係は、カルマの視点から考えやすい。

カルマは何に由来するのか、どこに存在するのかという問題への回答を迫られると、ヒンドゥー教徒はうまく説明できない。それは最も体系的な教えを信奉するヒンドゥー教徒も例外ではない。対照的にジャイナ教徒は、カルマはあたりを漂っている物理的粒子で、それがどのように衆生に引き寄せられるかは各自の行動や意図に左右されると信じている。しかしヒンドゥー教徒は、宇宙やカルマが永遠に実在してきたことや、将来も永遠に存在することに興味を示さず、悩まされもしない。その意味ではキリスト教徒と異なり、アナヴァスタ（無限遡及）に心を乱されない。過去の原因に依存しない「第一原因」を事実として仮定する必要性がヒンドゥー教では注目されないと、キリスト教徒の哲学者トマス・アクィナスは示唆している。したがって、一部の形而上学的問題に関して、ヒンドゥー教徒は問いかけることも回答することもない。私にとってこの状態は心地よい。実存的、哲学的、論理的に「第一原因」を探し求める必要がないし、それを強制もされない。バンダ（結合状態）は、ジーバ（霊魂）とデーハ（肉体）との関係に言及している。そしてマドヴァーチャーリャによれば、ジーバは誕生と再生の終わりのないサイクルに拘束されている。ジーバがバンダにとどまっているのは、ブラフマン（最高原理）や宇宙についてのアジナナ（無知）が原因である。モークシャ（解脱）に到達するとようやく、デーハとの関係は終わりを迎える。

ヴィシュヌ神が宇宙とその構成要素のすべてを創造した理由について、マドヴァーチャーリャは明確な説明を避けている。ヴィシュヌ神はリーラ（神の遊び）から創造を手がけたという説もあるが、それでは「神は謎めいた方法で創造に取り組んだ！」、そして結果に満足した、という古くからの主張とほとんど変わらない。もっと大胆に、ヴィシュヌ神はジーバのために宇宙を周期的に創造していると考えてもよいだろう。この宇宙のなかでジーバは、過去に蓄積されてきたカルマを発現し、新しいカルマを創造し、その結果として輪廻のサイクルのなかに存在し続けるか解放されるかが決定される。ジーバはプニヤ（功徳）とパーパ（悪徳）に拘束されるが、どちらもバンダと同様に始まりを持たない[1]。つまりヴィシュヌ神が創造した宇宙は、カルマが発現する場所であり、苦しみが生まれてもいつかは終わる可能性のある場所であり、バンダが現れてもいつかは消滅する可能性のある場所ということになる。それ以上は、ヒンドゥー教徒は問いかけないし答えない。ここから形而上学的な疑問が生じても取り合わない。不可知の存在をリーラ（神の遊び）のせいにする場合もあるが、これによって宇宙の創造が証明されるわけでも反証されるわけでもなく、答えは提供されない。でもカルマには起源がないことと同様、このような宇宙観も私には素直に受け入れられる。

ヒンドゥー教徒は、自らの人生や、他人の人生のなかで観察されるポジティブな出来事やネガティブな出来事を説明するためにカルマを用いる。つまり、苦しみは行動の結果と密接に関連しており、行動はカルマによって導かれる一方で、カルマに影響をおよぼすものと考えられる。このようにサンサーラ（輪廻）には、ある程度の苦しみが入り込むのは避けられない。この因果関係のメカニズムによれば、（人間や人間以外の）主体は自らの（肉体的、精神的、霊的、実存的などの）苦しみに対し、直接的な責任を負っている。この苦しみを現世で、もしくは長期的に（すなわち将来的に転生した際に）和らげるような行動を心がけても、回避できない要素はある程度まで残される。ヒンドゥー教徒はそれを許容し、時にはありがたく受け入れる。

少し前に紹介した私の学生たちの苦しみの事例などは取るに足らないかもしれないが、その他に、もっと深刻で厄介なシナリオは存在している。たとえばヒンドゥー教徒と医療の関係について考えてみよう。ヒンドゥー教徒はカルマの因果関係の結果として、苦しみを緩和するよりも、むしろ積極的に歓迎する。自らの苦しみはパーパ（非難すべき）・カルマの発現だとヒンドゥー教徒が信じているなら、緩和ケアは望ましくない。苦しみが軽減されても、結局はパーパ・カルマの発現が遅れるだけでしかない。つまり、苦痛が取り除かれてもその効果は一時的なもので、むしろパーパが積み重なり、避けられない死の到来が引き延ばされ、その影響が強化されてしまう。

たとえば神や女神をなだめる必要があるときや、なだめたいと願うときには、苦しみを積極的に経験する。苦しみは信仰の試練、あるいは知識を得るための手段として理解されるからだ。したがってヴァイスナヴィテ（ヴィシュヌ神の熱心な信奉者）にとって苦しみは、ヴィシュヌ神へのバクティ（献身的愛）を増やすための手段である。マドヴァーチャーリヤによれば、苦しみは、ヴィシュヌ神に全面的に依存していることを気づかせてくれる。苦しみを通じてそれを実体験すれば、バクティが増幅されてモークシャへの到達が早まる。

一部の有神論のモデルでは、神や女神は、苦しみを和らげることも罰として苦しみをもたらすこともできる存在であり、報われるときも罰せられるときもある。たとえばシタラ・デーヴィは天然痘の女神で、慈悲深いと同時に危険な存在である。天然痘などの病気から信者を守ることも、病気に感染させることも——恩寵を与えることも不幸をもたらすことも——できる。だから天然痘の傷跡が残った人は、女神から祝福を受けたと信じられる。女神は信者にプラサーダ（恩寵）をもたらさなくても崇拝されるのだ。結局のところ、苦しみは信者の行動の直接的な結果であり、それで十分に説明可能だと考えられる。

多くのヒンドゥー教徒にとっては、このように説明されるほうが医学的な説明よりも満足できる。そのため一部のヒンドゥー教徒は、予後の診断が芳しくなくても延命措置を選ばない。

ちなみに私はインドで大学院生としての研究を始める直前、命に関わる深刻な外傷を脳に被り、結果として様々な不便や制約を経験する羽目になった。私がそれについてマドヴァ・マタ（僧院）の恩師たちに話すと、つぎのような結論を伝えられた。ここには何らかのカルマのメカニズムが働いている。今回の件は過去の行動の結果であり、私は間違いなく良いカルマを経験している。その証拠に、最終的に生き残ったのだ。

もしもすべてがカルマだとすれば、神や女神はどのように関係しているのだろうか。皆というわけではないが一部のヒンドゥー教徒は、自分の人生や宇宙のなかで神や女神が一定の役割を果たしていると信じる。しかしなかには、現実にはふたつのレベルが存在すると信じるヒンドゥー教徒もいる。すなわち、私たちが暮らしている架空の平凡な現実と、目指すべき目標である究極の現実のふたつで（後者は、カントや大乗仏教の信者が提言する現実と似ている）、この場合に神や女神はマーヤー（妄想的な思考）の所産と見なされる。しかしマドヴァーチャーリャにとって宇宙は紛れもなく現実であり[2]、マドヴァ派の体系の頂点に君臨するヴィシュヌ神があらゆる物事を支配している[3]。この場合には、ヴィシュヌ神について、さらには宇宙の性質や機能について正確な知識を手に入れることは、モークシャに到達するために不可欠な前提条件となる(4)。

どのヒンドゥー教徒も、輪廻転生のサイクルからの解放は可能だと信じるが、モークシャに到達するプロセスや、モークシャそのものの経験に関しては意見が異なる。しかしだからといって、ヒンドゥー教の人生哲学が相対主義を受け入れているわけではない。相対主義に基づくなら、モークシャに至る道は様々であり、モークシャの経験は個人の信仰に左右されることになる。しかしヒンドゥー教の歴史では、モークシャに到達する方法や、到達後の具体的な経験について、意見の違いを解消するために議論が交わされてきた。たとえば、モークシャはジュニャーナ（知識）によって到達可能だと信じる人たちもいれば、大切なのは特定のデーヴァ（神）へのバクティ（親愛）だと信じる人たちもいる。

キリスト教徒の多くが罪や天国について常に考えるわけではないように、ヒンドゥー教徒も、カルマのことやモークシャへの到達方法について常に考えているわけではない。しかし、「信心深くて」意識の高いヒンドゥー教徒は、現時点におけるカルマの地位について、あるいは転生のサイクルを断ち切りたい願望について、じっくり考えることを習慣にしている。要するに敬虔なヒンドゥー教徒は、正しい認識を習慣とするための自己訓練――輪廻転生を考えれば再訓練――に真剣に取り組む。儀式や瞑想活動に熱心に取り組むのは、信仰やそのパターンと教義などを確認、強化、完成するうえで格好の手段になるからだ。たとえばマドヴァ派では、毎日三回行われる儀式や瞑想が、正しい認識を習慣として定着させるために役に立つ。すでに述べたが、私の場合は瞑想や儀式に臨む際、段階的な変化やヒエラルキーに思いを集中している。

最後に私自身について説明しておこう。私の哲学はマドヴァーチャーリャの教えに啓発されている。実際、インド哲学とヒンドゥー教を専門分野とする大学教授としての研究は、マドヴァ・ヴェーダーンタの伝統に従って、正しく認識する習慣を定着させるための方法のひとつになっている。私は毎日の朝の瞑想以外にも、講義の準備、研究、実際の講義によって、ヒンドゥー教のテキストについて学ぶ機会が与えられる。テキストを規定の方法で十分に研究したうえで、その内容を他者に教え、あるいは自分でじっくり考えてみる。若い時期にマドヴァ派に関して研究したときには、教義についてじっくり学ぶことが必要で、教えを忠実に実行した。このような形で繰り返し行われた学習は好ましい結果をもたらし、マドヴァ派の教義に関して正しく認識する習慣が身に付いた。いまこの文章を書いているあいだに窓の外から風の音が聞こえてくると、私はまずヴァーユ神〔訳注：風の神〕について考える。もちろん、マドヴァーチャーリャはヴァーユのアヴァターラ（化身）だ[5]。あるいは、インド哲学の講義でヴェーダーンタについて学生に教えるときには、当然ながらマドヴァの教義に没頭する。ヴィシュヌ神や宇宙の性質と機能について正確な知識を持つことは、モークシャに到達するための前提条件として欠かせない。幸運にも私は学生たちに教え、研究に打ち込む機会に恵まれた。おかげで、ヒンドゥー教徒としての経験を伝え、さらに充実させることができる。

8章 ユダヤ教

ラビ・バーバラ・ブロック

汝、永遠なる神に幸いあれ
汝は宇宙の支配者
汝のおかげで、私は自由に解き放たれた

敬虔なユダヤ教徒が毎朝朗唱する神への祈りのひとつ

私はユダヤ人の両親のもとに生まれた。ユダヤ教の伝統的な法律ハラカーによれば、私は生まれながらのユダヤ人になる。たとえ私がユダヤ教を実践しなくても、あるいはユダヤ教の信仰を拠りどころとしなくても、ハラカーによってユダヤ人として認められる。今日のアメリカでは、私の祖先たちが暮らしたヨーロッパの共同体とは異なり、ユダヤ教から簡単に遠ざかることができる。ユダヤ人であっても宗教を実践せず、共同体に参加しないことが許される。この点を認識するなら、ユダヤ教に改宗した人たちだけでなく、ユダヤ人特有の生活を今日実践しているすべてのユダヤ人を「自己選択的ユダヤ人」と呼んでもかまわないだろう。

　では、なぜ私はユダヤ教を選んだのか？　ユダヤ人社会に所属して、ユダヤ教の儀式を実践し、ユダヤ教の教えに従って生きることを選択したのはなぜか。単に両親がユダヤ人だったからではない。あるいは、ユダヤ教の学校で一一年間学び、堅信礼に参加したからでもない。同じ経歴を持つ人たちの多くが、ユダヤ教を捨てる選択をしている。さらに、私がユダヤ教しか知らなかったからでもない。長年のうちにはいくつもの宗教を経験している。二十代ではクエーカー教徒の集会に、四十代では仏教のサンガに参加した。これまでの生涯を通じて、キリスト教徒の友人たちとの会話からキリスト教について学んだし、ふたつのカトリック系のカレッジで合わせて一八年間働いた。これらの伝統的な宗教には称賛できる点も評価できる点も多いが、それでも私にはユダヤ教徒としての生活がすべてで、忠実に実践している。

私がユダヤ教を選択したのは、豊かで価値のある生に至る道が提供されるからだ。ユダヤ教の研究と実践は、私の存在に意味をもたらす。でも私がユダヤ教徒なのは、ユダヤ教が個人としての私にもたらしてくれる恩恵だけが理由ではない。私がユダヤ教を実践するのは、世界にとってより良い選択ができるように私を導いてくれるからでもある。人びとがユダヤ教を実践しない世界――ユダヤ教の霊的慣習、過ぎ越しの祭りなどの行事のない世界――について考えると、それがいまよりも良い場所には思えない。だから私はユダヤ教を教えている。

ユダヤ教徒として暮らすためには、伝統と関わらなければならない。ただし、ユダヤ教が私たちに求める生き方は硬直的ではない。『屋根の上のバイオリン弾き』の愛すべき主人公のテヴィエが語るように、「一方では……しかし他方では」という柔軟性を持っている。すなわち、伝統から大事な教えが提供されるが、その実践に関しては状況を考慮してもかまわない。ユダヤ教の人生哲学は、競合する価値観やアイデアがうまく釣り合っている。一方で、ユダヤ教は伝統に根付いている。しかしその一方、新たなアイデアや現実に対応して、その伝統が息づいて変化する余地を残している。だからこそ、二〇〇〇年以上にわたって存続し、繁栄さえしてきた。ひとつの伝統のなかに複数の意見が存在しており、複数の真実が許されるばかりか、奨励までされる。

西暦五〇〇年頃に編纂されたタルムードには、競合するアイデアを巡る議論についての記述がある。議論の末、最終的には正しいアイデアがひとつだけ選ばれるのだが、議論は活発に交わされる。具体的には、以下のように展開される。

創世記の神は、サムエルの名を借りて、つぎのように語る。シャンマイ派とヒレル派の学者のあいだでは、三年間にわたって議論が戦わされてきた。「ハラカー［法律］は我々の見解と一致している」とシャンマイ派が主張すると、ヒレル派も「ハラカーは我々の見解と一致している」と言って譲らない。やがてバト・コル［天からの声］がつぎのように告げた。「どちら［の発言］も生ける神の言葉ではあるが、ハラカーはヒレル派の見解と一致している」。

バビロニア・タルムード、エルヴィン篇13b

時として私たちは、目的地に至る道をひとつだけ選ばなければならない。しかしいま紹介したストーリーは、道はひとつとは限らず、しかも、どれも同じようにうまく機能する可能性があることを認めている。このストーリーの場合には、どちらの宗派の学者の言葉も「生ける神の言葉」である。

こうして複数のアイデアの価値を積極的に受け入れ、少数派の意見も尊重する姿勢が理由で、私はユダヤ教の思想に惹きつけられた。ユダヤ教では異なる意見を持つことが評価され、奨励される。時には、意見の違いから愉快な経験が生み出されることもある。現代では、「ふたりのユダヤ人は三つの意見を持っている」というジョークが好んで使われるほどだ。

そうなると意外でもないが、ユダヤ教にひとつだけ権威ある人生哲学が存在するわけではない。私たちユダヤ教徒にとってきわめて重要なテキストであるヘブライ語聖書は、哲学の論文ではない。ユダヤ人は中世から哲学に関わってきたが、いかなる時代においても、ユダヤ教の哲学書の決定版と認められる書物はひとつも存在しない。このような意見の多様性はマイナスになるどころか、大きな力となって、ユダヤ教の思想に豊かさを与えている。

ただしユダヤ教のあらゆる人生哲学には、ユダヤ教のテキストに関する基礎知識を大切にする点が共通している。ユダヤ教のテキストの研究は、ユダヤ教徒としての良き生を支える土台だと考えられる。そして研究は義務だが、喜びでもある。『屋根の上のバイオリン弾き』で、テヴィエはつぎのように歌う。「おれが金持ちだったら……聖職者と一緒に専門書について、毎日七時間議論する。それこそ最高の幸せだ！」

テキストの研究はユダヤ教徒としての良き生に不可欠なので、ここで主な特徴の一部に注目してみたい。そもそもユダヤ教の主要なテキストはすべて、注解というレンズを通して解釈される。たとえば、トーラー（モーセ五書）の三番目に置かれるレビ記の中ほどには、つぎのような戒律が紹介されている。「自分自身を愛するように隣人を愛しなさい」（19章18節）。これをどのように解釈すればよいのか。これに関連して、タルムードにはつぎのようなストーリーが登場する。ある人物がラビ・ヒレルを試そうとして、こう挑発した。もしもヒレルが片足で立ったままトーラーを余すところなく教えてくれたら、自分はユダヤ教に改宗する。するとヒレルは、レビ記の19章18節の戒めを持ち出し、つぎのように応じた。「自分にとっていやなことを、いかなる人間にもしてはいけない」。きみは、これをどう解釈するか。注釈書をよく研究するのだな」（タルムード、サバス篇31ａ）。あるいは愛情は大事な感情だが、ビートルズの名曲のタイトル『愛こそはすべて』とは反対で、あなたにとって必要なのは愛情を抱くことだけではない。愛情をどのように示すべきか、助言してもらう必要がある。そしてその助言は、ユダヤ教のテキストやその注釈書を通じて提供される。トーラーは生命の木のようなものだと、私たちユダヤ教徒は考える。木は生きて呼吸し、枝を広げていくが、私たちもそれと同じように、テキストや私たちの生についての理解を広げていく。

ユダヤ教には様々な宗派が存在するが、どのユダヤ教徒もテキストと注釈書を研究する。私は改革派なので、トーラーの言葉を文字通り解釈することも、歴史的事実としてとらえることもない。それでもトーラーの言葉を真剣に受け止め、そこから大事な教訓を学ぶ。ヘブライ語聖書は、長年にわたって多くの著者によって書かれてきた。このテキストは時代を超越した価値観を伝えてくれるが、これらの価値観を教えるストーリーや注釈書の一部は、書かれた当時の文脈で解釈しなければならない。たとえば、捕虜になった女性を妻として娶るための規則というものがあるが、今日ではこのような習慣は即座に否定される。そもそも敵を捕虜にとることなど許されない。さらにここでは、男性が夫になるか否かについて女性の意見は認められない。しかし規則が決められた当時は、捕虜は当たり前だった。したがって、女性に配慮し守るためのルールを紹介するテキストは革命的だった。

敵と戦場で戦い……その一部を捕虜にとり、そのなかに美しい女性がいるとしよう。その女性に惹かれて妻にしたければ、家に連れていけばよい。……一カ月のあいだは、女性は父母を思い出して嘆くことになる。そのあとは……妻にしてもよい。その後、もはや女性を気に入らなくなったら、無条件で解放しなければならない。金で売ってはならない。……奴隷として扱ってはならない。

申命記21章10〜14節

捕虜は嘆く時間を与えられる。そしていったん結婚したら、奴隷として売り飛ばすことはできない。今日では、このような形で捕虜をとる行為は許されない（ただし、未だに世界の多くの場所で行われている。一例として、ボコ・ハラム［訳注：ナイジェリアのイスラム系過激派組織］について考えてみればよい）。それでもこのテキストからは、今日の私たちも教訓を学べる。すなわち、相手を支配する力を持っているときでも、親切にしなければならない。

ユダヤ教徒がどのような形でテキストを研究するかは、テキストそのものと同じぐらい重要である。原則として、私たちは単独では研究しない。「師や仲間を確保しなさい」と、ジョシュア・ベン・ペラチャはピルケイ・アヴォート（父祖の教訓）の11章6節で語っている。研究は伝統的にふたりで行われる。お互いにパートナーが脱線しないように気を配り、解釈の間違いを回避する手助けをし、理解を深めてあげる。アメリカではほとんどの教育で個人の成果が強調される。論文は自分だけで執筆し、テストは個人の知識の習熟度を測定する。私が受けた教育も、一貫してこのような形だった。公立学校での一二年間、私立大学での経験、そして哲学を専攻する大学院生としての経験のすべてで変わらない。しかし、神学校での経験はまったく違った。たしかに個人的な評価を受けるが、テストコースには研究パートナーがいたし、授業のプロジェクトの多くはグループで行われた。おかげで私の知識は深まった。しかも研究パートナーが存在したおかげで、共同体を重んじるユダヤ教の価値観が強化され、個人的成果へのこだわりから解放された。

色々なパートナーと一緒に学ぶと、ユダヤ教のもうひとつの価値観も強化される。「賢いのはいかなる人間か」とベン・ゾマは問いかけ、こう続ける。「あらゆる人から学ぶ人間である」（ピルケイ・アヴォート44章1節）。グループで研究や仕事を行った経験のある人なら誰でも知っているが、普通なら絶対にパートナーとして選ばないタイプでも、傾聴に値する何かを教えてくれそうな人はいるものだ。私はこの役に立つ教訓をユダヤ教の世界のなかだけでなく、異宗教間の関係からも学んだ。ベン・ゾマの言葉を真似るなら、「賢いのはどんな人間か。それは、あらゆる伝統から学ぶ人たちだ」となる。私は自分のアイデンティティや信仰を維持しながら、他の宗教の教えから貴重な教訓を学んだ。さらにこの教えに導かれ、政治的見解が異なる人たちの話にも耳を傾けるようになった。みんながお互いに学び合うようになりさえすれば、私たちの世界はどんなに賢明な場所になるだろう！

ユダヤ教のテキストは多種多彩だが、そこから派生する哲学も多種多彩だ。それでも、なかにはユダヤ教の思想全体で共有されるテーマもある。そして、ユダヤ教の人生哲学に欠かせない概念のひとつが、契約というアイデアである。

契約とはふたりの当事者のあいだで交わされる合意であり、契約を結べば関係が成り立つ。創世記に登場する神は、アブラハムやその息子のイサクや孫のヤコブと一連の契約を交わし、割礼の儀式を行う見返りとして新しい土地の提供や子孫の繁栄を約束する。この契約によって、アブラハムの一族は神と結びついている。

ユダヤ人にとって最も重要な契約は、シナイ山に入ったイスラエルの民と神のあいだで結ばれた契約である。この契約のおかげで、私たちはユダヤ人として存在している。神は掟に従うならば、その見返りとしてイスラエルの民を大切にして、「祭司の王国、そして聖なる国民」と見なすことを約束している（出エジプト記19章5〜6節）。そのあと神は十戒を授け、さらには生きるための指針となる教えを伝えた。モーセは神から十戒を授けられたあと、それをイスラエルの民に読み聞かせた。すると民は「私たちは、主が語られた言葉をすべて行います」（出エジプト記24章3節）と応え、契約を結ぶことに合意した。このストーリーを申命記は別の角度からとらえ、まだ生まれていない者たちも含めてすべてのユダヤ人は、契約の啓示のために存在すると主張している。「私はあなたたちとだけ、この契約を結ぶのではなく、今日ここで、我々の神、主の御前に我々と共に立っている者とも、今日、ここに我々と共にいない者とも結ぶのである」と申命記には書かれている（29章13〜14節）。

イスラエルの民が神と契約を交わせるのは、自由な民だからである。これは非常に重要な点だ。シナイ山に入る五〇日前、イスラエルの民はエジプトでの奴隷状態から解放された。この自由はあらゆる礼拝において讃美歌のなかで称えられ、毎年行われる過越祭の儀式で再現され、エジプトからの脱出のストーリーが語られる。多くのユダヤ人と同様、私は二十代の頃にはユダヤ教徒としての集団生活とほとんど結びつきがなかったが、それでも毎年春には過越祭にかならず参加した。この祭りのあいだは、自分はエジプトで奴隷として扱われたあとに解放されたイスラエル人だと想像しなければならない。かつて自分たちが奴隷だったという事実はトーラーのなかで何度も繰り返し登場し、それによって私たちは、見知らぬ人にも親切にすることの大切さを思い出す。「あなたは寄留者を虐げてはならない。あなたたちは寄留者の気持ちを知っている。あなたたちはエジプトの国で寄留者であったからである」と、出エジプト記には記されている（23章9節）。自由な身分と、最大の弱者をいたわることを重視する姿勢は、ユダヤ教の中核を成す価値観であり、この点に説得されて多くのユダヤ人は、難解な点もあるユダヤ教を自らの宗教として選んでいる。

自由な立場で神と契約を結ぶことができるとしても、この契約は決して楽なものではない。契約に伴う課題のひとつが、神との関係である。私はホロコーストを生き残った難民の娘だ。父親は、六〇〇万人ものユダヤ人が殺害されたあとでは、個人的には神を信じられなくなったと明言している。これは、私にとって特に深刻な問題になっている。ただし、このような心の葛藤を経験するのは私ひとりではない。イスラエルの詩人ウリ・ツビ・グリンベルグは、神と私たちとの関係に伴う緊張をつぎのように表現している。

神よ、あなたは「できることなら逃げてみよ！」と愚弄する
でも、私は逃げられない

なぜなら、怒りを募らせ、悲痛な思いであなたから離れ
燃え盛る石炭のような熱い気持ちで誓いを立てて
「あなたとは二度と会うことがない」と宣言することは
とてもできない
だから私は舞い戻り
あなたの扉を叩く
あなたへの憧れで胸は痛む
まるであなたから恋文を送られたように(1)

神について考えるときには、どんな問いかけには価値があるか考えることが重要である。中世にはキリスト教徒と同じくユダヤ教徒も、神の存在証明に努めたものだが、私にはこれが生産的だとは思えない。神はどんな存在で、どんな資質を備えているのか特定しようと努力するのも生産的ではない。一二世紀にラビであり哲学者として活躍したマイモーンと同じく私は、神についてポジティブな内容はほとんど何も語れないと確信している。有限の存在である私たちの心が、無限の存在について理解できるはずがない。

それでも、ユダヤ教の神についての教えのなかには役に立つものも含まれる。たとえば、人類は神についての理解をいかに深めればよいか、神は私たちにどんな生活様式を望んでいるか、トーラーのストーリーは語っているとも解釈できる。この発想はトーラーの以下の一節に含まれており、ラビは

これを毎日の祈祷で繰り返している。すなわち、神は燃え上がる柴のなかからモーセの前に姿を現したとき、つぎのように語った。「私はあなたの父の神である。アブラハムの神、イサクの神、ヤコブの神である」（出エジプト記3章6節）。これに対して、ラビはつぎのような疑問を投げかける。「なぜテキストは『アブラハム、イサク、ヤコブの神』という単純な表現を使わないのか。神は変化しない存在ではないか」。これには、つぎのような回答が準備される。たとえ神は変化しなくても、神についての私たちの理解は変化するのだから、神との関係も変化する。どの世代も独自の方法で神について考え、神を経験すればよい。

神について教えてくれるユダヤ教のテキストは、トーラーだけではない。ユダヤ教の祈りは、私が神との関係を作り上げるために役立つ。ユダヤ教の祈りの多くは、つぎのような決まり文句で始まる。「幸いあれ、永遠の神、我々の神、宇宙の支配者」。私は神が全能の支配者だと信じるわけではないが、この決まり文句には繰り返す価値がある。祈りを通じて神の恵みに感謝すると、身の回りの事柄のすべてが私の努力の結果ではないことが思い出されるからだ。パソコンに向かってキーボードを叩いていると、タイプする方法を学び、言葉を選び、キーボード上で指を動かすのは、すべて自分の力のおかげだと考えたくなる。でも、画面を見たり、指を動かしたり、キーボードの叩き方を学べる体は、どのようにして手に入れたのだろうか。私は体や心の設計に関わっていないし、どちらの発達とも無関係だ。私の体や心は自らの創造物ではないこと、自分はすべてをコントロールできるわけではないことを思い出せば、私は謙虚さを維持できる。成功はすべて自分の手柄というわけではないし、人生で間違いを犯しても、それは全面的に私の責任というわけではない。なぜなら、私は自分の世界を完全に支配できるわけではないのだ。

さらに私には、祈りの決まり文句のあとに続く言葉も役に立っている。私のお気に入りの祈りのひとつが「毎日の奇跡」と呼ばれるものだ。毎朝、私たちはこのなかで一五の祈りを朗唱するが、どれも決まり文句に続き、当たり前に感じられる事柄に注目している。たとえば、「汝に幸いあれ……汝のおかげで雄鶏には、昼と夜を見分ける本能が備わった」とある。雄鶏も私たち人間も、どちらも昼と夜を見分けることができるが、わざわざその事実について感謝する機会がどれだけあるだろうか。あるいは、「汝に幸いあれ……汝のおかげで、大地は水の上に広がる」という祈りもある。私たちは洪水を経験すると、万物の秩序に従って水の上に大地が広がるのは当たり前のようでも、実は非常にありがたいことだと認識させられる。普段はこの神の恵みに気づかない。しかし祈りは、身の回りで日々起きている奇跡に目を開かせてくれる。祈りを通じて感謝の気持ちを表現するのは素晴らしい習慣であり、そのあとは一日が充実感で満たされる。

「毎日の奇跡」の祈りのなかには、捕虜を解放してくれたことや、裸の人物に着衣を与えてくれたことを神に感謝するものもある。ユダヤ教では、神はこれらの事柄を単独で実践するわけではないと教える。世の中を正すためには、私たちが神とパートナー関係を結ぶ必要がある。一連の祈りは、最も重要な目標について私たちに気づかせてくれる手段として機能している。私たちは祈りを通じて、自分の意思に注目するようになるのだ。捕虜を解放してくれた神に感謝するが、私たちが捕虜を解放しなければならない。裸の人物に着衣を与えてくれる神に感謝するが、私たちが貧しい人たちに衣服や食べ物を与え、養ってやらなければならない。

なかには神に世界平和を願うような嘆願の祈りもあるが、私にとって祈りとは、ほしいものを手に入れるために神を操作するための手段ではない。祈りに関して現代では様々に解釈されるが、そのなかでも私のお気に入りのひとつが、改革派の祈祷書のなかに含まれている。以下に紹介するが、これこそ祈りの真のパワーだと私は確信している。

> 祈りを通じて私たちの精神は神の存在で満たされ、私たちの生は神の意思に導かれる。
> 祈りは干からびた畑に水を引いてくれないし、壊れた橋を修復してくれないし、破壊された都市を再建してくれない。
> しかし祈りは乾いた魂を潤し、傷ついた心を修復し、弱った意思を強化することができる。[2]

申命記に登場する祈りのひとつは、私が神と関係を築くうえでの指針となり、人生の助けになっている。それは以下のような一節だ。「あなたの心を尽くし、魂を尽くし、力を尽くして、あなたの神、主を愛しなさい」(6章5節)。私はこの一節を毎朝毎晩朗唱する。朝起きて朗唱するときには、「今日の私にとって、神を愛するとはどういうことだろう」としばしば問いかけ、その答えは日によって異なる。神を愛することが家族の誰かに連絡をとることを意味するときもあるし、机を整頓したり何か作業を仕上げたりすることを意味するときもある。ジムに出かけること、あるいは自分のための時間を作ることになるかもしれない。いかに人生を生きるべきか真剣に考えるうえで、神をいかに愛するべきかという疑問ほど、神についての特定の概念を持っていなかったときでさえ、私にとって役に立つものはなかった。私は二〇〇四年、リタイアするまで勤め上げるつもりだった職を失ったとき、つぎのように問いかけた。「私の人生のつぎの段階で、心を尽くし、魂を尽くし、力を尽くして神を愛するとは何を意味するだろう」。すると、神を愛するとは、ラビの学校に入学することだという答えが返ってきた。これを実践するためには、私はこれまで築き上げてきた人生のほとんどすべてを手放さなければならない。しかも、五〇歳にもなって人生をやり直さなければならない。他に神を愛する方法はないだろうか。でもそこで返ってきた答え——私をラビへの道へと進ませた回答——は真の導きとなった。私はそれに従ったことを後悔していない。

ちなみに、神をいかに愛すべきか問いかけることと、自分は何をすべきか神に問いかけることは区別しなければならない。神が自分に語りかけて真実を伝えてくれたと街角で話す人やテレビ伝道師がいるが、私はそれを信じない。神から直接語りかけられたと明言するユダヤ教徒はどの時代にも存在してきたし、神の声に導かれたと主張するユダヤ教徒は今日でも存在している。しかしタルムードのラビたちは、バットコル（神聖な声）が語りかける時代は終わったという立場を崩さない。聖書に記録されているような天啓はもはや聞かれなくなった。この点については、以下に紹介するストーリーで明らかにされている。ここではしきたりに関する疑問について、ラビ・エリエゼルが他のラビとは異なる形で回答している。

> 伝えられるところによれば、ラビ・エリエゼルはこの世に関するあらゆる回答に反論したが、それは受け入れられなかった。

彼はこう言った。「もしも法が私の指摘どおりならば、イナゴマメの木がそれを証明するだろう」。イナゴマメの木が引き抜かれた場所は一〇〇キュービット離れていた、いや四〇〇キュービット離れていたと意見が分かれたが、誰もが「イナゴマメの木はそれを証明してくれない」と主張した。

するとエリエゼルは、つぎにこう言った。「もしも法が私の指摘どおりならば、川がそれを証明するだろう」。川は逆方向に流れていた。しかし他のラビたちは、「川は証明してくれない」と主張した。

すると今度はこう言った。「もしも法が私の指摘どおりならば、学びの家の壁がそれを証明するだろう」。学びの家の壁はいまにも崩れ落ちそうだった。そこでラビ・ヨシュアは［壁に］抗議してこう語った。「学者たちは法に関して意見を戦わせているが、それがおまえたちのためになるだろうか」。壁はラビ・ヨシュアの名誉のために崩れ落ちなかったが、ラビ・エリエゼルの名誉のために真っ直ぐにもならず、傾いた状態に変化はなかった。

そこで［ラビ・エリエゼルは］こう言った。「法が私のような存在であることは、天が証明してくださるだろう。するとバットコル（神聖な声）がこう語った。「あらゆる事柄に関して法はラビ・エリエゼルの指摘どおりなのか。おまえはどう考えるか」。ラビ・ヨシュアは立ち上がりこう答えた。「［トーラーは］天にあるものではありません」（申命記30章12節）。

「［トーラーが］天にあるものではない」とはどういう意味か。R・エレミヤはこう語った。「トーラーはすでにシナイ山で与えられたのだから、神の声にわざわざ注目はしない。シナイ山でトーラーには『多数者に追随する』と書かれた」。

出エジプト記23章2節③

ラビたちはこのストーリーを利用して、以下の点を説明している。もはや私たちは、問題の決定において天の声を当てにしない。自然現象が回答を与えてくれるとは信じない。大多数の学者の判断を頼りにする。このストーリーでは引き続き、権威の確立に神がどのように反応するか、ラビたちが想像している。

ラビ・ネイサンは預言者エリヤに出会い、こう尋ねた。「聖なる慈悲深い神は、その時間に何をしていましたか」。すると［エリヤは］こう答えた。「神は微笑んでこう語られた。『我が子らは私に勝利を収めた。我が子らは私に勝利を収めた』」。

契約のパートナーである神を概念化するために、ユダヤ教は様々な方法を提供している。テキストの研究を通じて私たちは神について学び、祈りを通じて神との関係を発展させていく。何世代もかけて、私たちは神に関するアイデアを発展させ、神との関係を変化させてきた。しかし、ひとつだけ変わらないアイデアがある。すなわち、神は契約を介して私たちに要求を突き付けているのだ。

テキストの研究と祈りの朗唱を通じ、私たちは契約についての知識を手に入れ、神と関係を結ぶようになるが、研究と祈りだけでは十分ではない。ピルケイ・アヴォート（父祖の教訓）には、つぎのように書かれている。「公明正大なシモンはかつてこう語った。『世界は三つの事柄に支えられて成り立つ。トーラー、アヴォダー［礼拝］、そしてグミルート・チャサディム［愛情に起因する親切な行い］の三つである』」（ピルケイ・アヴォート1章2節）。テキストを研究すれば、親切な行いか否かを認識できるようになる。祈りを通じて心に念じれば、霊感が与えられる。しかし、親切な行いを伴わず、このふたつだけでは不完全である。知識を獲得して霊感を与えられた状態から行動の段階へと移るために、ユダヤ教の伝統は役に立つ多くの習慣を考え出した。

そんな習慣のひとつがテシュヴァと呼ばれるもので、翻訳すれば「立ち返る」あるいは「悔い改める」という意味になる。私たちが間違いを犯すことをユダヤ教の思想家は認識し、より良い道に戻るための方法を考案したのである。ただし、立ち返るのは容易ではない。一二世紀にマイモーンは、テシュヴァを達成するために以下の六つのステップを準備した。これは今日でも未だに研究され、忠実に守られている。そして私にとっても説得力があり、役に立っている[4]。

・第一のステップは、後悔すること。自分は悪いことをしたとまず認めない限り、間違いを正すことはできない。気づかないままでは、至福はもたらされない。自分の行動をじっくり振り返り、いけなかったと深く後悔する必要がある。

・第二のステップは、間違いを捨て去ること。自分の行動に対する言い訳はやめなければならない。

・第三のステップは、間違いを声に出して認めること。もしも他の誰かを傷つけたならば、その人のところへ出向き、悪いことをしたと認めなければならない。逸脱行為が自分自身や神に向けられたものであれば、神に告白する必要がある。

・第四のステップは和解。ここでは、道を踏み外した人物から、傷つけられた人物に注目が移る。和解は心からの謝罪で始まり、関係を修復するために必要な行為が継続される。具体的には話しかけたり、相手の話を聞いたり、譲歩する可能性などが考えられる。この段階には多くの時間と努力が必要とされる。

・第五のステップは修復。具体的には犠牲者に金銭的な賠償を提供したり、カウンセリングやセラピーを提供したりする可能性が考えられる。あるいは、ボランティア活動に時間を割いても、自分の不正行為に関連して何らかの運動に寄付金を提供してもよい。

・最後となる第六のステップは、悪い行為を繰り返さないと決心すること。マイモーンによれば、私たちが間違いを犯したときと同じ状況に陥っても、同じ過ちを犯さなくなったとき、はじめてテシュヴァは完了するという。

私はこの実践知に対し、一九世紀のハシド派のストーリーを付け加えたい。これは私が悪いことをしたと気づいたとき、立ち直るためにしばしば役立っている。

自分が働いた悪事について語り、深く反省しているときには、自分の考えの虜になってしまう。魂には悪いこと以外の入り込む余地がなくなるが、それも無理はない。あなたは自分が思っているとおりの人間なのだから。するとやがて、心は八方ふさがりの状況に陥ってしまう。なぜなら精神はすさみ、心は衰弱し、おまけに憂鬱な気分に襲われるからで、これでは体調を崩す可能性もある。結局のところ、こんな形で自分の悪事を蒸し返しても、悪事が姿を変えるわけではない。自分はどれだけの罪を犯したのか、推量して評価することが何の役に立つのだろうか。こうして思い悩んでいるうちに、至福の喜びを与えてくれる真珠の首飾りのひもは、ピンと張り詰めてしまう恐れがある。詩篇にも「悪を避け、善を行い」と書かれているではないか（詩篇34章15節）。悪から完全に目を背け、くよくよ思い悩まず、善を行うことに専念しよう。悪いことをしても大丈夫。つぎは正しい行動をとり、バランスを回復すればよい。

私たちが充実した価値ある人生をおくるために役立つユダヤ教の習慣は、他にもまだ多い。ユダヤ教のテキストから授けられる知恵、契約から提供される課題、そして役に立つ習慣。これだけのものが提供されるのだから、私はこれからもユダヤ教を自分の宗教として選択し続けるつもりだ。

9章　キリスト教

アリスター・マクグラス

ああ、私は大地のくさびをすり抜けて
銀色に輝く翼で空を舞う
……
私は手を伸ばし、神の顔に触れた

ジョン・ギレスピー・マギー・ジュニア（一九二二～一九四一）『ハイフライト』

C・S・ルイスによれば、生の意味について語るのは、現実を経験的事実の領域に制約している「軽率で浅はかな合理主義」への反逆行為に等しい。この世界での経験の裏側や外側に目を向け、もっと俯瞰的に人間をとらえられる知的枠組みのなかを探求する。その結果、自分自身や自分が暮らす世界に対して、従来とは異なる形で目を向けられるようになる。すなわち、目で観察できる事柄が打ち込んだ「くさび」をすり抜けて、意味や価値が支配する深淵な領域を認識するのだ。この領域のなかでは、人間の存在に確実に込められている含意に注目する。作家のジャネット・ウィンターソンはこう語る。「私たちは食べて、眠り、狩りをして、子孫を残すだけの存在ではない。私たちは意味を探求する生きものである」[1]。そうなると生の意味について、経験哲学には規範として（正しく）語れる内容がほとんどないかもしれないが、私たちのウェルビーイングにとって何が有意義かを語るためには確実に役に立つ。

私たちは意味について考えるとき、世界についての理解に努め、生に意義を見出し、俯瞰的な視点で自分自身を位置づけようとする。意味はたくさんのソースに由来するが、なかでもアリストテレス学派やストア学派など哲学の伝統的な学派は、ソースとして注目される。しかし、その一方で宗教（深刻な問題を抱えたカテゴリーではあるが）には、意味に関して包括的・総合的な枠組みを提供できる特殊な能力が備わっていることが広く認識されている。この枠組みは、人びとが生や世界についての理解を深めるために役立つだけでない。ここでは自分よりも大きな存在と結びつくことによって、自らの限られた経験や状況を超越するための手段が提供される。

小説家のサルマン・ラシュディは、洞察の鋭い研究のなかで、宗教は三つのタイプのニーズを満足させてきたと論じている。いずれも世俗的・合理的な唯物論では満たされなかったものばかりだ[2]。まず、私たちは宗教のおかげで畏怖の念を抱き、不思議な感動を味わうことができる。それは、宗教を通じて生命は無限だと理解できるからであり、自分たちは特別な存在だと確認できるからでもある。つぎに宗教は、私たちをたびたび悩ませ困惑させる深刻な問題に取り組み、「解答できなかった事柄への解答」を提供してくれる。そして三番目に宗教は、良き生を実現するための道徳的枠組みを私たちに提供してくれる。ラシュディにとって宗教すなわち「神に関するアイデア」とは、「生に対する厳かな感動がいくつも準備された宝庫であり、存在にまつわる難問の数々に答えを提供してくれる」。「精神的なニーズを除外した形で」人間を定義しようとしても、結局は失敗に終わる。ただし、宗教はどれも人間による意味の（普遍的な）探求と密接に関わっているが、様々な宗教的伝統には独自のアイデンティティが備わっており、それを尊重しなければならない。宗教的伝統のあいだには類似点や相乗効果が存在する場合もあるが、どの宗教にも独特の関心事や重要な問題があり、同化や均質化の動きには抵抗を示す。

私はかなり遅くなってから、キリスト教との出会いに至った。それまでには穏やかなものも過激なものも含め、様々な種類の無神論に興味を抱き、あちこちの領域に足を踏み入れ、知的探求の旅路でずいぶんと回り道をしてきた。十代の頃には、生の意味という疑問には特に興味がなかった。私は形而上学に抵抗感を持ち、知性は最小限あれば十分だと考える自然科学者になった。そのため、本質的に道徳とは縁がなく混乱した世界については、自分なりに理解すれば十分だと考え、意味を探求することが妥当で生産的な活動だとも思えなかった。自分自身の自己中心的な倫理観を確立しただけで満足し、私の間違いを証明できる知性の持ち主など誰もいないと勝手に思い込み、一種ひねくれた喜びに浸っていた。

ところがオックスフォード大学で自然科学を研究しているうちに、これまでの考え方には知的な持続可能性が欠如しているのではないかと疑問が膨らみ始めた。そこで、よく考えたすえに無神論の思考様式から離れ、キリスト教を受け入れることにした。そしてキリスト教の教えに従って意味を探求し始めると、自分を俯瞰的な視点で位置づけられるようになったのである。自分で勝手に定めた限界を放棄して、新しい視点を受け入れた結果として私は、自分が本当はどんな人間であり、本当に重要なものは何かを確認できるようになった。本章では、意味に対するキリスト教のアプローチを擁護するつもりも正当化するつもりもない。アプローチについて紹介し検討するところまでにとどめた。キリスト教を称賛するのではなく、キリスト教が意味に関してどんな枠組みを設定しているのかを解説していく。

これからキリスト教が提供する意味体系がどんなもので、それが実際にどのように機能しているかを説明するが、では具体的に、どんな形のキリスト教を想定しているのだろうか。キリスト教には様々な形があって、それを一般化するのはきわめて難しく、結果も芳しくない。このような一般化に積極的に取り組むのは、特定の宗派に対する恨みを晴らそうという下心を持っている人たちぐらいだ。むしろ私は、「混じり気のないキリスト教」というC・S・ルイスの有名な概念を利用したい。これは合意に基づいた寛大なキリスト教正統派の教義で、特定の宗派にはいっさい関与していない。

影響力の大きな著書『キリスト教の真髄』（一九五二）のなかでルイスは、キリスト教の信仰に関して一般に共有される前提と、個々の宗派によるもっと具体的な解釈を明確に区別している。彼は読者に対し、大きなホールにいくつもの扉があって、それぞれ別の部屋に続いている場面を想像してもらう。ルイスにとってホールは、キリスト教を支える合意に基づいたシンプルな信仰を象徴しており、イギリス人作家リチャード・バクスターの表現を拝借して「混じり気のないキリスト教」と名付けた。一方、扉に続く複数の部屋は、基本的なキリスト教を理解したうえでの様々な応用方法を象徴している。すなわちこれは、何世紀ものあいだに発展した様々な宗派であり、信仰を生きるためにそれぞれが独自のアプローチを採用している。

宗教的な信仰や義務が個人や社会のウェルビーイングにおよぼす影響についての理解をキリスト教はかなり深めてきたが、そこでは特に信頼性の達成と責任の明確化に重点が置かれた。霊性とウェルビーイングの関係に焦点を当てて解説する基本的な知的枠組みは、新約聖書のなかで提供されている。ただしキリスト教信仰の土台となる文書が整い、キリスト教のアイデアが十分に発展を遂げたのは、もっと時代が下ってからで、なかでも「教父の時代」（西暦一〇〇～五〇〇年頃）と中世（一一五〇～一五〇〇年頃）に盛んだった。もちろん多くの信者にとって、キリスト教信仰が最も便利な形で要約されているのは初期キリスト教の信条で、一般には使徒信条やニカイア信条などが知られている。

これらの信条にはキリスト教信仰の主な要素が簡潔にまとめられているが、それは布教や公の場の礼拝に役立てることが目的だからで、キリスト教の概念や精神の豊かさを伝えることは意図されていない。そもそもキリスト教は、一連のアイデアを提供するだけの宗教ではない。教祖であるイエス・キリストの意義について想像を膨らませ、理性を働かせて熟考する宗教である。そして何よりも、人間の生についてキリストがどのように解明し変化を加えたのか、明確に理解することが求められる。

キリストという歴史上の人物は、私たちの世界や私たち自身についての理解を外の世界に広げたが、信条とはその概要をまとめたものである。メンタルマップがひとつだけでは十分ではないことが認識された結果、信条では歴史、地理、法律、神学など複数の分野のメンタルマップが使われている。そのうえで、これらのメンタルマップを重ね合わせ、人間の状況にとってキリストがどんな意味を持つのか明らかにするようにと私たちに促す。キリスト教は新旧ふたつの聖書の主要なテーマを織り交ぜ、実質的には現実を「大局的に」描き出しているが、その一方、時空を超えて神を具現化する存在であるイエス・キリストの歴史的特異性にも注目している。

キリスト教では顕現、すなわち神がイエス・キリストとなってこの世に現れたとする教義が中心的なアイデアになっており、キリスト教徒の意味づけにとって重要な役割を果たす。「言は肉となって、私たちの間に宿られた」（ヨハネによる福音書1章14節）、すなわち神は創造物の一部に宿る選択肢をとったのである。この顕現という行為によって、天地創造における序列の重要性が肯定されたと理解してもよい。この世界や人間に対して神が思いやりや関心を抱いていることが明らかにされ、「救い」が可能になったのである。すなわち変容を拒まず、新しい生き方を受け入れれば、希望を持って生きられるようになったのだ。

キリスト教徒にとって「信仰」という言葉には、信仰を正式に受け入れるという意味はない。それよりはむしろ、キリスト教が私たちの世界について思い描き、そこで思考や行動にどんな意味を持たせるか探求している方法を素直に信頼し、深く傾倒することが求められる。そもそもキリスト教は宗教を自認していなかった。今日の私たちが宗教という厄介な言葉を使うときには、信仰に対する心情的な同意が求められるが、そのような存在ではなかった。考えながら生きるための支えになるような、信頼できる方法を提供することしか想定していなかった。初期キリスト教の著述家は、自分たちの信仰を哲学としてとらえていた。すなわち、私たちの世界や、そのなかで私たちが置かれた立場について考察し、どのような行動がふさわしいか理解するためのものだった。そんなわけで、初期キリスト教の芸術作品では、時としてキリストがパリウム――哲学者のマント――を身にまとっているのだ。

C・S・ルイスはこの点を的確にとらえ、自分の信仰についての理解を以下のようにまとめた。「太陽が毎朝上るのを信じるのと同様にキリスト教を私が信じるのは、キリスト教だけでなく、キリスト教を通じて他のすべてのものを理解できるからだ[3]」。ここでルイスは、キリスト教という啓発的なレンズを通してあらゆる事柄を眺めるようにと、積極的に呼びかけている。では人間が意味を追求する際、これはどのように機能するのか。本章ではここから、五つの核心的なテーマを、キリスト教徒の著名な著述家がどのように探求しているかを明らかにしていく。この五つのテーマは、「人間による意味の探求」という大きな枠組みのもとでひとつにまとめられる。

（一）物語を協調させる

キリスト教はイエス・キリストという人物に大きな重点を置き、彼の生と死と復活の物語を教会での礼拝で繰り返し取り上げる。新約聖書ではしばしば、キリスト教徒が未来の世界で望み通りに永遠の命を手に入れられるか否かは、現世での苦しみの経験と関わっていると主張している。しかもこの関連性は、キリストの受難と十字架上の死のストーリーによって表現される。すなわち、「キリストと共に苦しむなら、共にその栄光も受ける」のである（ローマの信徒への手紙8章17節）。初期キリスト教の時代には、信者個人の物語とキリストの物語を協調させる必要性を重視する傾向が強く、キリスト教が長きにわたって阻害され、散発的に迫害された時代には特にそれが顕著だった。ローマのカタコンベの壁画には、この傾向が目に見える形で表現されている。たとえばキリストは、危険な世界に放り込まれて疲れ果て、恐れおののく羊たちを導く良き羊飼いとして描かれている。

個人の生が物語の大きな枠組みのなかに置き換えられて変容を遂げることは、キリスト教の重要なテーマであり、キリスト教徒が生の意味について考えるための一助として常に注目されてきたが、第二次世界大戦後には新たな重要性が加わった。キリストの物語を脚色した作品が登場して支持され、読者は作品を通じて美徳や希望や誠実さを追求するようになったのだ。これらのなかにはすぐに脚色だとわかるものもあれば（C・S・ルイスの『ナルニア国物語』が思い浮かぶ）、わかりにくいものもある（J・R・R・トールキンの『指輪物語』やJ・K・ローリングスのハリー・ポッターシリーズなど）。トールキンから見ればキリスト教の神話（ここで神話という言葉は、「独創的な世界観が表現された物語」という学術的な意味で使われている）には、個人の物語とのつながりを連想させ、読者を啓蒙し変容させる能力が備わっている。

しかしなかには、このアイデアを異なる方向に発展させた人たちもいる。神学者のH・リチャード・ニーバーは一九四一年に出版されたエッセイ『私たちの生の物語』のなかで、歴史とたとえ話と神話の境界にまたがる信仰の物語は「改作も言い換えも不可能」であり、キリスト教徒はこれをありのまま受け入れるべきだと論じている[4]。ニーバーによれば、イエスの物語は神の存在を肯定するためのものではなく、一連の出来事を淡々と述べているだけで、このストーリーの一部になるようにと読者に呼びかけている。イエスと歴史を共有することの大切さを理解すると、いくつもの前提を解明し、系統的に論述しながら、主観的、献身的かつ真摯な態度で存在の問題に取り組めるようになる。

キリスト教のストーリーには道徳的価値や意味の枠組みを生み出す能力が備わっており、その点に新たな関心が集まっているとニーバーのエッセイは指摘している。スタンレー・ハワーワスをはじめとする著述家は、キリストの物語は人間の堕落と許しの必要性を認識しているため、組織や個人が形成される状況で決定的な要素になり得ることを研究によって明らかにした。したがってキリスト教徒は、思考のうえでも行動のうえでもキリスト教の伝統の物語と自分たちの生のストーリーを協調させ、結びつけるようにと呼びかけている。C・S・ルイスが『ナルニア国物語』のなかで採用している方法は、この点を理解しやすい。小説のなかで登場人物たちは、自分個人の物語をナルニア国の大きなストーリーの一部に置き換え、そのストーリーのなかで暮らしながら進歩していく。個人のアイデンティティや価値観は残されるが、もっと大きな存在の一部になったことを登場人物たちは認識している。

（二）達成感を見出す

個人レベルにせよ共同社会レベルにせよ、信頼性や達成感の追求は多くの人たちにとって中心的な課題であり、重要性がきわめて高い。キリスト教は当初から、達成感について明確に述べ、その実現を可能にしてきた。初期キリスト教の著述家の多くは、人間が古くから継続してきた知恵の探求がキリスト教によって成就するものと考え、プラトンやプロティノスといった哲学者の著作のテーマとキリスト教が共鳴している点を強調した。あるいは、初期キリスト教の著述家の一部は、キリスト教の意義をもっと実存的なレベルに見出している。たとえばヒッポの聖アウグスティヌスは、キリスト教が思い描く神とは、人間が心の奥深くで切望する願いを実現してくれる存在だと考えた。それは、彼の有名な祈りのなかでつぎのように表現されている。「あなたはご自身のために私たちを創造されました。私たちの心は、あなたのなかで休息できる日まで、休息することがありません」[5]。

アウグスティヌスにとって、この発想は現状を説明していると同時に、いかに行動すべきかを指示している。すなわち、人間には神との関わりへの何らかの憧れが生まれながらに備わっているので（このアイデアはしばしば、「神のイメージ」を思い浮かべるという形で具体的に表現される）、神を発見して受け入れるのは本来目指す自分になることに等しく、その行為を通じて喜びと平安が見出されることが重要なテーマに据えられている。その意味では、たとえば世俗的な人文主義は宗教について、人間に不適切な義務を押しつけて機能不全を引き起こす存在として思い描くが、「キリスト教的人文主義」がこれとは正反対だという指摘はまったく理にかなっている。

（三）一貫性のある世界に暮らす

新約聖書は、あらゆるものがキリストのなかで「ひとつにまとまり」「一体化している」と語り（コロサイ人への手紙1章17節）、私たちの世界は表に見える外面とは異なり、裏には一貫性が隠されていることを暗示している。キリスト教が提供する枠組みのなかでは、現実の一貫性が認められる。私たちの世界での経験がいかに断片的なものに見えようとも、実は半分だけ顔を覗かせている「全体像」が物事をひとつにまとめている。見える場所には様々な意味がクモの巣上に張り巡らされ、一貫性がなくて不適切な印象を受けるが、実はどれも密接に結びついているのだ。これは、キリスト教の古典文学の最高傑作のひとつであるダンテの『神曲』の大きなテーマでもある。このルネサンスの偉大な詩人は、作品の終盤でひとつに統一された宇宙を垣間見るが、そこでは宇宙の様々な側面やレベルがひとつの全体へと収束している。もちろんこの洞察は、ダンテが地上の視点にとらわれているあいだは絶対に認められないが、いったん理解すると、自分の作品を新たな視点から眺められるようになる。私たちが経験する世界は束の間の存在で、一貫性が欠如しているように見えるけれども、実は隠れたところでは、意味がクモの巣状に張り巡らされて緊密に結びつけられているのだ。

物事をこのような形でとらえるようになると、人生や私たちの世界での意義を理解するうえで、おそらく最大の脅威と関わることになる。つまり、世界には秩序や一貫性が一見すると欠如している。たとえば現代の西洋文化の基本的立場には、物理学者のスティーヴン・ワインバーグの見解が反映されており、自然科学が明らかにするのは意味のない宇宙だと考える。すなわち、「宇宙への理解が深まったと思うほど、宇宙は無意味な存在に思えてしまう」[6]。宇宙にまとまりがあるとは思えず、全体像など存在しない。では、そんな新しい科学のアイデアが優勢になると、意味のある現実の存在など信じられなくなるのだろうか。イギリス詩人のジョン・ダンは、一七世紀に似たような不安を打ち明けている。当時は新しい科学的発見によって、世界の内部では物事の関連性や継続性がまったく感じられなくなってしまった。

しかも、ここにはさらに深刻な問題が存在する。哲学者のジョン・デューイ（一八五九～一九五二）は、つぎのように論じている。「現代を生きるうえで最も深刻な問題」は、私たちが集団としても個人としても、「世界に関する考え方」と「価値や目的に関する考え方」を統一できないことだ[7]。かりにこのような矛盾が目立った形で存在しないとしても、私たちや私たちの世界が機能する方法に関わる認知的問題を理解する領域と、私たちや私たちの世界は何を意味するのかという奥の深い実存的な疑問のあいだには、少なくとも断絶が存在している。キリスト教は、自然科学を評価して尊重する現実についての「全体像」を提供する一方、価値や意味など奥深い疑問については語るべき事柄がもっとたくさん存在すると主張する。科学哲学者のカール・ポパー（一九〇二～一九九四）によれば、こうした「究極の疑問」は科学的方法の領域に収まりきれないが、これを重視する人たちは間違いなく多い。

おそらく現実との首尾一貫性にとって最大の脅威は、痛みや苦しみの存在によってもたらされる。キリスト教が提供する一連のメンタルマップは、病気や苦しみによって個人の成長や発達が促されるという視点に立つので、どちらも一貫性や意味を備え、ポジティブな潜在能力を秘めているものと見なす。一部のメンタルマップ――ヒッポの聖アウグスティヌス、イグナチオ・デ・ロヨラ、エーディト・シュタインらが提供するメンタルマップ――では、病気は人類に対する神の意図的な計画の一環とは見なされないが、成長の手段として利用できると考えられる。あるいは、マルティン・ルターらによって考案されたメンタルマップは、神は苦しみを容認しているという前提に立っている。その目的は、人類は不滅だという幻想を奪い取り、一過性のはかない存在だという厳しい現実に直面させることだという。

哲学者であり小説家でもあるアイリス・マードックは、他の多くの著述家と同じように、結局のところ世界は理にかなった有意義な場所だと考えることには、心を「落ち着かせる」「癒しの」効果があると強調している。一方、キリスト教の神学者はキリスト教が誕生した当初から、つぎのように主張してきた。世の中に苦しみが存在するのは理屈に合わないような印象を受けるが、苦しみの存在を理由にして、キリスト教信仰の意味や目的に異議を唱えることはできない。たとえばヒッポの聖アウグスティヌスによれば、この世には悪が存在するからこそ、本来の世界は高潔かつ善良で、理にかなっている場所だと言いきれるのだという。悪行や苦しみを経験するのは自由の使い方を間違えるからで、それに伴う痛みは贖罪によって癒され変容を遂げる。そう信じられれば、本来の世界は高潔な場所だという事実を思い出し、天国での最終的な再生と復活を待ち望めるので、苦しみや悪行の存在に悩まされる必要もなくなると、アウグスティヌスは論じている。

意味に関してキリスト教がこのような枠組みを提供すれば、信者の生きる姿勢は前向きになり、病気や苦しみからも貴重な教訓が得られると期待できるようになる。生きることに関して新しい思考様式を受け入れ、それが触媒となり、以前よりも成熟した判断力や態度が身に付く。このような考え方は、病気とその結果に対するキリスト教徒の姿勢に確実に影響をおよぼすが、高齢化に対処するうえでも意義深い。いまや高齢化という現象は、多くの文化でますます深刻な問題になっている。

（四）自尊心を失わない

詩人のレイモンド・カーヴァーは『おしまいの断片』という作品のなかで、「自分は愛されている人間だと宣言し、この地上で愛されていると感じられること」への切実な願いを感動的に表現している[8]。こうした切実な願望は非常に人間的（そして自然）なものであり、その点を理解すれば、大勢の人たちが人間関係を大切にしていることも、人間関係を通じて自尊心が肯定され、その正当性が確認されることも納得できる。ただし広大な宇宙のなかでは、人間など取るに足らない存在ではないかと考え始めた途端、このような発想は覆されてしまう。

科学が進歩を遂げた結果、宇宙のなかで人類が占める場所や重要性は劇的に評価し直され、人類は偉大でユニークな存在だという主張は影を潜めたと、ジークムント・フロイトが論じたのは有名な話だ。コペルニクス以前に私たち人間は、自分たちがあらゆる事柄の中心に立っていると考えていた。ダーウィン以前に私たち人間は、自分たちが他のすべての生物種とはまったく別個の存在だと考えていた。フロイト以前に私たち人間は、自分たちの限られた領域でいちばん偉い存在だと考えていた。しかしいまや私たちは、隠れて意識に上ることのない力に拘束され、それが思考や行動に微妙な影響を与えている現実と妥協せざるを得ない。そして私たちの宇宙についての知識が広がるにつれて、銀河は自分たちが所属するもの以外にも無数に存在することを認識するようになった。宇宙は計り知れないほど大昔から存在し続け、それと比べれば人間の寿命など実に呆気ない。この広大な宇宙を背景として考えれば、自分など無意味な存在だという感覚に容易に圧倒されてしまう。

では、これにはどんな解答が与えられるだろうか。あれこれ考えているうちに、私たちの自尊心は破壊されないまでも、衰えるのではないか。なかにはつぎのような意見もある。現実を思いきって頭から締め出すにせよ、あるいは大きな体系のなかで自分たちに与えられる小さな役割に虚しさを感じて諦観の境地に達するにせよ、いずれにしても置かれた状況に正面から立ち向かう必要がある。

キリスト教徒の著述家はこうした問題に定期的に取り組み、神と「触れる」経験をきっかけに、人間の生に関する価値観の評価は劇的に改まると、たびたび主張している。このテーマは、たとえばジョージ・ハーバートの空想的な作品に一貫して登場する。ハーバートは、神の麗しい御手が「触れる」経験を、架空の哲学者が中世の錬金術で使用する石にたとえている。錬金術においては、卑金属が黄金に変換される。

これは、あの有名な石
すべてのものを黄金に変えてしまう
神が触れて認めたすべてのものも
同じであることは言うまでもない(9)

中世の著述家ノリッジのジュリアンの有名な言葉にもあるように、私たちは聖書の物語の状況に身を置くうちに、キリストの愛に包まれていることを実感できるようになり、安心感やアイデンティティや価値観が新たに手に入る。そして神に愛されていることを実感できれば、それを根拠に私たちの自尊心は育まれる。

少し前に、人間の自尊心にとって人間関係がいかに重要かについて触れた。これがわかっていれば、キリスト教徒が神と個人的な関わりを持ちたがる理由にも納得できるのではないか。神がひとりひとりの人間を愛し、イエス・キリストの生と死を通じて人間への愛を示したことを、宗教関連の著述家の多くは非常に重視している。神は私たちと関わっており、まさにこの特権を通じて、私たちの価値観や意義は変容を遂げる。私は神にとって重要な存在なのだ。

さらに、キリスト教徒と生ける神とのあいだに個人的な関係が成立するという概念は、人間が別の側面で意味を探求するうえでも欠かせない。すなわち私たちは、自分が本当のところ何者か知りたいと願う。私たちのアイデンティティは、結局のところどんな土台に支えられているのだろうか。私たちのアイデンティティを規定し決定づけ、特徴づけるものとしては、遺伝子構造や社会的立場など、数えきれないほど多くの科学的パラメータが考えられるという指摘もある。あるいは人種、国籍、体重、性別も可能性として考えられる。それでもアイデンティティは、たまたま自分と関わりのあるカテゴリーだけに注目して決定されるケースがあまりにも多い。では、アイデンティティの枠組みを設定するために、もっと良い方法はあるだろうか。キリスト教ではこの問題に対する解答のひとつとして、神との関係に注目している。神との関係が成立しているおかげで、私たちはどんな人間であろうとも神から愛され、神は私たちすべての名前を知っている。神との関係という枠組みに当てはめれば、アイデンティティも価値も意味も見出すことができる。

（五）トラウマに対処する

生において首尾一貫性を追求することの重要性については、すでに触れた。首尾一貫性を何らかの形で認識するうえできわめて深刻な課題のひとつが、トラウマである。すなわち、不条理な出来事に遭遇して感情に傷を受けると、それがトラウマとなって、世界に何らかの意味を見出しにくくなってしまう。しかし最近では、キリスト教信仰の特徴の一部にトラウマ経験との関連性があって、心的外傷後に成長の枠組みが提供される点に関心が高まっている。一般にトラウマについて心理学的に説明する際には、トラウマが人間のウェルビーイングにおよぼす脅威が心理的・実存的視点から強調される。ただしトラウマの経験は、人間のウェルビーイングと生存に脅威となるだけではない。生きる意味や自己の価値に関わる個人的な前提が破壊されてしまうため、世界や個人の意味に関するそれまでのポジティブな基本的信条に疑問を抱くようになってしまう。

キリストの十字架上の死と復活はキリスト教の中心的な物語だが、これは事実上、トラウマからの回復の手本になる物語でもあり、人間には置かれた状況を確認したうえで変容させる能力が備わっていることが暗示される。キリスト教は一神教という点をユダヤ教やイスラム教と共有しているが、その一方、神の性質に関する理解は独特で、ほかのアブラハムの宗教とは一線を画している。神についての知識は、キリストの十字架上の死と深く関わっており、形成されるものと見なされる。福音書の物語は、キリストに対する暴力的で残酷な行為を目撃した弟子たちが、極度の不安から思考停止状態に陥り、絶望感に打ちのめされる様子を描写している。そのため弟子たちには、従来の考え方は不適切としか思えなくなり、大きな疑念を抱いてしまう。しかしやがて、一連の出来事を理解するためのもっと良い方法が新たに見つかり、暴力や苦しみが絶えない世界で生きていくうえで、これらの方法が貴重な資源として役立つことが十分に理解されたのである。

歴史や個人的な経験のなかで神が果たす役割については、様々な考え方が存在してきたが、キリストの十字架上の死はこれらに疑問を投げかけた。従来の解釈方法の正しさが問われ、解釈が見直されて刷新された結果、信者は物事の意味を以前よりもよく理解して、道理に合わない経験にも上手に対処できるようになった。新約聖書ではキリストの復活について、当初は恐怖を生み出す出来事として描かれている。それは、これが予想外の展開だったからでもあるが、現実を把握するために作られた既存のメンタルマップには、この出来事が当てはまらなかったからでもある。キリスト教は苦しみやトラウマに対処する能力が優れているが、それは結局のところ、トラウマが発生する典型的な状況のなかで教会が誕生したという、歴史的起源に由来している。非現実的な期待を打ち砕かれたあと、キリスト教徒は新しい思考様式に支えられた。おかげで道理に合わない予想外の出来事に苦しみながらも、以前とは別人のように自信を持って向き合えたのである。

結び

キリスト教は複雑な現象であり、そう簡単には説明できない。しかし、説明の仕方は様々でも、私たちの世界で有意義に暮らすための指針となることは間違いない。さらに、有意義な生き方とはどんなもので、それを現実の生活にどう取り入れるべきか、よく考えて理解を深めるためにも役に立つ。キリスト教が意味体系を創造する能力について学ぶためには、キリスト教神学の学術書よりも、思慮深いキリスト教徒の自伝を読むほうがよいだろう。C・S・ルイスの『喜びのおとずれ』、アウグスティヌスの『告白』、ポール・カラニシの『いま、希望を語ろう』はいずれも、意味を発見したあとで現実世界での個人の生き方が大きく変化を遂げる過程が語られている。どの著者もキリスト教独特の意味の解釈を体現しており、人間味のない原理やアイデアを寄せ集めた学術書とは一味違う。著者らが語る生涯からは、真摯な生き方を学ぶことができる。

10章 進歩的イスラム

アディス・ドゥデリヤ

二十代のはじめから半ばにかけて、さらにオーストラリアのイスラム教神学校の小学校教師としての（短い）キャリアのあいだに、イスラム教の教えに対する私の好奇心は徐々に膨らみ、イスラム教の学者になりたいと願う気持ちを抑えられなくなった。この急激な変化は、本章で「進歩的イスラム」と呼ぶ思想との出会いに大きく影響された。

進歩的ムスリム（進歩的イスラム教徒）の思想や、その思想に基づく生活様式への愛情が高じた私は、進歩的イスラムの世界観が掲げる理想や目的や価値に従った生き方を実践したくなり、これからの人生ではそのための努力を惜しまないと決心した。しかし実際のところ、この道を選択したがゆえに私の人生は金銭的に不安定な時期が長引き、最終的には小さな子どもを抱える家族にも影響がおよんだ。それでも私は自己中心的だったのだろう、決して後ろを振り返らなかった。

この道を歩み始めてからおよそ一五年が経過して、このエッセイの執筆を依頼された私は、自分を進歩的イスラムの世界観にこれほど強く惹きつけたものは何だったのかと、真剣に考えさせられる立場に置かれた。ただしこの疑問に答えるためには、進歩的イスラムの世界観とは何を意味するのか、最初に説明しなければならない。

大きな影響力で私に強烈な印象を残し、インスピレーションの源になった本のひとつが『進歩的ムスリム――正義、ジェンダー、多元的共存について』で、オミド・サフィが編集して二〇〇三年に出版された。この本には進歩的イスラムの一四人の著名な学者が寄稿している。イスラムについての彼らのアイデアは私の知的好奇心や想像力をかき立て、さらには私の個人的な道徳的指針や哲学的世界観とも矛盾がなかった。九・一一の悲劇のあとに執筆されたこの本がイスラム教やその知的伝統にアプローチする姿勢は、実に多くのレベルで私の心に訴えた。本のサブタイトルが示唆するように――そして寄稿者らが素晴らしい文章で表現しているように――ここではイスラム教の倫理的美点が論じられている。それによると、イスラム教は宗教への熱狂的心酔や過激主義的傾向を否定する。預言者は虐げられた人たちとの連帯を訴えており、神秘主義的哲学は神への永遠の深い愛情や憧れを土台としている。そして、理論的にも現実的にも社会的公正やジェンダー公正に深く傾倒している。さらには、人間がホモエコノミクスに成り下がって堕落することに反対し、宗教の多元的共存を肯定している。これは当時の私にとって、イスラム主流派の主張と比べて実に新鮮で、気分が晴れやかになった。特にブッシュ政権によっていわゆる対テロ戦争が始められたあとには、その影響でイスラムに敵対的な雰囲気が漂っていたのだ。

私はこの本をきっかけに、改宗を目指した一種の知的ミッションに乗り出した。二〇一一年には進歩的イスラムに関する博士論文を発表し、その後は、進歩的イスラムの原則をテーマにした本も上梓した。重要な展開はそれだけではない。進歩的イスラムの世界観は、夫、父親、息子、同僚、隣人、（世界）市民としての、私個人の人生の選択や人間関係にも大きな影響を与え、未だにそれは続いている。

ではここからは、進歩的イスラムの思想の特徴を紹介したうえで、私が忠実であろうと努力している人生哲学にいかに応用できるかを説明していく。

進歩的イスラムの世界観の特徴のひとつを、認識論の開放性と方法論の流動性という言葉で私は説明している。つまり、進歩的イスラムの思想は非常にコスモポリタンな見解を受け入れ、異なる世界観を持つアイデアや価値も歓迎して融合する。そのため進歩的イスラムを支持する人たちは、他の文化や宗教や文明の進歩的な課題についての話し合いを継続的に行っている。たとえば「イスラム解放の神学」は、二〇世紀に南米で誕生したカトリック解放の神学から知的影響を受けている事実を公に「認めている」が、それがイスラム色の弱さの理由になると私は考えない。

さらに進歩的イスラムの世界観は包括的・普遍的な傾向を特徴としており、知識や価値は特定の文化や文明の排他的な産物だという主張とは対立する。二元的思考のプロセスを通じて西洋では現代性や世俗主義などの概念が、イスラム国家では原理主義や神権政治が誕生したが、進歩的イスラムの思考は二元的ではない。人生哲学の枠組みのなかで、進歩的イスラムの実践者は「異質の」価値やアイデアを積極的に受け入れ、進歩的イスラムの世界観や、その包括的な価値や目的との一貫性がある限りは、この方針を崩さない。言い換えれば進歩的イスラム教徒は、あらゆる時代における人類の実践知や累積経験を快く受け入れるだけでなく、これらを自分たちのものだと認識し、知的側面を正当化し、自らの世界観に確実に融合させることができる。

進歩的イスラムの特徴である認識論の解放性とコスモポリタンな性質は、客観主義的な神学理論と倫理によってさらに強化されている。すべての人類は人間としての尊厳を神から授けられ、同程度の道徳的主体性を有し、それは経歴や信仰や信条の違いには左右されないというアイデアを、進歩的イスラムは広めている。誰もが道徳的に平等だと見なされるのだ。個人の主な存在目的には、神のすべての創造物の幸せと繁栄に対する道徳的責任と配慮が伴わなければならない。オミド・サフィは、つぎのように説明している。

進歩的イスラムの解釈の中心を支えるのは、シンプルながら重要なアイデアである。すなわち男性も女性も、イスラム教徒も他の宗教の信者も、金持ちも貧乏人も、北の先進国の住人も南の途上国の住人も、あらゆる人間の生にはまったく同じ価値が本来備わっているものと考える。人間の生の本質的な価値は神から与えられたもので、文化や地理や特権とはまったく関連性がない。そのため進歩的イスラムは、人間の価値基準は石油の埋蔵量や国籍ではなく、本人の性格によって決まるという一風変わったアイデアに傾倒して物議を醸している。さらに進歩的イスラムは、すべての人間に生まれながらに同じ価値が備わっているのは、コーランの教えにもあるように、誰もが神の息を吹き込まれて創造された存在だからだという前提に立ち、それがもたらす予想外の影響に対処している。(1)

進歩的イスラムの世界観を支えるもうひとつの要素は、神秘主義的な道徳哲学を取り入れている点だ。この道徳哲学によれば、人間と人間の相互の関係のなかに神の存在は最も明確に反映されており、神性の輝きは誰のなかにも認められる。神秘主義において、預言者のムハンマドは神性の輝きを誰よりも忠実かつ実際的に具体化した人物であり、完璧な道徳的存在のモデル（インサーン・カーミル）なので、信者が日常生活での実践と倫理において見習うべき存在だとされる。神秘主義は、イスラム教の硬直的・階層的で男性中心主義の構造と決別したが、そんな神秘主義を理論武装させて現代に生かすうえで、進歩的イスラムの世界観は様々な形で役に立っている。

さらに、進歩的イスラム神学は基本的に人間中心主義なので、神ではなく人類が中心的な位置を占める。そのために神は、私たちの知性や精神や理性、もしくは「心情」のいずれによっても十分に理解できない存在だというアイデアが生まれた。進歩的イスラムが土台に据えて注目するのは、人間の条件が複雑に入り組んだ世界であり、ここでは宗教などの要素が多彩を極める。そのため、救済か天罰かといった二元的な思考が成り立つのはきわめて難しい。加えて進歩的イスラムは、宗教の多元的共存のアイデアに対して開かれており、取り入れようとする。いかなる宗教的伝統も神を客観的かつ十分に理解できないことが暗示されるため、ひとつの宗教が神を独占できるという主張は通用しない。そして、ひとつの宗教だけでは神を十分に理解できないのだから、進歩的イスラムの神学は宗教と宗教的経験のいずれに関しても、多元的共存は避けられないことを認める。このアプローチにおいては、他人を拒まず、教条主義に抵抗し、「良き生」に関する様々な解釈を受け入れることが奨励される。

聖典を読んで解釈するだけで、神に確実に近づき、正しく明快に理解できるわけではない。理性を介して解釈するプロセスは動的であり、絶えず進化し続けるのだから、その最も重要な決定要因になるのは、主観性と偶発性への対応力とを備えた人間の解釈である。言い換えれば、啓示（すなわちテキスト）と現実（すなわち状況）のあいだには、有機的・弁証法的な関係が成り立つのだ。さらに進歩的イスラムの神学では、宗教法よりも理性に基づいた倫理のほうが優先される。法は常に倫理に仕えるべきで、倫理に関するアイデアを人間が進化・発展させれば、それに応じて変化しなければならない（対照的に神命説においては、倫理は神によって定められたものと見なされ、人類は盲目的に従わなければならない）。そもそもイスラム教徒は、ムハンマドのあとには神から与えられた聖典という形の「啓示」はもはや存在しないと信じる。そのため啓示が与えられたあとの時代には、宗教は（聖典に基づいた推論ではなく）専ら理性や知性に促されて進化するものと考えられる。しかも伝統的なイスラムをはじめ変化しようとしない宗教とは異なり、進歩的イスラムの神学は多元的共存や多様性だけでなく、その根底にある不確実性――神を理解できないことに伴う不確実性――までも受け入れて成長している。

進歩的イスラムは社会的公正に深く関与しているが、この大きな枠組みの一部であるジェンダー公正もまた、進歩的イスラムの人生哲学を大きく特徴づけている。進歩的イスラムの世界観を構成するこの一面について、サフィは以下のような素晴らしい文章で説明している。

ジェンダー公正は重要かつ不可欠であり、物事の本質に関わる。進歩的イスラムの解釈の正しさは最終的に、大小様々な共同体のなかでジェンダーの平等をどれだけ生み出せるか、その能力によって判断されるだろう。……ジェンダーの平等は、社会的公正や多元的共存という大きな問題への関心を評価する物差しである。(2)

これまで受け継がれてきたイスラムの伝統には男性中心的で女性を蔑視する要素が備わっているが、進歩的イスラムはこれに反対の立場をとっている。具体的には、男性を女性の保護者と見なす習慣――キワナやウィラヤとして知られ、サウジアラビアやイランで実践されている――を拒み、女性の生と生殖に関する権利や健康に対する権利を提唱し、さらには知識の蓄積にはフェミニストのアプローチで臨み、女性が宗教の場でリーダーシップや権限を発揮できることを目指している。

同じく進歩的イスラムの実践主義的要素も、進歩的イスラムの背後にある世界観にとって欠かせない。ふたたび、サフィの文章を引用する。

> 進歩的イスラム教徒が関心を抱くのは、社会的公正や平和に関して大胆で神々しいビジョンを掲げることだけではない。人びとの心情や社会を変容させることにも関心を持っている。進歩的な姿勢をとるため必然的に、社会的公正の問題には底辺の人たちの視点から取り組み、イスラム教徒やそれ以外の共同体の生きた現実と積極的に関わる方針にこだわる。ここではビジョンも積極的な行動も、どちらも必要とされる。ビジョンを伴わない行動は、最初から失敗を運命づけられている。行動を伴わないビジョンは、たちまち不適切になってしまう。[3]

ここでつぎに、ジハードに注目しよう。ジハードという概念については理解が不十分で、特に西洋ではその傾向が強い。盛んに議論されるけれども誤解されることの多いジハードとは、そもそも「闘争」を意味する。そして進歩的イスラムの思想において、ジハードはイジハードすなわち「独創的な解釈」という概念と密接に関わっている。実際のところサフィによれば、イスラムを進歩的な立場から批判的に解釈すること（イジハード）によって、私たちの内面に潜む悪魔を追い払い、世界全体に正義をもたらすための手段がジハードで、これは進歩的イスラムの思想にとって不可欠な要素となっている。今日ジハードについて論じるときには、地政学や安全やテロリズムに関する議論が中心になるが、進歩的イスラムはこの傾向を変化させ、知性や倫理に関する内面的な葛藤という枠組みに当てはめたいと考えている。そのため暴力を伴わない闘争を主な方針として掲げ、自分たちの全体的なヴェルタンシャウン（世界観）と相容れない勢力には抵抗する。その意味で進歩的イスラムは、マーティン・ルーサー・キング・ジュニアやマハトマ・ガンジーなど、非暴力的抵抗の提唱者の先例に倣っている。

さらに進歩的イスラムの世界観は、グローバルな軍産複合体の利益を膨らませる新自由主義市場経済に強い拒絶感を示すが、それはグローバル・ノース（北の先進国。植民地を支配する帝国主義者としての過去を未だに引きずっている）とグローバル・サウス（南の発展途上国）とのあいだに大きな格差を生み出す原因になっているからだ。新自由主義市場経済は、人間を主に消費者、すなわちホモエコノミクスに貶める力を勢いづかせてしまう。この意味で進歩的イスラムの世界観は、新自由主義やそれを支え続けるグローバルな構造を標的にした、社会主義やポストコロニアリズムによる批判との類似性が強い。

以上、進歩的イスラムの思想の拠りどころと、世界観を特徴づける価値やアイデアや目的について大まかに説明してきた。ここからは、進歩的イスラムの思想はなぜ「進歩的」なのかという疑問に、簡単に答えていく。

理由１　コーランとスンナ［訳注：イスラム教徒にとっての標準として定められた生活様式］はイスラムの教えの源であり、当時の道徳的・法律的問題へのアプローチは時代を大きく先取りしていた。すでに定着している現状や習慣にとらわれず、道徳的なビジョンを受け入れた点において進歩的だった。たとえば聖典では、女性の精神的行為主体性や男性との平等が認められている。さらに、女性による嬰児殺しなどの退行的習慣や、社会的弱者――特に両親を亡くした少女や圧政に苦しむ人たち――に対する虐待や不当な扱いが厳しく非難されている。こうした聖典に基づいた先例の道徳的軌跡を推定する一方、進歩的イスラムの支持者は新しい道徳領域の拡大に努めている。聖典を土台とする本来の道徳的誘因に忠実であり続けながらも、テキストを文字通り解釈するだけでは満足しない。

理由２　正義や公平などの倫理的価値は、時間が経過すれば変化するという事実が強調される。倫理的価値が変化することは、集団としての人間の経験を見ればわかる。集団の理性や集団の倫理的・道徳的指針には、神の独創的な力が直接的な影響をおよぼしているのだ。それに従えば、倫理にかなう生き方（したがって信心深い生き方）が実現し、倫理的な美、正義、寛容、思いやりを土台に社会は形成される。私たちは、絶対的な美や正義や寛容の源である神に、少しでも忠実でありたいと願うが、そのためにはまず、古い前近代的なアプローチなどへのこだわりから倫理体系が解放されなければならない。人間の意識も、正義や平等を概念化する方法も常に変化している。進歩的イスラムの理論はこのような変化を受け入れ、絶えず建設的に対応している。

理由３　世界中の進歩的な宗教運動や精神運動のあいだに存在する、神学理論、解釈アプローチ、社会政治的・倫理的価値の強い類似性に注目する。いずれの運動も、宗教の多元的共存ならびに社会的公正とジェンダー公正への深い関与を大前提としている点が共通している。この三番目の理由の模範的な例が、精神進歩主義者ネットワーク（ＮＳＰ）と、それが教える哲学である。ＮＳＰのウェブサイトには、哲学的ビジョンが以下のように説明されている。

私たちのウェルビーイングは、地球上の他のすべての人たちのウェルビーイングと、地球という惑星のウェルビーイングに依存しています。平和、正義、環境への責務（環境スチュワードシップ）、愛、お互いの思いやり、地球への思いやり、寛容、同情、多様性や違いの尊重、自分たちが暮らす奇跡の宇宙への感謝によって、すべての生命が形作られる世界を私たちは目指します。

そしてつぎに、「思いやりにあふれる世界」に関するＮＳＰのビジョンが、以下のような哲学として説明されている。

・愛、やさしさ、思いやり、寛容、同情、共感、平和、非暴力、環境の持続可能性、社会的・経済的・環境的公正に基づいている。
・誰もがお互い、そして地球という惑星を崇敬し、敬意を払い、尊敬する。
・新しいボトムラインを土台としている。すなわち制度、企業、社会的慣習、政府の政策、私たちの教育制度、法制度、医療制度が効率的、合理的、生産的だと判断されるためには、愛、思いやり、やさしさ、寛容、正義、平和、生態学に配慮する倫理的な行動を最大化するだけでなく、他者を聖なる存在の化身と見なす能力、宇宙を畏れ多い不思議な存在として崇める能力、あらゆる存在の壮大さと神秘に驚嘆する能力を高めなければならない。

進歩的イスラムの思想とその世界観は、この哲学に共感している。実際面では、個人の誠実さや責任などの価値、環境の持続可能性、さらには愛情と思いやりにあふれる寛容な法律、政治、社会、経済の制度の促進と具体化を重視する生き方を目指す。金銭的利益が最も重要な価値や理論的根拠となるような制度は支持しない。

理由4　進歩的イスラムは、イスラム教神秘主義、スンニ派、シーア派と同じ理由で存在している。すなわち、進歩的イスラムには解釈に関する独自の方法論、独自の神学的信条、イスラムの知的伝統への独自のアプローチがあることを事実として認めている。

進歩的イスラムは、世俗的イスラムまたは西洋的イスラムと呼ばれるときがあり、こうした呼び方は特に批判的な人たちのあいだで多い。ただしすでに述べたように、進歩的イスラム教徒は世俗的もしくは非世俗的、西洋的もしくは東洋的といった二元的な概念区分を否定している。実際のところ、歴史に影響されない客観的な理性や道理、客観的真実の存在など、近代の標準的な傾向を定着させた啓蒙時代の世俗的なアイデアの数々には批判的である。むしろ、啓示、理性、社会歴史的状況の三つが組み込まれた動的関係のなかで、真実は追求されるべきだと提唱している。この世界観によれば、合理性と信仰、神への義務と人間の権利、社会的公正と個人的公正、宗教道徳と集団的理性、人間の精神と神の啓示のあいだには、いずれも調和的な関係が存在している。したがって、ここまで紹介してきた理由を考えれば、進歩的イスラムは世俗的または西洋的かという質問には、ノーとしか答えられない。

この章の冒頭では、進歩的イスラムの思想とその世界観が私にとってなぜそれほど魅力的なのかという質問を投げかけた。その答えは、進歩的イスラムが具体的に表現して奨励するアイデア、概念、価値、目標の中身にある。具体的には、進歩的イスラムの知的開放性、コスモポリタンな性質、倫理的ビジョン、社会的公正やジェンダー公正への強い関心、状況への感受性、草の根の実践主義的な理論や神学を私は大いに気に入っている。私は進歩的イスラム教徒になったおかげで、人類を含めた万物の進歩に貢献する世界市民としても、知性や宗教・文化に関して特定の伝統に深く根を下ろした個人としても、居心地の良さを感じることができる。

進歩的イスラム教徒になっても、イスラムのテキスト、政治、倫理、神学、法律へのアプローチが限定されるわけではない。イスラムの文化や倫理を含むグローバルな宗教共同体への帰属意識は維持される。アラビア語では、この共同体はウンマと呼ばれ、祈りや断食や施しなど、イスラムの重要な社会的・精神的側面に参加することによって――従来ほど厳格な形ではないが――共同体への帰属意識は表現される。過去から受け継がれてきたイスラムの強力な伝統の多くの側面に対する主流派のアプローチに、進歩的イスラムはしばしば批判的な目を向けるが、それでも共同体への帰属意識は非常に大切にされる。要するに進歩的イスラムの世界観は、伝統的なイスラムにも深く啓発されている。

しかし、進歩的な傾向が顕著なイスラムの世界観は、さらに多くのものを私に提供してくれる。それは倫理・道徳的指針と基礎知識であり、世界市民、イスラム教徒、夫、父親、ひとりの人間など様々な立場で利用できるものなので、人間関係や権力構造が複雑に入り組み、不平等や不正が蔓延する状況に巻き込まれても、道徳的に健全かつ建設的な形で有意義に対応することができる。

最後に、進歩的イスラムの世界観からは知的・倫理的なツールが提供されるので、人生の意味や目的に関わる大きな疑問に対しても、自信を持って人道的な視点から取り組むことができる。私にとって進歩的イスラムから提供される人生哲学は、有意義かつ適切で、倫理的な美点を備え、知性を満足させてくれる。これ以上のものを望めるだろうか。

11章　エシカルカルチャー

アン・クレイセン

宗教は非常に個人的なものだ。もちろん哲学も個人的なものであり、アイデアに情熱を注ぎ哲学の教訓に従って生きる人は、特にその傾向が強い。しかし宗教や宗教がアメリカで実践される方法には、何か感情的で素直に受け入れられないところがある。理性に欠け、潜在的な危険をはらんでいるという指摘もある。悲劇的な事例には事欠かない。親が宗教的な理由から、子どもへの救命医療を控えることもある。LGBTコミュニティのメンバーが宗教の集会から排除されるだけでなく、攻撃の的になる機会はあまりにも多い。たとえば私のトランスジェンダーの友人は、ハシディズム［訳注：超正統派のユダヤ教運動］の共同体から正式に除名された。そして今日では、政治家が国よりも神や教会への忠誠心を表明することを聞かされる機会はめずらしくない。これでは、信仰を共有しない選挙民の代弁者になってくれるかどうか大いに疑問だ。

私がエシカルカルチャーを宗教として評価するのは、これが理にかなった宗教であり、道徳規範が現実的に感じられるからだ。神によって造られた人間についての創造神話や来世の物語は、いっさい含まれない。私たちは自然界と一体だと考え、いまの生をどう生きるかが大切だと考える、いたって常識的な宗教である。おそらくそのため、信者の数は非常に少ない。道徳規範の超越性を認めてはいるが、道徳規範には特に神秘的な要素が存在しない。おそらく私たちのメッセージに共感しても、入会しない人は多いのではないか。そんな人たちは、倫理共同体にわざわざ助けてもらう必要もなく、充実した人生をおくっている。でも私には共同体が必要だ。

私は異なる宗教間の結婚によって生まれた。母はアイルランド系のカトリック教徒、父はオランダ系のプロテスタントだった。私たち家族が暮らしたニューヨーク州のパルミラ村（ちなみにここは、モルモン教の誕生の地）では、誰もが教会に所属するのが当たり前だったが、これは決して小さな問題ではなかった。毎週日曜日に家族の結束を崩さないため、父はカトリックに改宗したが、それを父の両親は決して許さなかった。というのも、かつてプロテスタントのオランダは、カトリックのスペインに征服されたからだ。歴史の記憶や伝統的宗教とのつながりは、実に大きな影響力を持っている。

そして私の子どもたちも、異なる宗教間の結婚によって生まれた。私はカトリック、夫はユダヤ教の家庭で育った。でも、私たちはふたりとも相手の宗教に宗旨替えせず、その代わりにブルックリンのエシカルカルチャー協会を選び、そこで結婚してふたりの子どもを育てた。ただしこれは妥協の産物ではない。なぜなら私たちはどちらも、家族から受け継がれた信仰を放棄したからだ。このような経験は大学への入学や旅行をきっかけに訪れるときもあり、認知的不協和が突然の閃きにつながる。おそらくフェリックス・アドラーもそれを経験し、一八七六年に二四歳でエシカルカルチャーを設立した。彼については、あとから詳しく取り上げる。

エシカルカルチャーは無神論を前提とする倫理的な宗教で、仏教に似ていなくもない。私が当初これに惹きつけられたのは、他の宗教と異なり、研究しても賛同できない要素が見つからなかったからだ。教義よりも実際の行動を優先し、信仰問答書を暗記する必要もない。倫理的経験の大切さがひたすら強調される。そのためにまず、すべての人間に本来備わっている価値や尊厳をきちんと認め、他者に対して主観的・後天的に抱く価値や尊厳と区別することが求められる。私たちは他人を主観的に判断するが、相手も同じく、私たちの外見、家族、社会的つながり、生計を立てる（あるいは立てない）方法によって、私たちを判断する。したがって、「相手から何をしてもらえるだろう」という疑問に満足のゆく解答が得られてようやく、何らかの関わり合いが生まれるときがあまりにも多い。このような判断をやめて、相手を人類のひとりと見なすようになれば、経験は様変わりする。すべての人を平等に受け入れ、世界をより良い場所にするために努力している共同体に参加することも可能だ。

若い母親としての私にとって最も重要だったのは、創始者であるフェリックス・アドラーの以下の訓戒だ。それによれば「私たちは子どもたちに、学ぶ必要のないことを教えてはならない。最高の財産、最も真実に近い思想、私たちが生きている時代の最も気高い感情を伝える努力を惜しんではならない」(1)。私は家を離れるとき、多くのものを捨て去らなければならなかった。私はいわゆる第一世代［訳注：親が大卒ではない学生］の大学生で、あちこち旅行をした。そして子どもたちのために家庭を築くようになると、指針を必要とした。グランドペアレントたちも出席したブルックリン・ソサエティでの赤ちゃん歓迎式では、アドラーの以下の言葉が参加者を結束させた。

　親の愛情は、まだ生まれたばかりの赤ん坊の精神にとって、温かい巣のような存在です。まだ小さな赤ん坊は、社会にとって何らかの役に立つわけでも、利益をもたらすわけでもありません。

そんな赤ん坊が、何もわからない世界で安心してくつろぐためには、自分がどんな役に立つのか、どんな利益をもたらすのかいっさい評価されず、無条件で歓迎される場所を見つける必要があります。そしてそのような家庭は、親の愛情によって作られます。この世界で子どもが安心してくつろげるのは、自分の家庭なのです。(2)

実際のところ、私がエシカルカルチャーに参加したのは子どもたちのためだった。これは「子どもを育てるには村が必要だ」という方針に沿ったもので、私たちの家族は新しい「グランドペアレントたち」に支えられ、私はその全員に愛情を抱いた。私は毎週日曜日の午前中のプラットフォームサービスに参加し、子どもの日曜集会（日曜学校と同じ）で教え、評議委員会のメンバーになった。さらに子育てワークショップで指導を行い、ポットラックディナーを主催した。そして数年後、今度は自分自身のためにこの宗教を選択し、聖職者になるための訓練を始めたのである。

友人であり同僚のランディ・ベストは、セントルイスのエシカル協会で成長した。彼の話によると、エシカルカルチャーの創始者であり一九三三年に没したフェリックス・アドラーは、屋根裏部屋に引きこもった偏屈な老人のような扱いを受けた。「倫理的多様性」を訴える難解な理想主義的哲学を会員は嘲笑し、女性の参加を外郭団体に限定する女性蔑視の傾向に眉をひそめた。女性は子どもたちの模範的な教師として評価されても、正会員にふさわしいとは見なされなかったのだ。そもそもアドラーは、女性の参政権も支持しなかった。一九〇三年になってようやく、すでにユニテリアン教会の牧師だったアンナ・ガーリン・スペンサーが、ニューヨークのエシカルカルチャー協会の準指導者として採用された（後に彼女は、シカゴのエシカル協会の準指導者だったジェイン・アダムスと共に、婦人国際自由平和連盟を設立する）。牧師と見なされる「正規の」指導者は、全員が白人男性だった。バーバラ・レインズが女性初の正規指導者として受け入れられたのは、一九六〇年になってからだ。創始者の影響と伝統の力は、これほどまでに大きい。しかし以後、私たち女性は失われた時間を取り戻し、今日では多くの職業と同様、女性会員が男性会員の人数を上回っている。

それでもフェリックス・アドラーの言葉には、私を元気づけてくれる何かが存在している。数年前に私は、誘導瞑想の教材として使うため、彼の日曜日の説教の一部を選んで編纂した。そして序章には、『精神的理想の再建』（一九二三）からの以下の文章を引用した。「本来、人間の精神性は個別的ではなく、社会的傾向を備えている。……自己の最も奥深い場所で、人間は他の人間の自己と関わっており、自分は他人のなかで、他人は自分のなかで生きている」。アドラーは、いわゆる「想像力に秘められた貴重な能力」を高く評価した。想像力を存分に働かせれば、「あらゆる人間の胸に閉じ込められていたエネルギーが解放され」、社会を変革していく光景を思い描くことができる。生命とは「お互いを高め合う」ものなのだ。

どの瞑想にも、自然、水、光、火など、アドラーが使ったイメージに基づいて異なるテーマが与えられる。瞑想は深呼吸をして筋肉の緊張を緩めながら進められるが、この経験は個人に限定されない。光線や水の流れが円を描きながら徳を運んでいくところを想像しながら、参加者全員が結びつく。要するに、個別的ではなく社会的である。瞑想の最後に、進行役はつぎのように語る。

準備が整ったら、目を開けましょう。輪になっている参加者を、ゆっくり見まわしてください。自分が発した光が、他の全員に届いたでしょうか。みんなから発せられた光が、手元に戻ってきたでしょうか。あなたは自分自身のために、そして輪のなかにいる全員のために存在していることのありがたさを感じましょう。みんなが自分のために存在していることのありがたさを感じましょう。アドラーはこう書き残しています。「どの人も、自分に備わっている最高の精神性の救済を求める必要はない。むしろ、みんなから認められなければならない」。

肝心なのは救われることではなく、認めてもらうこと。これに対して他の宗教は、救いと死後の永遠の命を約束している。そのためたとえばキリスト教は、隣人のなかにキリストを見出し、それを見倣って行動するようにと教える。でも私は、隣人を見るときに仲介者を交えない。仲介者を省略し、倫理的な関係をじかに結ぶための努力をする。アドラーはそう教えているのだ。

ニューヨークのエシカルカルチャー協会では毎月、入会希望者のためのレセプションが開かれるが、そこで私はよく若きアドラーについてのストーリーを語る。両親から道徳規範について学んだアドラーは、誕生（一八五一年）の地であるドイツに渡り、ラビになるための勉強を始めることになった。彼の父親サムエルは一八四五年に創設されたニューヨークで最初の改革派ユダヤ教、エマヌ・エル神殿の指導者で、最終的にアドラーは後継者になる予定だった。留学中、彼は政治や社会の混乱を目撃し、同級生たちのみだらな行動に批判的な目を向け、実家への手紙には現地での経験について孝行息子さながら克明に記した。

エシカルカルチャーにとって、アドラーが早くから哲学の研究に取り組んだことはきわめて重要である。そのきっかけは、モーセが神から石板を受け取ったという神話を否定するヘブライ語テキストへの文芸批評だった。一九世紀のニューイングランドの超絶主義者［訳注：超絶主義はアメリカ東部で発展した哲学運動で、客観的な経験論よりも主観的な直観を強調する］と同様、彼はドイツの哲学者イマヌエル・カントの定言命法に惹きつけられた。神の存在は証明が不可能であり、道徳性は神学とは無関係に発達するものだと主張する新カント派との出会いをきっかけに、アドラーは神学への個人的な評価を改めた。彼が経験したこの認知的不協和は、私が同じような年齢で世界の宗教を研究したときに抱いた認知的不協和と同じようなものだろう。アドラーも私も、これまで学んできた世界観の狭さに気づかされたのである。

アドラーは帰国すると、一八七三年にはエマヌ・エル神殿で最初の（そして最後の）説教を行った。テーマは「未来のユダヤ教」で、全人類を対象とする世俗的宗教としてのユダヤ教を宣言した。評議員たちは彼の聡明さに強い印象を受けたものの、ラビの地位を提供するまでには至らなかった。その代わり、コーネル大学のヘブライ・東洋文学科の非常勤教授の椅子を準備する。ここでの彼の講義は倫理学を現代の問題と結びつけた内容で、これは評判を呼んで地元紙で報道される。そのため再び評議委員会に呼び出され、無神論者として非難されて地位を剥奪されてしまう。

このような経過をたどり、一八七六年五月一五日にニューヨーク市のスタンダードホールで、エシカルカルチャーは誕生したのである。アドラーはかつての宗教的信条に立ち返り、それを十分に発展させたうえで、神学や儀式に干渉されない倫理的な宗教を創造したのだ。そして、一八七五年に出会ってから尊敬してやまない超絶主義者のエッセイストであり詩人のラルフ・ワルド・エマーソンが目指した「倫理の教会」という希望の実現に努めた。

創設を記念する式典で、アドラーはつぎのように宣言する。

信じるにせよ信じないにせよ、私たちは常に率直な信念のすべてを尊重します。私たちにとって、それは行動を分断するものであってはなりません。教義の多様性が尊重されても、行動には全員の同意が必要とされます。この実際的な宗教には、誰も異議を申し立てません。しかも、この宗教の土台は十分に広くて堅固なので、信者だけでなく「異教徒」も受け入れます。このような共通の基盤があれば、誰もが同胞として手を携え、人類共通の大義のもとに団結できるでしょう。

この日にアドラーが概要を述べたエシカルカルチャーの以下の原則は、シンプルかつ当時としては革命的で、今日でも未だに通用する。

・道徳性は神学と無関係である。
・現代の産業社会では新しい問題が発生しており、世界の宗教はこれに適切に対処してこなかった。
・道徳性を高めるためには慈善活動に深く関わる義務がある。

・自己改革は社会改革と手を携えなければならない。
・各地のエシカルソサエティは、大きな権限を持つ指導者が統治する君主制ではなく、共和制を採用する。
・若者の教育は最も重要な目的である。

そしてひとりの親として、以下に紹介する彼の結びの言葉に私は共感した。

私たちは強力な体系の土台作りを支援しています。それは私たちの時代には、いや、何世紀かけても完成しないでしょう。しかし、素晴らしい完成のために少しでも貢献できれば、私たちは幸せです。時代は行動を求めています。さあ、立ち上がりましょう。そして、自分たちに与えられた役割を忠実に立派に果たしましょう。そうすれば友人の皆さん、私たちがいまこの瞬間から始めた努力について、私たちの孫はしっかり記憶にとどめてくれるでしょう。

倫理的な宗教を信じるときには、信仰ではなくて行動が最も重要になる。神学者のパウル・ティリッヒはかつて、宗教は「人間にとっての究極的関心」だと定義したが、この定義に従うなら、私にとっては倫理が宗教ということになる。私は子ども時代、おまえの宗教はカトリックで、これは地球で最高の宗教だと教えられた。カトリック教徒以外の誰も天国にある真珠の門をくぐることはできないと教えられ、小学校三年生のときにはその特権を友人につぎのような形で教えた。「ねえ、シェリー。

あなたって素晴らしい人だわ。私はあなたのことが好き。でも残念ね、プロテスタントは天国に行けないの」。キリスト教で最も大切なのは信じること。三位一体、原罪、無原罪懐胎などを素直に信じることだ。私は毎週日曜日のミサで使徒信条を朗唱し、その一方、強い信仰で友人をやり込めることができた。でも私の子どもたちは、堅信礼を通じて信仰を固めなかった。成人プログラムに参加して、実地見学では他の宗派の礼拝堂を訪れ、社会奉仕活動に参加した。私は白いドレスとベールで装い、セントアン教会の祭壇まで友人たちと一緒に歩み、そこで牧師から祝福を受けた。でも私の子どもたちは、ブルックリンのエシカルカルチャー協会の演台に立って、自分たちの倫理的成長と進歩に関して会員たちの前で語った。

アドラーの指導のもと、エシカルカルチャーの会員の第一世代は素早く行動を起こし、在宅看護サービスの提供、衛生的な共同住宅を建設する会社の立ち上げなどのプロジェクトを手がけた。アドラーは全米児童労働委員会の初代委員長であり、一九〇四年には弟子のルイス・ハインを採用し、畑や鉱山、工場や街路で働く子どもたちの悲惨な状況を写真に収めさせた。ほかにもアドラーは、米国自由人権協会（ＡＣＬＵ）の前身である市民自由ビューローの委員を務め、全国都市同盟の第一回執行委員会に参加した。彼以外の指導者や会員は、全米有色人種地位向上協議会（ＮＡＡＣＰ）や法律扶助協会などの組織の設立に関わっている。

ニューヨークのチェルシーにある福祉施設のハドソン・ギルドは、エシカルカルチャーの指導者ジョン・ラヴジョイ・エリオットによって一八九七年に創設された（彼の同僚のジェイン・アダムスは、一八八九年にすでにシカゴでハルハウスを創設していた。この年、フェリックス・アドラー博士の話

郵 便 は が き

料金受取人払郵便

京都中央局
承 認
4091

差出有効期限
2023年
5月31日
（切手不要）

600-8790

105

京都市下京区仏光寺通柳馬場西入ル

化 学 同 人
「愛読者カード」係 行

お名前 生年（ 年）

送付先ご住所 〒□□□-□□□□

勤務先または学校名
および所属・専門

E-メールアドレス

ご職業（○で囲んでください）	ご専攻
会社役員 会 社 員（研究職・技術職・事務職・営業職・販売／サービス） 学校教員（大学・高校・高専・中学校・小学校・専門学校） 学　　生（大学院生・大学生・高校生・高専生・専門学校生） そ の 他（ ）	有機化学・物理化学・分析化学 無機化学・高分子化学 工業化学・生物科学・生活科学 栄養学 その他（ ）

▒ 愛読者カード ▒

ご購入有難うございます。本書ならびに小社への忌憚のないご意見・ご希望をお寄せ下さい。

購入書籍

★ 本書の購入の動機は …………………… ※該当箇所に☑をつけてください

☐ 店頭で見て（書店名　　　　　　　　　　　　）

☐ 広告を見て（紙誌名　　　　　　　　　　　　）

☐ 人に薦められて　☐ 書評を見て（紙誌名　　　　　　　）

☐ DMや新刊案内を見て　☐ その他（　　　　　　　　）

★ 月刊『化学』について ……………………

（☐ 毎号・☐ 時々）購読している　☐ 名前は知っている　☐ 全然知らない

・メールでの新刊案内を　☐ 希望する　☐ 希望しない

・図書目録の送付を　☐ 希望する　☐ 希望しない

本書に関するご意見・ご感想

今後の企画などへのご意見・ご希望

● 個人情報の利用目的

ご登録いただいた個人情報は、次のような目的で利用いたします。

・ご注文いただいた商品やサービス、情報などの提供。

・お客様への事務連絡、新刊案内などの各種案内、弊社及びお客様に有益と思われる企業・団体からの情報提供。

をはじめて聞いたエリオットは触発され、エシカルカルチャーへの参加を決心する）。ハドソン・ギルドには子どもや働く女性、家族向けの数多くのクラブやプログラムが集められた。いずれも彼が二年前にチェルシーに移ってきてから始めたもので、住民が地域改善活動を組織するためのプラットフォームを提供してきた。ギルドは一八九七年、ニューヨーク市で最初の無料の幼稚園を創設し、一九一七年には同市で最初のサマー・プレイスクールを始めた。一九一九年から二一年にかけては、歯科医院、助産院、育児相談所を開設する。さらに、一九〇一年にはニューヨーク州共同住宅法の成立、そして一九三八年には市が資金提供する低コスト住宅供給の実現に向けてロビー活動も行った。

ギルドは現在も活動が盛んで、プログラムはニューヨーク市全体に拡大している。私はここを訪れるのが大好きで、幅広い年齢層の地域活動家の功績をたたえるジョン・ラヴジョイ・エリオット・ディナーには毎年出席している。二〇一八年には理事長が、私の好きなエリオットの以下の言葉を引用して読み上げた。

隣人には、たった一言でも貴重です。もちろん、隣人がひとりで立っているだけでは、交流は成り立ちません。持ちつ持たれつの関係は、最低でも二人いなければ成り立ちません。いや、実際には三人以上が必要です。良い隣人になるのは、私たちの人生において素晴らしいことのひとつであり、絶対に不可欠です。

では、隣人愛を作り上げるものは何でしょう。それはお互いに助け合う人間関係であり、一方通行ではなく相互的な関係が、すべての基本的な生活様式において成立しなければなりません。

私たちの生活のなかで、これは最も意義深いことだと私は確信しています。(3)

アドラーがニューヨーク市で手がけたプロジェクトのなかでおそらく最も有名なのは、ワーキングマンズ・スクールだろう。後にこれはエシカルカルチャー・スクールとなり、リバーデイルで拡大されたキャンパスはフィールドストンと呼ばれる。一九一〇年には、セントラルパークウェストと六四番街が交わる角にある学校と隣接した場所に、礼拝堂が建立される。これでようやく、私たちの倫理共同体も本拠地を手に入れた！　ふたつの施設は一九九五年に正式に分離したが、建物は未だに冷暖房システムを共有している。私は女性ホームレス収容施設の見学に学生たちを連れて行くとき、私たちはいまでもひとつの生きた心臓を共有しているのだと説明する。

アドラーが一八七六年に宣言した「信条よりも行動」というメッセージは、私たちの礼拝堂のロビーの入口の上に印刷され、社会的公正への関与という使命を思い出させてくれる。さらに私たちのロビーには世界人権宣言のポスターと、この文書を読んでいるエレノア・ルーズベルトの写真が貼られている。会員のひとりローズ・ウォーカーは、ブルックリンのエシカルカルチャー協会の女性指導者で、一〇四歳の天寿を全うした人物だが、エシカルカルチャーに聖典があるとすれば世界人権宣言だと常々語っていた。私たちはインスピレーションを受けるため、そして大志を抱くために、何度も繰り返してこのメッセージに立ち返る。

ルーズベルト夫人はニューヨーク・ソサエティの長年の友人であり、公民権のためのインキャンプメントを支援してくれた。これは一九四六年、エシカルカルチャーの指導者アルジャーノン・ブラックによって設立された組織で、宗教、人種、社会的に様々な背景を持つ青少年に対し、「生きた経験を通じて……公民権の原則と実践」について学ぶ機会を提供することを目的としていた。もしも第二次世界大戦の勝者が世界は民主主義にとって安全な場所になったと主張するならば、真の参加民主主義とは何か、若い世代は知るべきだとブラックは主張した。彼は市民保全部隊（ＣＣＣ）とアメリカ・フレンズ奉仕団（ＡＦＳＣ）に触発されたが、自分のプログラムにはアメリカの現実の多様性を反映させ、批判的思考のスキル、社会的活動、リーダーシップのスキルを若者に教えたいと考えた。ブラックとルーズベルト夫人にとって特に気がかりだったのがステレオタイプで、夏の六週間に生活を共にすることによって、「インキャンプメントの参加者」がステレオタイプの殻を破る勇気を持ってくれることを望んだ。

ルーズベルト夫人はハイドパークの自宅で、ディスカッションやワークショップや「ＢＢＱ」をしばしば行った。そして一九五〇年代のはじめにマッカーシズムからプログラムが攻撃を受けると、つぎのように激しく反論した。

　インキャンプメントの活動がきわめて重要だと私が考えるのは、人種や所属する団体が異なる市民が参加しているからです。ここでは選ばれた少数の人たちではなく、すべての人たちの視点から考えられるよう、参加者に準備を整えてもらいます。良い市民になるための訓練を受け、偏見のない心で考える能力を身に付けた若者は、アメリカ国民だけでなく、世界中の人びとによって必要とされています。[4]

インキャンプメントは一九九〇年代まで継続した。公民権運動家で下院議員のエレノア・ホルムズ・ノートン、イノセンス・プロジェクト〔訳注：DNA鑑定によって冤罪証明を行う非営利活動機関〕の共同創始者ピーター・ニューフェルド、マンハッタン行政区長のゲイル・ブルーア、フォーチュン・ソサエティの創始者デイヴィッド・ローゼンバーグなどの卒業生が活躍している。

一六年間の中断を経て、インキャンプメントは二〇一三年に再開され、バージニア州リッチモンドで二週間のパイロットプログラムが行われた。バージニア・コモンウェルス大学のジェイムズ・ブランチ・キャベル記念図書館の特別コレクション・アーカイブには、組織に関する記録が保管されている。いまでは卒業生はここで情報にアクセスできるし、自分の写真や手紙やジャーナルを寄贈することもできる。卒業生は翌年の夏にシカゴで開催された三週間のプログラムに資金援助も行った。このときは第一回のインタージェネレーショナル・ウィークエンドも開催され、卒業生にとっては同窓会の場になっただけでなく、新しいインキャンプメント参加者（インキャンパー）を指導する機会にもなった。いまでは参加者は、支援ネットワークを確実に手に入れて帰宅する。仲間とのつながりを絶やさず、卒業生からアドバイスを求めることもできる。今日では、十代の若者を対象にした四週間の夏季体験プログラムや、全米の複数の地域で世代間交流プログラムが提供されている。

私はインキャンプメント委員会のメンバーであり、会議ではアダ・ディアと共同議長を務める。先住民の彼女は一九五四年のインキャンプメントの卒業生で、かつてはインディアン事務局の局長だった。私は彼女と友情を育み、ニューヨーク州西部のセネカ族の土地で成長したホーデノショーニー（フランス人は彼らの雄弁術に注目してイロコイと名付けた）としての生い立ちについて教えられたことをきっかけに、ロウアー・マンハッタンのアメリカインディアン・コミュニティハウス（ＡＩＣＨ）の支援に乗り出した。

私たちは近年、社会的公正を目的に複数の機関とパートナーシップを結んでいるが、ニューヨーク市に在住する一万人の先住民を対象とするＡＩＣＨもそのひとつだ（ほかには３５０ＮＹＣ、アムネスティ・インターナショナル、ラジカルエイジ・ムーブメント、女性有権者同盟、大ニューヨーク黒人精神科医グループが含まれる）。私たちが主催する親睦会の会場では、ＡＩＣＨのメンバーがプレゼンテーションを行う。日曜日の説教で「ニューヨーク市の非植民地化」が取り上げられたこともある。環境保全に特化してニューメキシコ州のアルバカーキで開催されたアメリカン・エシカルユニオンの集会では、地元のラグナ・プエブロやナバホ・ネイションの住民と私たちとの交流をＡＩＣＨが設定してくれたおかげで、彼らの伝統について学ぶことができた。私たちの先祖が海を渡って定住するずっと以前から、先住民はこの土地に暮らして愛情を抱いてきた。そんな先住民から私たちが受ける恩恵は計り知れないほど大きい。私たちは、政府が先住民の先祖に行った集団虐殺についても教えられ、時間と場所を問わず先住民とできる限り協力している。

私はカトリックの神学をとっくに捨て去ったが、それでも社会的公正のおかげで、カトリック教徒としてのルーツは断ち切られていない。たとえば、ベトナム戦争に反対したフィリップとダニエルのベリガン兄弟、カトリック労働者運動の創立者で、ロウアー・イーストサイドで貧困者のために尽くしたドロシー・デイ、中南米の「労働司祭」の素晴らしさを称賛している。一方、エシカルカルチャーに導かれるまま、私は複数の組織と連携し、ホームレスと住宅に関する宗教間協議、拷問禁止を求める全米宗教キャンペーン、ニューヨーク移民連合などに関わった。私は若い頃にベトナム戦争に反対し、あるいは男女平等憲法修正条項を求め、首都ワシントンでデモ行進に参加した経験があるが、いまでも有意義な目的の実現を目指す集会にはかならず参加して、デモ行進を行うことにしている。そして家族やエシカルカルチャーの会員にも参加するようにと勧めている。私にとって、これまでの母の日で最高の贈り物は、二〇〇〇年五月一四日の首都ワシントンへの家族旅行だった。おかげで、常識的な銃取締法を要求してモールで行われたミリオンマムマーチに参加することができた。

このような行動を起こしたのは、教義よりも行動を重視する方針が当然ながらもたらす論理的な結果だ。アドラーはエシカルカルチャーを「義務の宗教」と呼んだ。倫理的な理想についてリップサービスをするだけでは十分ではない。その実現のため、日々努力しなければならない。たとえば典型的な日曜日の礼拝では、アドラーいわく「光と熱」を倫理的な問題に持ち込まなければならない。すなわち、悪いことに焦点を当てるだけでなく、その解決に真摯に取り組むのだ。説教者は悪い行いに対して私たち出席者の注目を集めるだけでなく、それを正すために私たちには何ができるかを伝えなければならない。そして毎週日曜日に集められた献金の半分は、価値観を共有する他の非営利組織に寄付される。

フェリックス・アドラーは一九三三年四月二四日、八一歳で没した。言い伝えによれば、彼はリーダーたちが集まっている部屋に入ってきて一瞬ためらった。それから懐中時計を取り出して時間を確かめてから、「私の時間は終わりに近づいたようだ」と語ったという。その数日後にアドラーは息を引き取り、ニューヨーク州ホーソーンのマウントプレザント墓地にひっそりと葬られた。

彼の著書『倫理的人生哲学』（一九一八）には、彼の理想主義の拠りどころが「ヘブライの宗教」から「イエスの教え」へと変化した過程や、カントやエマーソンに対する批判の概略が述べられている。さらにここでは、「統一体という理想」というユニークな価値哲学が展開されている。要するにこの本は、中身の濃い哲学論文であると同時に、自らの哲学を探求するよう読者に呼びかけている。そのためタイトル *An Ethical Philosophy of Life* には、定冠詞の「the」ではなく、不定冠詞の「an」が使われている。

アドラーにとって倫理は宗教だったが、それでも彼は倫理を神学的ではなく哲学的に表現した。彼は「思想体系と行動に関する視点の体系」を紹介しているが、それは「個人の経験を通じてふたつが同時に発達する」からだ。ここで厄介なのは、個人と切り離すことができない倫理を客観的に説明することだ。そこで彼は解決策として、人間の価値を核心に据えた統一体という理想を仮定した。「なぜ人間は自分や他人を軽んじるのだろうか」とアドラーは問いかけ、こう続ける。私たちは、ただ役に立つだけの存在ではない。人間は「それ自体が目的」である。素晴らしい価値を備え、アドラーによれば「至上の存在であり、独特のエネルギーで満たされている」。自分たちが暮らす世界に関する私たちの知識はごく限られているが、それでもその知識を使って生きるための計画を立てることはできる。なぜなら、統一体という理想のなかでは、ユニークな存在である個人が倫理的多様性を発揮している。しかも、ここでは数えきれないほど多くの結びつきが機能して、他者の顕著な特徴がうまく引き出されている。ある意味、アドラーは創造主である神を超越的な理想と置き換え、様々な要素がクモの巣上に結びついた状況のなかで、超越的な理想が人間同士を結びつけていると考えた。そのうえで、お互いのなかにお互いを認めるようにと私たちに呼びかけている。価値を認めて特定できれば、倫理的な行動は実現する。

私はリーダーとしての研修を受けているとき、リーダー同士のこんな会話を耳にした。「きみは継父のジョン・デュウェイのために、父なるフェリックス・アドラーを見捨てた」。この発言は、デュウェイの現実主義がアドラーの理想主義と置き換わったことを示唆している。当時はちょうど、自然主義的人間主義が優勢になりつつあったのだ。一九六三年には全米指導者会議が、エシカルカルチャーは人間主義に根差していると宣言する。ただし、エシカルカルチャーは宗教か否かを巡って活発に議論している会員たちは、これにほとんど注目しなかった。神を信じない倫理の宗教にはどんな意味合いが込められているのか、それが大きな課題として注目され続けた。しかしこの宣言は、神をもはや理想と置き換える必要がなくなったことを示唆している。科学研究によって、私たち人間は自然の一部であり、切り離して考えられない現実が明らかにされたのだ。しかも、私たちは肉体や知性を進化させた（そして人間とよく似た他の生物種よりも生き長らえた）だけではない。私たちの道徳性もまた進化を遂げた。大昔の焚き火を囲んだ社会的交流から氏族、部族、民族へと進化した結果、普遍的な倫理観を手に入れた。いまや私たちは神学の枠から解放された。文化の違いがようやく認められつつある世界のなかで、倫理を理解する一助として哲学が引き続き役に立つためには、どんな方法がふさわしいか評価しなければならない。

こうして新しい運動のリーダーは哲学が進化するものと考えたが、協会のメンバーはアドラーが提唱した「至上の道徳規範」にこだわり続け、私もそれが正しいと確信している。表現の仕方は異なるが、アドラーは基本的につぎのようなメッセージを伝えている。「生来の徳（長所、ユニークさ、美点、潜在力など）を他人のなかから、ひいては自分のなかから引き出せるように行動すること」。ここでは、黄金律――「あなたが人にしてもらいたいように、あなたも人にしなさい」――では要求されない共感が必要とされ、動的であり相関的である。相手がどんな人間で、何を必要としているのか理解するために、相手と深く関わらなければならない。謙虚に愛情深く、相手の話に真摯に耳を傾けるのだ。対照的に黄金律は自己中心的で、想像力に欠ける。

私は最近、自分の寿命がまもなく尽きることを知っているメンバーの手を握り、話を聞いてあげた。それまで彼女は、見舞いにくる家族から答えに窮する質問をされ続けて疲れ果てていた。実際、自分に対してはこれ以上、手の施しようがないのに、病院スタッフに嫌がらせをしているように感じられるほどだった。決して悪意があるわけではなく、おそらく彼女の幸せを願っているのだと理解していたが、誰も自分の話に耳を傾けてくれず、軽んじられたようで孤独感を味わった。「死んでいくとき、これほどの痛みや悪夢を伴うなんて考えもしなかった」と言われ、「すごくつらいわね」と言うと、「本当につらいわ」という答えが返ってきた。前回の訪問では、私たちは追悼の仕方について話し合った。私はメモをとり、すべて希望通りに行うからと言って安心させた。

私の人生には、道が明らかにされたように感じられ、選択を迫られる瞬間が何度かあった。皆さんも同じではないか。それは微妙に感じられるときも、強く感じられるときもある。私はこれを、宇宙が注意を引こうとして窓に小石を投げつけてくるようなものだと説明する。なかには、大きな石が窓を突き破る必要があるときもある。古くからのルーティンや猜疑心が幅を利かせているときには、何か新しいことに挑戦するようにと呼びかけられても無視するのはたやすい。それでも、変化にはわくわくする要素が存在する。自分が変容を遂げ、本来の自分にもっと近づくことが約束されるときには、なおさら気分が高揚するものだ。

一九九八年の夏、大自然のなかで平信徒のリーダーを対象にした研修に参加した私は、参加者たちへの愛情が深まり、心のなかで成長願望が目を覚ました。共生への思いを抑えきれず、自分の考えや意思が明確に定まった。今後はエシカルカルチャーのリーダーとして、信頼できる家族や友人と一緒に未来について話し合っていこうと心に誓ったのだった。

二〇〇一年九月一一日は、ニューヨーク協会での私のインターンシップの初日だった。このとき私は、大混乱に陥った共同体で奉仕することにはどんな意味があるのかを学んだ。私たちは共に悲しみ、怒りを爆発させ、身の回りで崩れていく世界について理解しようと努めた。私たちにはどんな責任があるのか、事態を好転させるためにはどうすればよいのか。この年の経験は、「圧倒された」という言葉では表現しきれない。まずは、家族や友人の命が失われたことへの個人的な悲しみが湧いてきた。大勢の人たちが瓦礫のなかで命を落とし、文字通り行方不明になった。当初は、大混乱のなかで愛する人たちを見つけようと、誰もが必死で助けを求めた。私は牧師としてのカウンセリングで悩める家族たちの話を聞き、追悼式では司祭を務めた。協会ではヒーリングサークルを催して、考えや感情を共有する安全な場所を提供した。開放された空間では、悲しみや怒りを貯め込まずに表現することができる。やがて愛国心が猛威を振るい始め、イスラム教徒が攻撃の標的となり、ついには戦争にまで発展するが、私たち会員のほとんどはそれに反対した。

その後、私は各地のエシカル協会で集会のリーダーとしての経験を積み、二〇〇八年にニューヨークに戻ると、会員の高齢化という新たな課題に直面した。ちなみに私はニューヨーク大学でヒューマニスト牧師を、コロンビア大学で倫理的ヒューマニストとして宗教生活のアドバイザーを務めている。ニューヨークの各共同体は人口構成もニーズも様々に異なるので、私の指導者としての人生ではバランスが大いに必要とされる。ほとんどのベビーブーマーは集会に参加しながら成長したが、ミレニアル世代［訳注：一九八一年から一九九六年にかけて生まれた世代］やZ世代［訳注：一九九七年から二〇一二年にかけて生まれた世代］は違うので、宗教と公的生活に関するピュー・フォーラムから「無宗教」あるいは「精神的ではあるが宗教的ではない」（SBNR）と評価されている。信仰組織に不信感を抱く若者は多いが、それは彼らが観察する信仰組織は行動が偽善的な印象を与え、社会的公正に関しては特にそれが目立つからだ。

私はよく大学のキャンパスで、信仰を持つ学生と世俗的な学生が遭遇する場面を目撃する。「へえ、きみはキリスト教徒なんだ。だから賢いんだね」とか「へえ、きみは無神論者なんだ。やっぱりね、いい人だと思ったよ」といった会話が交わされる。こうしたステレオタイプは有害だが、世俗的なグループや人間中心主義的なグループなども含めた様々な宗教の信者を集め、プログラミングを実施することによって解決可能だ。私が学生だった頃、信仰や人種や文化の異なる学生と出会ったときに感じた興奮は、いまでもよく覚えている！　故郷では同じような人間に囲まれ、退屈な生活だった。馴染めなければ、出て行くのが最善の選択肢で、だから私は故郷を離れた。でもそれから、自分と外見は異なるけれども、世界に関する好奇心や疑問を共有する人たちを発見した。彼らとは想像以上に多くの共通点があって、すべての人たちのために世界をより良い場所にしたいと願う気持ちは特に強かった。今日では大学のキャンパスや、様々な宗教の信者が参加する集会で、アイデンティティ、多様性、交差性、ジェンダー、性的指向など、新しい刺激的な語彙が使われている。

私は集会や大学のキャンパスで責任を果たす以外に、人生の節目となる儀式で司祭を務める機会を楽しんでいる。すでに本章では、ブルックリン協会で行われた私の子どもたちの赤ちゃん歓迎式について触れた。赤ん坊を親の愛情深い腕のなかに迎え、親や家族や友人を指導する経験は素晴らしい。そして成人式を迎える子どもたちのメンターを務めるときには、いつでも希望で胸が膨らむ。それに、結婚式で司祭を務める機会を嫌がる人などいるだろうか。「私が」手がけたカップルのほとんどは、信仰も文化も人種も様々に異なる。異性同士のカップルも、同性同士のカップルもいる。それでもみんなが受け入れられ、温かく祝福される。私には、カップルたちが独創性を育むプロセスが円滑に進み、正真正銘の自分が発現するように支援する役割が任せられている。

変わっているかもしれないが、私は追悼式の司祭を務めることに特別の使命感を抱いている。あとに残された人たちは心に傷を受け、それぞれがストーリーを率直に語って共有する。でも、追悼式は失われた者を悲しむと同時に、人生を祝福する場でもある。許しは大切な行為だ。再び傷口が開くときもあれば、癒されるときもある。私は会葬者に対し、一度の式だけでは悲しみをすべて支えきれないという現実を思い出させる。追悼式とは、長く続くプロセスをみんなで一緒に歩むための第一歩なのだ。第一歩を踏み出せば、最後までお互いに支え合うことができる。

最近私は、自分の勧誘をきっかけに入会したあるメンバーから、そのとき心を動かされた言葉について聞かされた。当時私は、つぎのように語った。私は集会所の扉を開き、全身全霊で外の世界へと向かう。あとには何も残さない。他の誰でもない、ありのままの自分を見てもらうために。みんなにも同じように感じてほしい。私たちの倫理共同体を心の故郷にしてもらいたい。心の故郷といっても、超自然的な意味はない。ここでは誰もが有意義な形でお互いに結びつき、個性は尊重されるだけでなく超越される。

私は、人間は徳を実践する潜在能力を秘めていると信じている。この信念は、厳しく検証されて固まったものだ。というのも、私は生来（そしてマイヤーズ・ブリッグスタイプ指標によれば）批判的な傾向がきわめて強い。いまでは私は、あらゆる個人は価値と尊厳を等しく授けられていると信じ、共同体でこの道徳規範の実践に努めているが、それは私の行動の結果をその場で返してもらいたいからだ。自分にはどんな意図があるか理解し、相手はどんな影響を受けたか理解していれば、共に学びながら信頼の輪を築いていける。すべての人類を対象に含めることも可能だ。大変な課題だが、手に入る報酬もそれだけ大きい。

これは、私たちの日曜礼拝やワークショップに参加するだけでは理解しにくいかもしれない。私たちは他にもたくさんのプログラムを提供している。どれも「倫理的」な傾向が明らかに認められるわけではないが、講演、コンサート、映画、芝居、会食のいずれのプログラムからも、人間の貴重な一面を探求する機会が提供される。私たちは特定の信仰や経典に制約されない。あらゆる場所でインスピレーションを見つける。たとえば今年の冬の世代間交流フェスティバルで、私はプログラムの締めくくりに、イタリアの理論物理学者カルロ・ロヴェッリの以下の言葉を引用した。

> 自然は私たちの住処であり、自然のなかで私たちはくつろげる。
> 私たちが探求するこの不思議で多彩な驚嘆すべき世界――空間は粒状で、時間は存在せず、物体がどこにも存在しない世界――は、私たちを真の自己から引き離すものではない。私たちの生まれ持つ好奇心は、まさにこのような場所こそ自分たちの住処であることを明らかにした。そこからは、私たち自身が何で作られているのかも明らかにされる。実は私たちは、あらゆるものと同じ宇宙塵から作られているのだ。悲しみに打ちひしがれているとき、大きな喜びを経験しているときにも、本来の姿から逃れることはできない。結局のところ、私たちは世界の一部である。[5]

そして、人間であるとはどういうことなのか認識して理解するようになると、私たちは自然とお互いに心を通い合わせるようになる。お互いに相手を利用しようとは思わず、お互いに価値を認めて感謝するようになる。ずいぶん理想主義的な印象を受けるだろうか。たしかにその通りだ。でも同時に、実際的で人間中心主義に基づいている。そして、ここでは時間と根気が必要とされる。私たちは完璧にはなれなくても、より良い存在になる方法を学ぶことができる。でもそのためには、あまり評価される機会がないが、知性に関しても道徳に関しても謙虚な姿勢を持ち続けてほしい。すべての人にとって世界をより良い場所にするために、私たちは超絶的な領域に存在する超自然的な神に頼るのではなく、お互いに依存し合わなければならない。

Ⅳ部　現代哲学

実存主義
プラグマティズム
効果的利他主義
世俗的ヒューマニズム

Ⅳ部で紹介する現代哲学――実存主義、プラグマティズム、効果的利他主義、世俗的ヒューマニズム――は、現実の世界に応用し、具体的な生き方に役立てられる多くの哲学の一部である。

一八〇〇年代末、実存主義の始祖であるフリードリヒ・ニーチェは、「神は死んだ」という有名な宣言を行った。なぜ私たちはこの世界に存在するのか、私たちは世界に関して何をすべきか、もしも神から答えが提供されなければ、私たちには価値や意味のない空っぽの世界が残される。ただし、ニーチェはニヒリズムの提唱者ではない。むしろニヒリズムがもたらす影響、なかでも主に道徳的空白から生み出される虚無や快楽主義に警告を発した。実存主義の思想家のほとんどは、世界が虚無的な不毛の地だと認めている。そのため、実存的不安は完全に理解可能で自然な状態だと考え、最終的にその克服に努めた。既成の意味が存在しないならば、私たちが自分で見つけ、世界にそれを吹き込むしかない。

スカイ・C・クリアリーが指摘するように、実存主義に関しては多くの異なるアイデアが存在しており、人生で意味を見つけるためにどれも異なるアプローチで臨んでいる。そのため、実存主義に関して何か具体的なルールや教義を特定するのは難しい。しかし、それを自分で考えて見つけることは、実存主義のプロジェクトに不可欠な要素だ。そのため、実存主義は規範的というより、記述的な傾向が強くなる。ちなみに、クリアリーは正式には実存主義者ではないが（実存主義者を自称する人はほとんどいない）、実存主義のアイデアに彼女の人生がいかに啓発され影響を受けたか、詳しく語っている。なかでも、本当に有意義な人間関係の探求におよぼした影響は大きい。

ジョン・カーグとダグラス・アンダーソンはどちらも、筋金入りのプラグマティストを自認してはいないが、アメリカのプラグマティストから多くを学んだ。特に、生きることへの願望が失われるときもある状況でいかに生きるべきかについて、ウィリアム・ジェームズ（一八四二～一九一〇）とチャールズ・パース（一八三九～一九一四）から受けた影響は大きい。ジェームズもパースもどちらも、存在は無駄で無意味だと悩み続けた結果、自殺願望や実存的危機を経験している。カーグとアンダーソンは、ふたりについてつぎのように書いている。パースは、「宇宙のなかで自分は完全に孤独だ」という思いに深く絶望した。そしてジェームズは、「人間は本物の生きた証を永遠に残さないうちに、この世から消滅する運命を避けられないのではないか」と不安に駆られた。

科学の進歩によって人間は、生物学的に予め決定された生き物に分類され、自らの生命を制御できない存在に成り下がったと考えたジェームズは、恐ろしさのあまり科学から目を背け、自由意志という哲学概念に惹きつけられた。一方パースは、世界を改善するための解決策として、利己心や欲望にとらわれず、たとえ最終的な結果に大差がないとしても、愛情や思いやりや共同体を大切にすることを提唱している。ふたりのプラグマティストの心のなかでは、徹底した個人主義と共同体意識のあいだの葛藤が絶えず継続した。自殺はしたいけれど、それは周囲の人たちに悪影響をおよぼし、道徳的に厄介な結果を招くことがわかっていた。そのため、死ぬという選択肢も妥当かもしれないと思いながら、ふたりは常に「生きる道」の大切さを再確認した。

私たちの行動の結果を重視する比較的新しい社会運動が、効果的利他主義である。ここでは、使える資源は何でも活用して最大の善を引き出すことが奨励される。効果的利他主義は功利主義に深く根差している。たとえばジェレミー・ベンサムの哲学などで、彼が提唱する倫理体系においては、最大数のための最大善を生み出す行動こそ、道徳的に優れていると見なされる。二一世紀には、ピーター・シンガー、ウィリアム・マッカスキル、ケルシー・パイパーなどの哲学者や著述家が、生きるための哲学として効果的利他主義を広めている。

効果的利他主義者の多くは慈善活動に寄付金を提供している。自分が最大の影響を与えられる領域での活動に時間を費やす者もいれば、共同体に参加して、危害やコストを最小限に抑えた暮らしを実践する者もいる。効果的利他主義について取り上げる14章のなかでパイパーは、いま紹介した三つを自分がいかに実践しているか説明している。彼女はジャーナリストとして、貧困、新興技術、ファクトリーファーミングをテーマに執筆を行っている。経費を節約するため、ほかの効果的利他主義者たちと同居している。そして、活動の影響力の大きさを評価した慈善事業には、できる限りの寄付金を提供している。こう聞かされると簡単そうな印象を受けるが、実際に自分はどうすれば最大善を生み出せるだろうかと考え始めると、一筋縄ではいかない。どんなキャリアを選び、何を信条に掲げればよいか。そして、どの慈善事業に寄付すればよいか。いずれも難しい決断だとパイパーは指摘したうえで、これらの問題についてじっくり考え、世界をより良い場所にするための機会に則した枠組みが、効果的利他主義によって提供されると語っている。

世俗的ヒューマニズムは、本書で私たちがすでに遭遇した様々な人生哲学の多くの要素を包含している。世俗的ヒューマニズムのアイデア——科学、真実の経験的検証、観察可能な知識、人間中心主義の倫理学を奨励する一方、超自然的で精神的な存在を否定する——の歴史は古い。たとえば紀元前六〇〇年頃には、インドの唯物論の学派ローカーヤタに所属するメンバーは、過激な異端者と見なされたが、それはスピリチュアリズムや超自然主義や道徳主義に懐疑的な反面、科学を支持したからだった。イランの預言者ゾロアスター（紀元前六二八～五五一頃）、道教の老子（紀元前六～四世紀）、エピクロス（紀元前三〇〇頃）、キケロ（紀元前一〇六～四三）らも、世俗的または人間中心主義的なテーマに関して執筆している。ジョン・シュックの指摘によると、世俗的ヒューマニズムは、ソクラテス、アリストテレス、ストア哲学の思考の一部、さらには自由主義、功利主義、実存主義、自然主義、プラグマティズムの要素も含んでいる。極端な傾向のある世俗的ヒューマニストの一部は、ニヒリズム（虚無主義）の見解さえ採用している。これはめずらしいケースだが、そこからも世俗的ヒューマニズムの柔軟性がよくわかる。

世俗的ヒューマニズムは、たくさんのソースから様々な要素を引き出している。それを考えればジョン・シュックが指摘するように、多くの人たちが自分でも知らないうちに世俗的ヒューマニストになっているかもしれないし、少なくとも世俗的ヒューマニズムのアイデアを支持している可能性が考えられる。このカテゴリーに当てはまると考えられるのが、しばしば「無所属」と呼ばれる人たちだ。なぜなら調査で「あなたの宗教は？」と尋ねられると、「どの項目にも該当しない」と回答するからだ。ちなみに二〇一五年時点で世界人口のおよそ一六パーセントは、「どの宗教にも所属しない」ことを自認するカテゴリーに分類される。[1] 一六パーセントは一一億人以上にあたる。その全員が世俗的ヒューマニストというわけではないが、多くは同じような価値を支持するはずだ。平等の権利、社会的・法的公正、政治的行動主義、政教分離、宗教から解放される権利、合理性や科学の価値を支持するだろう。世俗的ヒューマニズム協議会の創始者ポール・カーツ（一九二五～二〇一二）は、つぎのように書いている。世俗的ヒューマニズムには「自由な探求に関する原則や、理性に基づく道徳規範の正しさを信じ、科学や民主主義や自由に傾倒する人たちのすべてが、おそらく含まれる。あなただって、そうかもしれない」。

12章 実存主義

スカイ・C・クリアリー

ジャン＝ポール・サルトル（一九〇五〜一九八〇）は「実存主義とはヒューマニズムである」というタイトルの有名な講演のなかで、ある女性のストーリーを詳しく取り上げた。この女性は悪態をつきながら「私は実存主義者に近づいているみたい」と弁解した。[1] たしかに実存主義の哲学者には、スキャンダラスで社会規範を破るという評判が付きまとう。サルトルとシモーヌ・ド・ボーヴォワール（一九〇八〜一九八六）は、ふたりとも哲学で有名だったが、それと同じぐらい、酒もたばこもドラッグも十分すぎるほど楽しむことや、奔放な情事で有名だった。「良き生」とは充実した生き方を意味するのであれば、実存主義者には語れることが山ほどある。そして、それは経験に基づいている。

哲学者の生き方と人生哲学とは区別して考えるべきだという主張もあるが、実存主義哲学者はそう信じなかった。たとえば実存主義のはしりの知識人とも言えるフリードリヒ・ニーチェ（一八四四〜一九〇〇）は、すべての哲学は自伝だと語っている。実際、ボーヴォワールやサルトルといった実存主義哲学者は、生きるための哲学の創造に積極的に取り組み、自分の成功や失敗や課題について、学術的な著作だけでなく、手紙、自伝、演劇、小説のなかでも盛んに取り上げて記した。

こんな場面を思い描いてほしい。時は一九四二年、場所はパリ市民のホットスポットであるモンパルナス通りのバー、ベック・ド・ガス。友人同士の三人――ボーヴォワール、彼女のボーイフレンドで、背が低くて風采が上がらないわりに、女性にはもてるサルトル、ふたりよりは知名度がずっと落ちるレイモン・アロン――がドラッグの合間にたばこを吸いながら会話に興じ、自分たちが受けた哲学の教育は日常生活に何の価値もないとこき下ろしている。大学を卒業したばかりの同級生たちと同様、三人は啓蒙主義にうんざりしていた。啓蒙主義は客観性、達観、抽象的推論、論理、合理性、慣習、制約、感受性、思慮分別へのこだわりが強く、教師は理論に関してくだらない内容をしゃべり続けるが、現実の世界は第二次世界大戦へと突入しつつあった。三人はアプリコットカクテルを飲みながら、生きるために本当に必要な哲学へのあこがれについて語り合った。かくして実存主義哲学の種は蒔かれたのである。実存主義の人気が高まったのは、人間の深い苦しみ、存在の不条理、個人の自由の重要性に対処する助けになる思考様式が提供されたからである。

ゲオルク・ヴィルヘルム・フリードリヒ・ヘーゲル（一七七〇～一八三一）は、ボーヴォワールとサルトルが大学で学んだ哲学者のひとりだった。ふたりにとってヘーゲルの何が問題だったかと言えば、彼は絶対的な理想や宇宙の潜在的秩序について多くを語ったものの、人間が実際にどう生きるべきかについては何も語らず、朝ベッドから起き出す理由について説明していない点だった。ボーヴォワールやサルトルの世代にとっては、カクテルやコーヒー、ジャズバーや森での散歩、感情や黒いタートルネック、自由や独創性、情熱のような理不尽な事柄のほうに興味があった。

人間は生まれてくることに決定権を持たないが、それは大いに問題だと考えるところが実存主義の出発点になる。なぜなら人間は意識を持った瞬間から、成長していかなければならない。あらゆる行動は選択の結果であり、その事実からは逃れられない。あるいはサルトルによれば、私たちは「自由であることを運命づけられている」[2]。これは「実存は本質に先立つ」[3]という格言の帰結である。要するに、私たちはまずこの世界に放り込まれ、それから行動を通じて自由に自分を創造していくのだ。ただし、いくつか問題点がある。まず、私たちの本質は永遠にとらえどころがない。本質が確定されるためには、物理的にしっかり固定されなければならない。サルトルによれば、私たちが完全な存在になるのは死ぬ瞬間である。つぎに、自由には大きな責任が伴う。ドストエフスキーが残した言葉とは反対で、たとえ神が死んだとしても、何でもありとはならない。ゆえに私たちは他者と共存しており、私たちの決断には他者を考慮に入れなければならない。自由をこのような形で認識すると恐ろしさを感じるかもしれない。というのも、選択の責任が自分の双肩にかかってくるからだ。でも心配にはおよばない。実存主義者によれば、不安は人生を構成する事実のひとつであり、不安を正しく解消すれば本来性という報酬が手に入る。本来性に向かうためには、自ら選んだ目標を追求しながら自己創造に励まなければならない。正真正銘正しいと思える事柄を積極的に選択しながら、人生を形作っていくのだ。そして三番目に、私たちの存在に関する事実には、変更できないものがたくさんある。自分の両親や生まれた境遇は、変更が不可能だ。ここで重要なのは与えられた環境を超越し、自分自身や相手を抑圧から解放するために独創的な形で努力を続けることだ。そうすれば、みんなが自由な立場で正真正銘の有意義な生が追求されていく。

　実存主義にはとかく悪い評判が立つが、それは関係者が悪態をつくからであり、さらには個人主義的な哲学のせいでもある。たしかに実存主義哲学者は、圧倒的に主観的なレンズで世の中を眺めるが、その一方、他者との関係のなかで自分自身について語らなければ意味がないとも指摘している。他者抜きで自分自身を理解するのは不可能だとサルトルは語る。「基本的に他者は、私たちのうちに存在するもののなかで、自分自身を理解するために最も重要[4]」という立場をとっている。そうなると、実存主義は確実に人間関係の哲学であり、そもそも私はその点に惹かれた。

ウェブで連載の『実存主義的コミックス』が人気を博したコーリー・モウラーは、実存主義者になるための以下のガイドラインをツイートで紹介した[5]。

（一）常に超実存主義者である。
（二）自分に実存主義者としてのレッテルを貼らない。
（三）ヘビースモーカーになる。

実際に多くの実存主義哲学者はヘビースモーカーだったのだから、この指摘は面白い。特にサルトルやボーヴォワール、そしてふたりの友人でありライバルでもあったアルベール・カミュのヘビースモーカーぶりは有名だった。さらに、実存主義哲学者は「実存主義者」を自称したがらなかったのも事実なので、この指摘も面白い。この言葉を一九四五年に考案したガブリエル・マルセル自身、後に実存主義者であることを否定している。ボーヴォワールとサルトルが実存主義者のレッテルを不本意ながら受け入れたのは、結局のところ誰からもそう呼ばれたからだ。しかしそれでも、ボーヴォワールとサルトルは「超実存主義者となって」、実存主義のアイデアと矛盾しない生き方を実践するために、多くの時間を費やした。「超実存主義者になる」のは、実際のところ達成可能な目標ではない。というのも、私たちの存在は静止しているわけではない。ふたりが強調したのは、本来の自分を目指しながら、世の中と関わっていく生き方だ。実存主義とは、あなたがどんな人間になるかではなく、何をすべきかについて教えてくれる。

実存主義者という単語をExistentialistと大文字で始めることになぜ問題があるかと言えば、実存主義が象徴するあらゆる事柄に反するからだ。モンティ・パイソンの映画『ライフ・オブ・ブライアン』［訳注：キリストと同じ日に生まれたユダヤ人の青年が主人公］のセリフで言い換えるなら、私たちは自分自身のために努力しなければならない。それなのに、誰か他の人間が創造したルールに従うのは「不誠実」で、正真正銘の生き方から外れてしまう。サルトルの『存在と無』には、ウェイターの有名な事例が登場する。彼は与えられた役割を完璧にこなすあまり、自分の本質はウェイターとしての役割によって明確化されると信じるようになった。しかしサルトルは、私たちは何らかの固定化された役割だけでは説明できず、はるかに大きな存在だと強調する。ウェイターは決してウェイターにはなれない。ウェイターはその役割をこなせるが、ひとつの役割が自分の存在そのものだと信じるのは不誠実である。なぜなら私たちは常に存在を変化させて成長し続けている。自分自身を何らかの固定された存在として見なすのは、自分自身を欺くことになる。変化しなければ、岩のような物体と同じだ。人間には意思や計画があり、過去と未来がある。

私はたばこを吸わないが、悪態はつく（おそらく平均よりもやや多い）。カクテルは大好きだ。そして実存主義的な思想家を名乗り、おそらく実存主義的傾向の哲学者ではないかと思うが、モウラーが指摘するように、実存主義者を自称することはない。実存主義者を自称する人物には疑いの目を向けるべきだが、それでも人生の問題や課題について実存主義的な立場から考えることはできる。

私は最初に学士課程で哲学を少し学んだが、それは分析哲学の傾向がきわめて強かった。それが嫌いというわけではないが、かといって大好きにもなれず、当時は哲学に興味をそそられなかった。数年間は資本主義社会で働きバチのように真面目に働き、シドニーからニューヨークに移住して、株式の裁定取引〔訳注：価格差を利用して売買し、利鞘《りざや》を稼ぐ取引〕の世界で働いた。やがてビザが切れると、祖国に戻ってＭＢＡを取得した。

教室の外ではどこに目を向けても、早く将来の夫を見つけて身を固めたいという切実感が蔓延しているようだった。二十代の未婚女性は、つぎのような言葉を頻繁に聞かされる。「あなたの時間はどんどん経過していくのよ。売れ残らないように気をつけなくちゃ。ボーイフレンドはいるの？　真剣な交際をしているの？　なぜ彼はまだプロポーズしないのかしら」。ここには常につぎのような前提がある。もしも大切な人からプロポーズされたら、イエスと答えるべきだ。プロポーズするのは男性のほうで、プロポーズされてノーと答えるような対応は確実に間違っている。私が興味をそそられるのは、ポップカルチャー、ハリウッド映画、私と同様に何の理念も持たない家族や友人など、答えにふさわしくない場所ばかりのようだった。みんなから贈られる本には『ルール――理想の男性のハートを掴むための、効果が証明済みの秘密』といったタイトルが付けられていた。それはタイトルから受ける印象に違わず、中身も空っぽだった。

愛とは「運命の人」を見つけ、永遠に幸せに暮らすことだという前提が普及しており、私は十分な自覚のないまま、自分でもそう信じるようになっていた。しかし、それが一体どんな意味なのか皆目見当がつかず、疑問は山ほどあった。そもそも、運命の人を見つけたと、どうしてわかるのだろうか。男性にせよ女性にせよ、運命の人を見つけて結婚するのが愛情なのか。それが正しいことなのだろうか。ほかに選択肢はないのか。それに結局のところ、結婚には何が伴うのだろう。結婚が「成功する」見込みなど当てにならないのに、いま述べたような疑問をほとんどの人は抱かなかった。私はボーイフレンドからこう言われた。きみはＭＢＡの勉強に時間をかけすぎだ。もっと僕と一緒に過ごすべきだよ。その発言がひどく場違いなのはわかったけれど、何がいけないのかはっきりとは理解できなかった。

結婚と妊娠能力――あるいはその明らかな欠如――が切実な問題として迫ってきた状況で、たまたま組織行動学の講義に参加して、職場での自由や責任や不安について教授から聞かされたとき、実存主義に私が興味を惹かれたのは当然の成り行きだった。ほかにどんな本がお勧めですかと、私は教授に尋ねた。すると彼女はつぎの講義で、シモーヌ・ド・ボーヴォワールの数冊の著書の名前が書かれた紙を手渡してくれた。私はまず『レ・マンダラン』から読み始め、リストを順番にたどりながら熟読した。それはまるで、プラトンの洞窟の比喩に登場する囚人が、はじめて見る外の世界のまぶしさに驚いたのと同じような経験だった。哲学は私の人生に軽い足取りで入り込み、軽やかに踊って私を誘惑し、これまで人生に関して抱いてきた前提や期待をことごとく見事に打ち砕いてしまった。

私を惹きつけた実存主義の魅力のひとつが、愛情に関するボーヴォワールとサルトルの考え方だ。どちらにも複数の恋人がいるが、お互いに相手を自分の人生で最優先すべき存在と見なした。少なくとも理論的には、常にお互いを最も重要な存在と位置づけていたのである。たしかに、ふたりのやり方はいくつかの問題を抱えていた。倫理的に不適切な学生との関係、嫉妬、時間管理などだ（もちろん、これは複数の交際相手を持つカップルに限定されるわけではない）。それでも自由はふたりにとっての基本理念であり、自由な恋愛関係はそのひとつの要素にすぎなかった。

私自身には複数の恋人はいないが、他の人にとっては妥当な選択だと尊重している。世の中で許される行動の規範をすべて投げ捨てた点で、私はふたりを称賛している。ふたりは社会からの期待など鼻であしらい、自分たちの思い通りの人間関係を創造した。さらに私は、ふたりがそれぞれ相手とは無関係に進めるプロジェクトをお互いに尊敬している点にも強い印象を受けた。ボーヴォワールは『第二の性』のなかで、女性は愛する人のためにキャリアを捨てる傾向がある点について触れ、ニーチェの以下の文章を引用している。

> 女性にとって愛が何を意味するかは明白である。（単に身をゆだねるのではなく）全身全霊で相手に愛情を注ぐ。ためらいや出し惜しみはいっさい存在しない。……このように無条件であるがゆえ、女性の愛情は誠実である。女性には、愛情の対象が他には考えられない。そして女性を愛した男性は、まさにこのような愛情を女性から欲する……[6]

愛についてのこうした考え方は時代遅れで、政治的に正しいとは言えないのだが、こうした発想がしばしば、そして未だに暗黙のうちに期待されている証拠は、身の回りにたくさん残されている。ある日、ＭＢＡ取得後に催されたイベントに出席し、博士号を目指す可能性について担当教授のひとりと会話を交わしてすっかり興奮した私は、自家用車で帰宅する途中、助手席に座っているボーイフレンドにそのときの会話について語った。ところが相手からは何の反応も返ってこない。ちょっぴり動揺した私は、いま自分が何をしゃべったのか、頭のなかで会話を振り返った。そしてどうやら問題は、私が博士号を取得してキャリアを追求すると、彼のための時間がなくなることだと察した。

こんな関係は結局のところ、うまくいかない。そして私はニーチェとボーヴォワールのおかげで、古くから女性に求められる姿勢を自分が実践したくない理由を理解し始めた。女性にとって「主人のために権利を全面的に放棄することが」愛情になっている点をボーヴォワールはたしなめている。(7) 彼女はこのような態度を奨励するのではなく、非難している。私はボーイフレンドを愛していたけれど、自分を放棄することを要求されたら愛情を抱けない。自分のために存在することと、彼のために存在することは一緒には考えられない。私にとっては、正真正銘の愛に関するボーヴォワールの以下の記述のほうが、はるかに魅力的だった。

> 正真正銘の愛は、ふたりの人間がお互いの自由を認め合うことを土台に成り立つ。そうすればどちらも、自分を自分自身としても、相手としても経験できる。どちらも自分の超越性を放棄しないですむし、世の中で自らの存在を否定する必要もない。ふたりで一緒に、この世界の価値や

目的を明らかにしていけばよい。どちらにとっても愛とは、自己の才能と宇宙の豊かさを通じた自己啓示に他ならない。(8)

当時私はこれが可能だとわからなかったが、つぎの点だけは明確だった。私がパートナーとして望むのは、お互いに尊敬し合うことができて、私の野心に対して腹を立てない人物だった。

サルトルによれば、愛情、嫌悪、サディズム、マゾヒズム、無関心は、どれも同じ人間関係の輪の一部である。私たちは他者を必要とする。なぜなら、私たちはある程度まで内省が可能だが、私たちの存在のなかには、他人抜きでは理解できない側面が存在する。サルトルが紹介する覗き魔はその典型例だ。鍵穴から覗き込んで他人の行動をこっそり調べても、自分の行為に何のやましさも感じない。ところが背後から誰かの足音が聞こえてくると、そこでようやく、自分の行動が他人の目にどのように映るか気になりだす。概して他人を大切にするほど、他人の意見は自分にとって重要になり、相手が自分についてどう思っているのか無性に知りたくなり、相手の考え方をコントロールしたくなる。そうすれば自分は完全だと強く実感できるし、少なくとも自分自身の全体像が完全な状態に近づく。しかしこれを十分な形で実行するのは不可能なので、サルトルいわく、他人はひどい苦しみをもたらす存在になるのだ。

私たちの存在のなかに新しい側面を発見するうえで、恋人は大いに役立つサポート役の有力な候補だ。というのも、恋人は（しばしば）他の誰よりも私たちについて詳しく知っている。ただしサルトルは、恋人も独りよがりになってしまうと、この目的のために最悪な存在になり得るとも示唆している。むしろ、私たちの生活のなかで敵が重要な役割を果たすときもある。ここで『二ツ星の料理人』という映画について考えてみよう。ここにはミシュランのシェフたちが登場し、ブラッドリー・クーパーが主役を務め、シエナ・ミラーが共演している。これは、飛行機で見たい映画をすべて見尽くしたあと、最後に鑑賞をお勧めするような作品だ。しかしそれでも、ひとつ特筆すべきシーンがある。そこではクーパーが酔っぱらって前後不覚に陥り、真空調理用の袋（食材を低温でじっくり煮込み、味と水分を逃がさないために使われる）に頭を突っ込んで自殺を図る。するとそこに、マシュー・リス演じる手ごわいライバルの料理人が現れ、酔いを醒ますまで介抱し、朝食にオムレツを作ってあげる。なぜ自分を助けてくれたのかとクーパーがリスに尋ねると、リスはこう説明した。僕にはきみのようなライバルが必要だ。ライバルからの突き上げがあれば発奮し、考えもしなかった目標に挑戦する気になれる。ふたりは相手をやっつけようと血眼になる敵同士ではない。むしろふたりの関係は建設的な対立で、エリートのスポーツチーム同士が競い合い、お互いに高め合うのと同じだ。

　サルトルも『存在と無』のなかで同じ点をつぎのように指摘している。「他者に対する寛容の心を持つようになれば、相手は寛容な世界に否応なく放り込まれる。すると相手は原則として、激しい抵抗、忍耐、自己主張を手放してしまう。不寛容な世界では、いずれもとどまるところを知らない」(9)。ただしこれは、敵を作ってもよいというお墨付きではない。見返りを期待して誰かを憎むべきだと奨励しているわけではない。そのような姿勢にはリスクが内在している。それよりはむしろ、敵は時として避けられない存在なのだと、もっとポジティブに考えればよい。周囲の人間は時として、私たちの行動や発言に嫌悪感を抱く（実際にそのような場面に遭遇する）。そんなときに必要なのは、憎まれたら無関心を決め込むことではない。いずれにせよ、それは多くの人たちにとってほとんど不可能だ。むしろ大切なのは、敵の見解はありがたいと感謝する姿勢だ。耳に痛い発言をきっかけに、自分の存在に疑問を投げかけられるからだ。自分はどの程度まで失敗したのか、べつの行動をとれたのではないか、とるべきだったのか、じっくりと反省し、納得がいったら、次回はどうすればもっと良くなるのか考えるのだ。ほとんどの人たちは周囲から好かれたいと願う。しかし、自分を嫌う人たちについてこのような形で考えられれば、状況の枠組みを見直して、嫌われることを学習の機会として受け入れられる。

ニーチェの『ツァラトゥストラはかく語りき』では、良い友人の理想像についての見解がアリストテレスの理想像と近く、つぎのように語られている。「友人を憐れむ気持ちは堅い殻の下の見えない場所に隠しておく。そのうえで、殻に噛みついてくる歯をへし折ってやらなければならない[10]。それゆえに、殻は上品さと甘美さを帯びる」。ツァラトゥストラの言い方は大げさだが——というのも、同情や共感が明らかに求められる場所もあり、いまの世界ではそれがかつてないほど必要とされている——この発言の真髄はつぎの点にある。すなわち、賛成できるスペースと反対できるスペースを兼ね備えた友情、喜びと挑戦を兼ね備えた友情こそが理想なのだ。

自分がフレネミー（友人を装う敵）になったり、フレネミーと関係を持ったりするのは難しい。ソーシャルメディアでは相手をブロックし、関わりを絶ちたい誘惑に駆られることがある。時には実際に有害な人物で、そうしなければならない場合もある。（ニーチェが愛した）ルー・サロメが彼のもとを去り、親友のひとりと同棲を始めたとき、ニーチェは彼女のことを友人たちにこう語った。「痩せて貧相で汚らしく、悪臭を放つサルみたいな女で、でかい胸は偽物。とんだあばずれだ！」[11]。私もニーチェには賛成だ。といっても、振られた女性への中傷に賛成するわけではない。彼の発言からは、自分の存在の境界を一緒に押し広げてくれる人物こそ、最高の友人だということがわかる。必要とあれば敵になれる友人に自分がなって、同じような友人に囲まれていれば理想的だ。私はかつてのボーイフレンドを憎んでいないし、相手に無関心になろうとも思わない。ふたりの目標の対立を解消できずに失望を味わったのは事実だが、彼との経験をきっかけに、従来のままでは考えもしなかった形で自分の存在を振り返ることができた。その点は大いに感謝している。

マルティン・ハイデッガーを除き、実存主義哲学者のほとんどは結婚を好まない。セーレン・キルケゴールは婚約までこぎ着けたが、結局は破談になった。カミュは二度離婚している。ニーチェは生涯を通じて（不本意ながら）独身を通した。サルトルは、自分とボーヴォワールは現実的な行政上の目的のために結婚するべきだと提案した。結婚すれば、同じ町で教壇に立てる可能性があったのだ。しかしボーヴォワールはこれを拒む。彼女は十代の頃から、女性に求められる役割や期待など、結婚に伴う社会的負担に懐疑的だった。そしてサルトルもあとから結婚を後悔し、結婚相手の自分を恨むのではないかと考えたのである。結局のところ、ふたりの人間関係を有効にするための制度など必要なかった。ふたりは、自分たちにとって正真正銘の形で関わり合ったのだ。

しかし、ボーヴォワールの哲学は結婚を禁じてもいない。実際、彼女はつぎのように語っている。「あらゆるカップルが完璧に理解し合うことが保証されるような、時代を超越した方式など存在しない。

どのような合意に達するつもりかの決断は、当事者たちに委ねられる。ふたりはア・プ・リ・オ・リ・な［訳注：先天的な］権利も義務も持たない[12]」。パートナーのどちらも結婚相手に隷属せず、どちらも経済的責任を持ち、独立したキャリアなど具体的な方法で自由を実現させたとき、本物の結婚は可能だとボーヴォワールは示唆している。要するに肝心なのは、どちらのパートナーも自給自足できることだ。

したがって私は、博士号の取得はすごい目標だと認めてくれる相手と恋に落ちると、すぐに結婚したくなったが、それはかなわなかった（スピード結婚はできなかった）。代わりに、私が実存主義と愛情に関する博士論文を執筆中、ふたりで今後どのような関係を構築していこうかと何度も話し合った。この話題に関して、ニーチェはインスピレーションの源になりそうもなかった。結婚に関して、彼はたくさんの矛盾するアイデアを抱えている。一方では、幸せな結婚など存在せず、もしも幸せな夫婦を見かけたら、おそらくふたりはお互いに嘘をついているか、自分たち以外の全員に嘘をついていると指摘した。しかしその一方、「結婚という楽園[13]」は子育てにかならずしも必要ではないが、役に立つ構造だと認めている。そして『偶像の黄昏』のなかでは、勝手気ままな乱痴気騒ぎを擁護する一方、出産は「生に対する強い意志」の表れであり、「死や変化を超越した生を高らかに肯定する」行為だとほのめかし、出産によって集団的に継続される生こそ真の生だと強調している[14]。子どもを持つことが私生活の永劫回帰［訳注：世の中のすべては同じことの繰り返しだという考え方。ニーチェの思想］だと私は思わないし、子育てには結婚が必要だとも思わない。むしろ私はこうした人生の選択――結婚や子ども――に関して、生を大胆に肯定する行為であり、生に深く関与するきっかけとなる飛躍として考えた。私たちはボーヴォワールやサルトルほど自由にこだわらないし、共同抵当や相棒の存在は悪くないと考えた。

最終的に私たちふたりは、結婚と子どものどちらも肯定した。私たちの結婚について、そして哲学の研究が結婚におよぼす影響について尋ねられると、私たちは冗談めかして「いままでのところは順調」と答える。しかし、これは真面目な発言でもある。実存主義に影響されると、人間関係はどんなに安定させようと努力しても、結局は変化を伴うことを認めるようになる。人間関係は、庭にたとえるとわかりやすい。私たちは庭の手入れをして、大切に育て、嵐で被害を受けたら修復する。おそらく野草の一部は抜かないで、どのように成長するのか観察するかもしれない。人間関係もこれと同じだ。

実存主義は規範的というよりは、むしろ記述的な傾向がずっと強い。すなわち、特定の状況で何をすべきか具体的に教えてくれないし、私たちの行動を導く具体的な枠組みが提供されるわけでもない。しかし実存主義哲学は、何が重要なのか（すなわち本来性について）考えることの大切さを私たちに思い出させてくれる。さらに、私たちは常に物事を選択できる（すなわち自由である）が、何でも無条件で好き勝手に行動できるわけではない（すなわち責任を伴う）ことを教えてくれる。そして、自分の行動が周囲に与える影響（すなわち結果）について考える機会が与えられる。実存主義においては他人の存在がきわめて重視されるが、それは他人から挑戦されると、自分ひとりだけで考えているときには想像もつかない方法で、新しい可能性が開かれるからだ。最高の人間関係には、前向きな批判がつきもの。実存主義は「良き」生を実現する方法について教えてくれないし、良き生を目指すべきだとも勧めない。むしろ、本当に有意義な形で生きるためにはどうすべきか、内省するよう促しており、ひいてはそれが良い副作用をもたらす可能性を持っている。実存主義とは、「ねえ、きみも実存主義者になろうよ」とみんなに誘いかけるような哲学ではない。でも、もしもあなたが夜になかなか眠れず、存在の不条理や恐ろしさについて考え、奈落の底を見つめながら、他人はなぜ自分をこれほど苦しめるのか悩むなら、あるいは他人の期待に圧倒されて身動きできないように感じられるなら、実存主義は役に立つ。もっと書物を読んで学ぶ価値のある哲学だと言えるだろう。

13章 プラグマティズム

ジョン・カーグ
ダグラス・アンダーソン

友人同士であり、アメリカ・プラグマティズムの創始者であるウィリアム・ジェームズとチャールズ・パースは、アイデア、著書、講演など、同じものをたくさん共有していた。さらに、自殺願望に悩まされた点も共通している。プラグマティズムはアメリカ哲学のなかで最も楽観的な傾向が強いが、実のところ当初はまったく楽観的ではなかった。誰もが心底から震え上がるような、個人的・政治的な困難や危機のなかから生まれたものだ。今日では、哲学に関する議論はきれいに取り繕われているので、決して理想的とは言えない原点がしばしば覆い隠されてしまう。しかし、そもそもアメリカで哲学は何を意味していたのか振り返るならば、原点を無視することはできないし、実際のところそれでは不都合が生じる。一八三〇年代にアメリカで広がった超絶主義は、人間の独立の真の意味や価値の解明に取り組んだ。当時は自由がもてはやされていたが、では具体的に自由とは何か、明らかではなかったのだ。ジェームズやパースのプラグマティズムは、この哲学プロジェクトを受け継ぎ、解決策に行き着いた。そこでは自主性と共在というふたつのアイデアの定義が見直され、私生活でも公生活でも繁栄に欠かせない要素として提供された。当時ふたりが経験した危機は、いまでも少なからず共感されるが、ふたりが考え出した解決策もまた十分に共感できる。

共著者である私たちふたりの関係は、教師と教え子として始まった。私たちはペンシルベニア州立大学の背後の森――ペンシルベニア州のハッピー・バレー――でジョギングを楽しみながら、アメリカのプラグマティズムについて論じ合い、人生の様々な障害を乗り越えて生き続ける理由をプラグマティズムが与えてくれるのはなぜか、意見を交わした。時間が経過するうちに、私たちは友人同士になった。いまではふたりとも教師だが、一方はキャリアを始めたばかり、もう一方は終わりに差しかかっている。関係が始まった当初はわからなかったが、私たちは常に多くの事柄を共有していることが次第に明らかになった。ふたりとも読書が大好きで、哲学の実用的な価値に疑念を抱き、人生の価値がわからず不安にさいなまれた。そしてふたりとも、ウィリアム・ジェームズが一八九五年に提起した疑問、すなわち「人生は生きるに値するのか」という疑問に取り組んでいる思想家たちに興味を抱いた。私たちはどちらも筋金入りのプラグマティストではないが、特にこの疑問に関しては、ジェームズとパースから教えられるものは未だに多いと考えている。私たちは新学期のはじめにかならず、哲学は単なる頭脳ゲームではないと学生たちに語る。かりにゲームだとしたら、そのゲームに賭けられているものは大きい。哲学は生きるか死ぬか――あるいは生きて死ぬこと――について真剣に考えるべきだと、ジェームズやパースのようなプラグマティストは訴えている。大切なのは考えること。考えれば結末の訪れが早まるかもしれないし、あるいは逆に、少なくとも当面の生き残りが保証されるかもしれない。

ジェームズは十代の頃からうつ病に苦しんだ。自殺への衝動は、伝道の書で「いっさいは空である」と断言された古くからの見解への本能的反応だった。その通りならば結局のところ個人は、正真正銘の生きた証を残さずに死んでしまう。一方、優秀な科学者だったパースは、自己破壊についてもっと冷静に落ち着いて考えた。歳を重ねるにつれ、自分は妻にとっても社会にとってもほとんど価値のない人間だという思いが頭から離れなくなり、それが彼を反射的な行動に向かわせた。一九〇五年にジェームズに宛てた手紙には、つぎのように書かれている。「誰にも迷惑をかけないことが［私の］義務なのだが、まだそれは実現されない。私はこの世界から退場し、自分を始末しなければならない。この問題については、じっくり考えてきた」。要するにパースは、自分が宇宙のなかで完全に孤独な存在であることの証拠が見つかるたび、心身の衰弱を何度も経験したのである。ジェームズは、人間はひとりでは自由意志を十分に生かすことができないというアイデアに恐れおののいた。一方パースは、完全に孤独な状態で生きることの虚しさに悩み抜いたのである。

ジェームズとパースの実存的危機は、アメリカの古典的プラグマティズムが常に関心を寄せてきたふたつの問題に根差している。ふたりが注目した概念は一見するとかけ離れているが、実際には無関係ではない。ひとつは個人の自由の効能、もうひとつは本物の交流（コミュニオン）の可能性で、このふたつの概念によって、人間が経験するふたつの異なる側面が表現される。不確実な状況に直面したとき、個人の自由は情熱、コミュニオンは沈思熟考という形で具体化されるのだ。こうした世界は、理性ある神によって創造された安定的で閉鎖的な体系ではない。常に変化し続け、不測の事態が発生する。人間という動物が隣人と一緒に作り上げる一時的な仮の住まいであって、実際に何かが失われるリスクも少なくない。しかし同時に、ここは可能性に満ちた場所でもあり、何かを作り出して行動することができる。これこそが、プラグマティストが考える宇宙である。この宇宙では、不安定な地面を他人と共に自由に歩き続ける術を学ばなければならない。

ジェームズが、どのような経過をたどって自由と自由意志に心を奪われたのかは理解しやすい。彼はラルフ・ワルド・エマーソンから知的影響を受けた。父親のヘンリー・ジェームズ・シニアはエマーソンの親友だったのである。エマーソンが一八三二年に発表した『自己信頼』は、オリバー・ウェンデル・ホームズの言葉を借りれば、「アメリカの知的独立宣言」にも匹敵する。アメリカでは独立革命によって政治的自由が確保されたかもしれないが、知的自由や個人の自由はまったく別問題である。エマーソンは同胞のアメリカ人に対し、自分たちの哲学を持つべき時が到来したと語りかけた。この時代のニューイングランドは活気と希望に満ちていたが、それは自由が単なるお題目ではなく、実際に手に入るという確信に刺激されたものだった。ただしウィリアム・ジェームズは、こうした熱狂の最中に誕生しなかった。知的に成熟したのは南北戦争のあとだった。この南北戦争は、ルイ・メナンドが『メタフィジカルクラブ』で指摘しているように、絶対的存在や卓越した価値観に対するアメリカ人の長年の信頼を打ち砕いた。しかも、個人に備わっているとエマーソンが信じた創造的精神にも、大きな疑念が投げかけられた。おそらくジェームズにとっては、こちらのほうが深刻な問題だったはずだ。

アメリカの知的風土は、南北戦争をきっかけに変化した。「自己信頼」やソローの『ウォールデン』などに象徴される、個人の自由の尊厳に対する賛辞はもはや消え失せ、代わりに科学の進歩に対する信仰が広がった。測定や計算、さらには反証も可能な科学は、世界を理解するための最善かつ最も安全な方法と見なされるようになった。ジェームズの父親はスヴェーデンボリ〔訳注：スウェーデン王国出身の科学者、神学者、神秘主義思想家」の神秘主義に傾倒したが、息子には生物学と化学を学ぶように勧め、最終的には医者になることを提案する。しかし息子のウィリアムには、べつの考えがあった。化学は死ぬほど退屈だし、生物学は魅力的でも心をかき乱された。一八五九年にはダーウィンの『種の起源』が出版されていた。そしてジェームズが医学部への進学を検討し始めた頃には、ダーウィンの友人のトマス・ハクスリーの以下の発言に多くの知識人が納得していた。すなわち、他のすべての動物と同様、人間は自然の力によって厳密に支配されている。したがって人間の行動は、物理の法則によって完全に説明が可能だ。

一八七〇年は、ジェームズにとって間違いなく最悪の年だった。生物学研究のためのアマゾン遠征からケンブリッジ（マサチューセッツ州）に戻ってくると、一気に気持ちが落ち込んでしまったのだ。心の危機の中心には、人間の行動の自由が制約されることへの大きな不安があった。自分の生命を自分でコントロールできないと思うと、突然わけのわからない恐怖に襲われたのだ。生物学を勉強しても、不安を和らげるための役には立たなかった。「自然科学の研究では、心をおびき寄せるための餌として事実が利用されるときが多すぎる。そのため人間は目先のことばかり考え、飛び石を渡って歩くように新しい事実につぎつぎと注目する。しかも自分は『科学的に』機能しているものだと思い込み、このうぬぼれを決して捨てようとしない」。人間は人生で進む道を自由に選ぶことができるし、まごうことなき本物の感情や意志にはある程度の因果性が備わっているものだ。しかし科学へのうぬぼれによって、これらが犠牲にされかねないとジェームズは訴えた。生物学的メカニズムの働きだけで生命は説明できないし、説明すべきでもない。

ジェームズは、人間が力を持って、世界に「我々人間が影響をおよぼせる」ことを望んだ。そのため生物学の研究から遠ざかり、自由意志の哲学に取り組むフランス人に注目した。この人物、シャルル・ルヌーヴィエは何のためらいもなく孤独を好んだ。おそらくそこには、完全な孤独状態でも個人の意志は自由に発揮されるという持論が少なくとも部分的に影響している。ジェームズが一八七〇年四月に記した以下の文章は、アメリカ古典哲学の最も重要な転機のひとつになった。

昨日までは、私の人生の危機だったと思う。私はルヌーヴィエの二番目の『随想録』の第一部を読み終えた。そこで彼は自由意志をつぎのように定義している。自由意志とは、「ほかにも複数の考えがあるなかから、ひとつだけ好きなものを選んだのだから、放棄せずに信じ続けること」である。私には、これを妄想に関する定義と同列に扱うべき理由が見当たらない。とにかく、私は当面――来年までは――自由意志が決して妄想ではないと思いたい。自由意志に基づいた私の最初の行動は、自分が自由意志を持っていると信じることだ。(1)

こうして哲学的に覚醒したおかげで、ジェームズは「翌年」も、さらにその翌年も、その先の二五年間も無事に切り抜け、一八九六年には『信ずる意志』を執筆する。ジェームズが五四歳のときに出版されたこのエッセイでは、ルヌーヴィエから学んだ洞察が表現し直されている。すなわち、自由意志は十分に証明できないかもしれない。おそらくその存在は決定的には正当化されないだろう。しかし肝心なのは、自由意志は実行可能だと信じ、あたかもそのように行動することだ。要するに、人生は予め決められてはいないと信じるだけでなく、人間としての存在が関わる場面では、少なくともいくつかの選択肢が存在することを確信しなければならない。ジェームズが主張する自由においては個性が注目される。彼はちょうど、先行するエマーソンやソローの超絶主義と、あとに続く実存主義の中間に位置する存在とも言える。そしてパースとは異なり、個人も文化的な変化を引き起こせることを証明しようと考え、その流れの延長で「偉大な人間、偉大な思想、環境」という講演の原稿を執筆した。やがて一八九六年にはつぎのような結論に達する。「真実が我々の行動に左右されるのであれば、欲望に基づいた信念は間違いなく正当であり、おそらく不可欠な存在だろう」。自由意志と行動の重要性を熱心に擁護したジェームズは、厳格な個人主義者としての人生を追求するようにと周囲に勧め、学生や友人の一部からは本人がまさにそれを体現していると見なされた。ジェームズの教え子のディッキンソン・ミラーの兄弟はジェームズの講義を受講して、「あの人は教授というよりもスポーツマンみたいだ」と感想を述べた(2)。

パースは知識人として孤独だったが、厳格な個人主義者だと誤解されることはなかった。彼は自己破滅型の人間で、一九世紀の真に学識深い哲学者のひとりだったものの、大学で安定した職を確保した経験がなかった。同時代人からは（ジェームズとジョシア・ロイスを除いて）軽蔑され、晩年はペンシルベニア北東部の奥地で貧困生活をおくった。実際、彼はほぼ完全な孤立状態で暮らし、ジェームズが唱える創造的な個人主義には何らかの欠陥があるという結論に至った。パースにとって信念とは自立的な生きたアイデアであり、それが世界の形成に貢献する。具体的にいかなる人間にも、いかなる時間や場所にも属さない。たとえば「正義」や「真実」といったアイデアがもたらす影響の歴史は、特定の人物や文化が作り上げたものではない。これらの理想に付随する意味や重要性は進化していくもので、そのプロセスでは多くの人間や文化が必要とされる。厳格な個人主義は、局地的な教義や一過性の信条にかならず乗り上げてしまう。

ジェームズの個人主義においては勇気ある自制や自己主張が必要とされたが、これに対してパースが強調する共同体では、真実、善、美といった人間の理想のために自分の利益を放棄することが求められた。共同体が曲がりなりにも成功するためには、うぬぼれ、自負心、傲慢、利己心を取り除かなければならない。こうしたパースの認識論は、愛によって支えられる。理想のためには自らの利益を犠牲にすることも厭わず、アガペーやカリタスを持って、すなわち惜しみない愛情を注いで生きなければならない。「私のアイデアの領域に冷血な正義を加えても、成長は促されない。庭で花を育てるように、愛情を込めて世話しなければならない」とパースは主張した。そのうえで道徳の領域において、ふたつ目の共同体を設立すべきだと提唱する。それは、すべてを包み込んで成長し続ける「愛の教会」である。ふたりの友情が終わりに差しかかった一九〇五年（ジェームズは一九一〇年に没する）にパースは、友人でありスーパースターのジェームズが宗教生活における共同体の重要性を理解していないと諫めたが、それも意外ではない。

ただし、こうした共同体に参加しても、理想に対する個人の責任を放棄するわけではない。むしろ、一定の状況での責任が求められる。実存的にも概念的にも私たちはお互いに結びつきながら、それぞれが宇宙の成長のために小さいながらも一定の役割を果たすのだと、パースは一貫して主張した。誰もが持っている才能を発揮しながら責任を果たし、物事の全体的な改善に貢献する場所を与えられている。ジェームズは世界が「私たち人間の影響を受ける」と主張したが、パースは同じ内容をこのような形で表現したのである。私たちが提供された役割を果たす能力は、目の前の欲望や個人的な利益を超越できるか否かに左右される。「自分自身や誰か実在の人物、あるいは集団の幸福が最高の望みであるような人間は、論理的になり得ない」のだ。[3] エマーソンの表現を真似るなら、私たちはそれぞれ独自の力を持っているが、それは宇宙の歴史の運命づけられた状況で発揮されなければならない。面白いことに、パースは多くの点でジェームズよりもロマンチックな傾向が強く、哲学的にはエマーソンやジェームズの父親が提唱した超絶主義のほうに魅力を感じたと打ち明けている。彼は偉大なる愛の教会という自らの発想を擁護して、なぜジェームズは父親のアイデアを理解しないのかと声に出して問いかけた。私たちが信念や行動を自己制御できる能力にパースは興味をそそられたが、その一方、変化を創造するための道は狭いという主張を崩さなかった。私たち人間が世界を作り上げると考えるジェームズの発想は刺激的だが、パースはそれにくぎを刺して、人生の重荷を厳格に受け入れるべきだと忠告した。

パースもジェームズも、どちらも改革論者だった。「最高の」世界が実現する見込みがあるとは思わないが、真、善、美という理想を追求すれば、歴史に改善できない瞬間はないと信じていた。人間は間違いやすく、しかも有限の存在なので、私たちはいつでも堕落する可能性があることをふたりは理解していた。私たちの文化は、紛れもない事実（進化や地球温暖化）をいつまでも否定して、経験で立証済みの事柄（人種間の平等やジェンダー公正）を認めない可能性を持っているのだ。ジェームズの教え子で、後に同僚となったジョージ・サンタヤーナは、文化ではこのような「狂気が標準になっている」と表現した。そして、私たちにはまさに失敗する可能性があることを認めたからこそ、パースもジェームズも忍耐と包括性の大切さを理解したのである。これをジェームズは、ノースカロライナへの旅行で個人的に学んだ。ここで遭遇した山の生活は、自分自身の生活と大きくかけ離れていた。

> 人間がいかに盲目か、今回の旅で明らかになった。自分と異なる生き物、異なる人間の感情について、私たちは誰もがまったく気づかない。
>
> 私たちは実際的な存在であり、誰もが限られた役割や義務を果たしている。自分に与えられた義務の重要性や、こうした義務を求める状況の意義を、誰もが強く感じている。この感情は、すべての人が心のなかに秘めているもので、それが他者への思いやりの妨げになってしまう。誰もが自分の大切な秘密に没頭するあまり、自分以外の人間に関心を持てなくなってしまう。だから、自分とは違う人間の生活の意義について考え対処するとき、愚かで不公平な見解を持ってしまう。他者の状態や理想にどんな価値が備わっているのか評価するとき、自分では絶対に正しい方法で決断しているつもりでも、事実に反する判断を下してしまう。[4]

パースは貧しくなってからジェームズと同じ結論に達したが、共同体と、共同体が個人におよぼす制約については、従来の方針に変わりはなかった。愛の教会は包括性を徹底させるべきで、そうすれば様々な違いを持つすべての人たちが繁栄し、共同体はうまく機能すると考えた。パースは「貪欲の福音」を否定したが、それは一握りの人たちの富や安楽を追求するために他の人たちが犠牲にされるからだ。このようにパースとジェームズが掲げたアメリカの理想は、私たちの文化のなかで盛衰を繰り返しており、現在は深刻な危機に陥っているようだ。パースとジェームズは最後まで友人であり続けた。お互いに理解し合っていたというより、危機に見舞われ絶望に陥ったときには、ふたつの異なるタイプの哲学的考察が生み出される可能性を理解していた。友人同士として歳を重ねるうちに、ふたりの哲学は相手を認め合うようになった。パースは若い頃、遺伝的決定論にやや惹かれたが、後には世界の見方が大きく変化する。社会の風潮には従わず、優生学の人種差別的・階級差別的な主張を一蹴した。場合によっては共同体から逸脱し、共同体への忠誠心を放棄する必要があることを学んだのである。一方ジェームズの見解は、晩年にはパースとほぼ同じになった。長年にわたって自由意志を擁護し、決断力を評価してきたが、遺作となった『哲学の諸問題』の冒頭では、西洋哲学の進化についてのストーリーをダーウィン遺伝学の立場から進め、つぎのように結論している。

今日の私たちの思考はすべて、原始の人間の思考から徐々に進化を遂げた。そして（信じる内容ではなく）思考態度に関して、本当に重要な変化がひとつだけ引き起こされた。信念を吹聴する姿勢を改め、可能なときは常に検証を求めることが習慣になった。(5)

個人主義と共同体、自由と制約といった両端のあいだを揺れながら、プラグマティズムは真にアメリカ的な哲学の見解として、さらにはアメリカ的な生活様式として出現したのである。世界のなかでの私たちの位置づけについて、パースは独自の見解を示した。私たちは己の限界を知る必要があり、共同体のなかで他人を思いやる姿勢が重要だと彼は指摘したが、これは人生の最後を考えるうえで教訓になる。世間から孤立して生活していたパースは、自分が死んでも多くの人たちに悪影響を与えないはずだと考えた。しかもがんを患い、薬物依存症で、家庭を維持する身体的能力も失われたので、自分は妻にとって重荷でしかないことを認識していた。結局、パースは自殺する道を選ばず、執筆を続けた。それでも自分が置かれた状況では、自殺について考えるのはジェームズが指摘する「有意義な選択肢」のように感じられた。自殺は、異なる状況では異なる実際的な意味を持つ。パースは、十代の少年少女の漠然とした不安への対応策としては、自殺を勧めていない。彼は老人の視点から自殺について考えた。もはやパースは体を病に蝕まれ、心はうつ状態に陥り、社会的価値は失われていた。このような状況からはハンター・S・トンプソンが思い出される。パースと同様、六七歳の彼は体の痛みと薬物依存症、それにうつ病を抱えて生きていた。そしてそんな人生を、何の悔いもなく以下のように受け入れている。

私の人生は安全とは正反対だったが、私はそんな人生を誇りに思う。そして息子も私の人生を誇りに思ってくれることが、私には本当にありがたい。人生をやり直せるとしても、生き方を変えるつもりはない。もっとも、他人に同じものは勧めないが。それは残酷であり無責任で、間違っていると思う。そもそも、そんなつもりもないが。そろそろ終わりがやって来た。もう時間がない。すまない、マハロ。(6)

彼は明らかに周囲の人たちの重荷になりつつあった。心から大切にしてきた移動の自由を失い、行きつけのバーにも介添えなしでは行けなくなった。このような状況では、彼の選択は現実的に理にかなっていたと思える。自殺に関するパースの現実的な考え方に沿っているようだ。自殺に関しては、状況に左右されない「絶対的な」判断など存在しない。理にかなっているか否かは、自殺が頭に浮かんだときの状況に左右される。そして、結局のところ選択を行うのだから、宇宙から私たちに与えられたささやかな自由がここでは実践される。

ハンター・S・トンプソン［訳注：アメリカのジャーナリスト、作家。二〇〇五年に拳銃自殺］は、心に激しい炎を燃やし続けた。私たち著者はここで、トンプソンの人生や著書、あるいは彼の目に映る世界を「理解した」ふりをするつもりはない。しかし、自殺という人生最後の選択については、理解していると思う。それは決して邪悪な考えではない。むしろ驚くほど実際的かつ解放的だ。死後にどんな存在になるにせよ、それに向けて一気に解放される。しかも、自殺は他人を傷つけることが目的ではないのだから、パーティーやお祝いの機会が提供されてもいい。私たちが歳を重ねても、自分の存在のなかには未だにエネルギーが残されている。ただし、そのエネルギーは若い頃よりも不安定で集中力に欠ける。おまけに、歳をとるとエネルギーを注ぐ対象となる状況が失われる可能性があり、そうなるとエネルギーを使ってわざわざ心をかき乱す必要はなくなる。すると、持て余したエネルギーによって薬物に引き寄せられ、そのためトンプソンと同じ道を選んでしまう。抑うつ状態から脱するために提供された薬物によって、この世界から連れ去られるのだ。「居場所のない」状態は、潔く死ぬことよりも破滅的かもしれない。居場所がなくなった瞬間、あなたが聴いている音楽はもはや周囲の人の耳に入らなくなる。若い頃は活気ある共同体の一員として、刺激的な音楽が創造する高揚感をみんなと共有したものだが、いまでは音楽に合わせて体を動かすのは一苦労で、周囲の人間は先に進んでいるか、後ろで待機しているかどちらかだ。そうなった時点であなたは人生の頂点に達し、そこから先の人生は繰り返しができない。プラグマティズムの視点で考えるときには、次第に物事がうまくいかなくなる可能性を忘れてはいけないが、選択だけは本人の自由だ。誰でもこうした状況に陥りたいわけではないが、生涯を通じて炎を激しく燃やし続けた人のあいだでは、この経験はかなり共通している。

ジェームズとパースの交流や、ふたりの最終的な歩み寄りからは、彼らに先行する思想家の影響の名残が感じられる。この人物はアメリカ哲学の真の創始者であり、今日では滅多に哲学者と見なされないが、ふたりのプラグマティストに等しくインスピレーションを与えた。この人物、すなわちラルフ・ワルド・エマーソンが一八三二年に出版した最初のエッセイ集は、読者に自信を与える一方、避けられない運命に言及している。エマーソンの著作では、しばしばふたつのテーマが意図的に対比されている。このような形ならば、自分の信じることを語りながらも、ひとつの教義にとらわれているような印象を巧妙に回避できるのだ。プラトンはバランスを大切にしたが、エマーソンも哲学者としての人生のなかでバランスの維持に努めた。

魂のバランスがとれていれば……心のなかに偏りが存在することなく、対極的なふたつの思想を発言に組み入れられる。主張も文章もまるで球のように偏りがなく、自然に釣り合いがとれる。

ふたつの極が現れるのは事実だが、ふたつの手が組み合わさり、ひとつの目的のために使われる。(7)

エマーソンは、ふたりのプラグマティズム創始者のための土台を築き、対極的な理論のどちらにも等しく耳を傾けることを求めた。ジェームズもパースも早い時期からこの暗示に気づき、対極的な理論には和解の余地があることを理解していた。エマーソンは『自己信頼』のなかで、純粋な個人の自由という方向へ大胆に踏み出している。しかしあまり注目されない別のエッセイ『償い』では、私たちがいかに積極的に活動しようとも、すべてはほぼ決定済みの世界のなかでの出来事であり、私たちは制約された状態に対して何の発言権も持たないことを指摘している。そして後に奴隷制と迫りくる戦争を憂慮するようになると、ふたつの立場のどちらも必要であることをエマーソンは痛切に感じるようになった。その時点で執筆した『処世論』の冒頭に掲載されたエッセイも同様に二面性を備え、「力」と「運命」に注目している。力に関しては、エマーソンが若い時期に重視した個人主義がクローズアップされ、「人であろうとするなら、迎合してはならない」と書かれている。しかし運命に関しては、あまりにも非協調的な態度はどんなに好意的に見ても偏ったもので、しばしば逆効果だと主張している。なぜなら個人は運命の定まっている自己に束縛されるからだ。エマーソンにとって理想は緊張状態にあり、とらえどころがないけれども抗しがたい魅力を持っている。私たちアメリカ人には、まさにこれがふさわしい。厳しい制約のなかで自由に生きていく姿勢こそ、アメリカ人にはぴったりではないだろうか。

14章　効果的利他主義

ケルシー・パイパー

二〇一八年一一月二七日は感謝祭明けの火曜日に当たるギビングチューズデーで、世の中にお返しをする日だった。私は午前四時四五分に目を覚ました。今回は、特に優れた活動で知られるふたつの慈善事業に合わせて一万ドルを寄付する予定だったが、五時きっかりに寄付をすれば、フェイスブックの仲介によって寄付金が増額される。私は朝型人間ではないし、それはルームメイトのほとんども同じ。普段は、二歳の同居人に起こされるまで眠っている。でもこの日の朝、早起きしたのは私ひとりではなかった。

私は仲間の効果的利他主義者たちと一緒に暮らしている。世界でできる限りたくさんの善を施すことを大前提として、大小様々な方法で人生を築く道を選んだ同志たちの集まりだ。私がたくさんのルームメイトと同居しているのは、寄付金を少しでも増やしたいからだ。一方、効果的利他主義は、私たちのキャリアの選択も導いてくれる。私はテクノロジー関連の仕事をやめて、世界の貧困、エマージングテクノロジー、工場式農場といった社会問題に関する記事を執筆し、アメリカのニュースサイトのヴォックスに投稿している。なかには、ソフトウェアエンジニアや株式トレーダーとして数字が六桁の給料を稼ぎ、関心を持つ慈善事業に多額の寄付を行っている仲間もいる。あるいは、教育機関やリサーチクエスチョン関連の非営利組織に勤務する仲間もいる。効果的利他主義は小難しい哲学ではない。世の中をより良い場所にするため、手元にある資源の少なくとも一部を寄付として差し出し、その資源が確実にベストな形で活用されることを目指す。シンプルな主張ではあるが、おかげで私の人生は変容を遂げた。

人生哲学に関しては、ふたつの質問を介して考えるとよい。まず、この人生哲学はあなたのために何を答えてくれるか。つぎに、この人生哲学はあなたに何を問いかけているか。本章では、このふたつのきわめて重要な質問に答えながら、効果的利他主義について論じていきたい。

効果的利他主義が私の心に訴えたのは、つぎに挙げるような大きな疑問に対する解答に最も説得力があったからだ。私たちは人生にどう対処すべきか。長期的には何が重要なのか。何を求めるべきか。自分の行いが正しいと、どうすればわかるのか。一方、自分に問いかけられた質問の内容も、功利的利他主義が私の心に訴えた理由のひとつだ。現実的かつ有意義で、しかも複雑で挑戦しがいのある何かを熱望する人たちは多いと思うが、効果的利他主義はつぎの疑問を最も重視している。今日の世界で、自分の努力によって最大の成果が引き出される問題はどこにあるのだろうか。

私が話をする人たちの多くは、中途半端な人生を送っているという不安から逃れられない。不足はないけれども少々失望感を味わい、ちょっぴり期待外れだと感じている。そして、燃えさかるビルから罪のない人たちを救い出せなければ（あるいはそれと同程度の行動をとらなければ）、世の中の役に立つ形で貢献できないのではないかという思いが頭から離れない。そんな人たちも、自分の仕事を重要な研究の資金調達と直接関連づければ、気分も変わるはずだ。あまり注目されないけれども、これは非現実的なくだらない行為ではないし、誰もが達成可能だ。毎年数人の子どもたちの命を救う選択肢は、誰にでも与えられている。救われた子どもたちは、健康で充実した人生を過ごし、将来を約束される。これなら善を積極的に施せるだろう。効果的利他主義では、少なくとも目標をそこそこ高く設定することが求められる。そうすれば、自分の時間やお金やエネルギーを費やした見返りとして、印象に残る結果を創造する機会が提供される。この機会を生かせば世界はずっと良い場所になり、自分も貢献を通じて以前よりも強くて有能な人間になり、見識を広めることができる。

　では、世の中で最大の善を施すためにはどうすればよいか。これはなかなか複雑で厄介な質問だ。効果的利他主義は、ひとつの解答や、解答に至るひとつの道を定めてはいないが、効果的利他主義のアプローチの中核を成す原則はいくつか存在する。まず、効果的利他主義は結果を重視する。私たちが行った選択を評価する際には、その選択が世の中におよぼした影響に注目する。動機が重要であるとか、プロジェクトに価値があると信じるだけでは十分ではない。効果的利他主義においては、目標を定めたあとに、結果を達成できたか否かという点から評価を下す。

　慈善活動について考えるときには、大体は結果を重視しない。活動の動機には価値があるか、相手は支援に値するか、支援を提供すれば自分の評判が良くなり報われるか、といった点について私たちはしばしば考える。しかし効果的利他主義は目の付け所が異なり、どんな結果が得られるかを問いかける。私はこれに納得できるし、重要な質問だと思う。というのも、道徳哲学は世の中をもっと良い場所にすることを目指すだけでは十分ではない。自分ができる範囲で世の中を最高の場所にするために努力することも大切である。自分の貢献が世の中の改善に役立ったかどうかに基づいて、私たちは自分自身を判断しなければならない。

倫理哲学の伝統のなかで効果的利他主義との共通点が最も多いのは、功利主義である。一八世紀にジェレミー・ベンサムによって提唱された功利主義は、「正しいか間違っているかの尺度は、最大多数の最大幸福だ」と論じた。つまり、世界でどれだけの数の幸せを創造したかによって、行動は判断される。ベンサムはこのシンプルな哲学を発展させ、当時の哲学者が擁護していた奴隷制は道徳的に有害だと結論づけた。また死刑の廃止を求め、子どもへの体罰に反対した（当時では奇想天外な発想だった）。さらに男女平等を支持し、ゲイの権利まで主張した。結果を重視する姿勢を貫いたベンサムは、当時信じられていた多くの事柄の間違いを正したのである。

すべての効果的利他主義者が、功利主義者というわけではない。世の中で善を施す際には、他にもたくさんの倫理体系に注目する。ただし、功果的利他主義を生み出した哲学は、ベンサムと彼の知的遺産から多大な恩恵を受けている。ベンサムは功利主義に限らず、複数の帰結主義的な道徳体系の土台を築いた。帰結主義的な道徳体系において「最善」は様々な形で定義されるが、現実の世界に最善の結果をもたらしたかどうかを見極めることが良し悪しの判断基準になると考える点が共通している。効果的利他主義は、帰結主義の道徳哲学全般を受け入れるところまでは要求せず、帰結主義的なアプローチで利他主義に臨む。善を施すときには、結果によって自分自身を判断しなければならない。

第二に、効果的利他主義は理由に偏りを持たない。効果的利他主義は、善を施したいと願う衝動を一般化するように求める。たとえばお腹を空かせている子どもを見たら、自分の子どもが満ち足りていることに感謝する一方、他の子どもたちにも何か食べさせてあげたいという気持ちが起きて、それをきっかけに何か良いことをしたいと考え始める。では、誰かがお腹を空かせている子どもを見て、「助けてあげたいけれど、対象はこの子だけ」と言ったらどうか。これは厄介な反応で、助けたいという衝動が一般化されていない。私たちは、お腹を空かせている複数の子どもたちに食べ物が行き渡るような形で寄付をして、はじめて満足感を得られなければならない。写真のなかの特定の子どもだけが対象ではいけない。子どもを絶対に飢えさせてはいけないと認識する必要がある。

私はお腹を空かせている子どもを見たら、助けてあげたい。病気の子どもを見たら、助けてあげたい。戦争で破壊された都市の瓦礫のなかで泣いている子どもを見たら、助けてあげたい。食べ物を提供することが最上の助け、ワクチンを提供することが最上の助け、つぎの戦争を防ぐためのより良い政策を迫ることが最上の助けとなる可能性に対して柔軟であるべきだ。どのような展開になろうとも、「自分ができる限り多くの善を施すためにはどうすればよいか」という問題を追求することが、効果的利他主義では求められる。形はどうであれ、思いもよらなかった事柄に取り組んでいる自分を発見するかもしれない。

効果的利他主義者から多額の寄付を集めている非営利団体のひとつが、アゲンスト・マラリア財団（ＡＭＦ）で、殺虫剤処理した蚊帳をマラリアの被害が大きな共同体に配給している。マラリアは毎年一〇〇万人以上の犠牲者を出しているが、そのほとんどは五歳未満の子どもだ。アゲンスト・マラリア財団はギブウェル（寄付された一ドルにつき、どれだけ優れた行動を達成できるかに基づいて慈善団体を評価したうえで、寄付を呼びかける非営利団体）から、国際保健（グローバルヘルス）の分野で最も費用効率の高い慈善活動のひとつとして、一貫して高く評価されている。数年前に私はＣＥ

Oのロブ・マザーと、AMFを立ち上げたいきさつについて話し合う機会に恵まれた。意外にも彼は当初、火傷の被害者を支援するための資金を調達するため、遠泳大会を企画した。ニュースで火傷の被害者を見て、助けたくなったのだという。この遠泳大会による募金活動が成功を収めると、他にどれだけの人たちを助けられるだろうかと考えるようになった。そして最終的に、世界で最もたくさんの子どもの命を奪う病気のひとつに的を絞り、費用効率がきわめて高い慈善団体を設立したのである。

「自分はどこで最善を尽くせるだろうか」という大きな質問を思いきって自分にぶつけてみるのは、何だか怖いかもしれない。地元で火傷の被害者を支援していたのに、今度は世界規模で蚊帳を提供するのは、ずいぶん思いきった変化だ。しかし世界は大きくて複雑なのだから、最初に耳にした事柄や個人的に経験した事柄がきっかけで始めた活動だけが、善を施すために最も効果的な分野だと決めつけてはならない。効果的に結果を得るためには、動機へのこだわりを持たないことが肝心だ。

三番目に、善を施すことへの効果的利他主義者のアプローチは普遍主義的だ。効果的利他主義者は、肌の色や出身国を理由にして命の価値を差別化しない。もしも慈善活動による介入の成果がアメリカよりもバングラデシュのほうが大きく、たくさんの善を施すことが期待できるならば、私たちはバングラデシュで活動する。世界を改善するための活動を始める人たちの多くは、自分にとって身近な問題に取り組むほうを好む。そして、そうするだけの現実的な理由も存在している。結果を確認しやすいし、地域に関する詳しい知識を持っているかもしれない。あるいは、気づかずに危害を加えてしまう可能性も低い。これは準備不足のまま海外で行われる慈善活動が、しばしば抱える問題でもある。

しかし、身近な問題だけに焦点を当てるのは近視眼的でもある。世界で最も貧しい地域に暮らす人たちを助けるための費用は、身近な人たちを助けるときと比べてはるかに安い。先進国でひとりのホームレスに一軒家を提供するにはかなりの費用がかかる。しかし、ケニアやウガンダでギブ・ダイレクトリーなどの組織が行っている現金支給なら、家族全員が暮らせる一軒家を建てることが可能だ。一〇〇〇ドルもあれば十分で、余れば食べ物や教育や家畜のために使えばよい。人びとが一日に一ドル未満で暮らしているようなときには、お金はずっと役に立つ。

効果的利他主義は、すべての人たちを等しく大切にする。住んでいる場所は関係ない。さらに効果的利他主義は、未来の人間も大切にするようにと促し、まだ生まれていない人間のために少しでも良い場所を残すことを目指す。なかには動物も痛みや苦しみを経験すると信じ、猫や犬と同様に工場式農場の動物を大切にする効果的利他主義者もいる。痛みや苦しみは経験する存在が人間か否かにかかわらず、その緩和は道徳的に重要な優先事項だと信じている。

効果的利他主義の核となる最後の原則は、最大化である。これは、おそらく単純化されすぎた「常識的道徳律」のイメージに照らし合わせると、最も説明しやすい。常識的道徳律とは要するに、社会全体の同意を得られた道徳的原則のことだ。常識的道徳律の大半は、道徳的行為としての許容レベルをクリアすることに関連している。人をだましたら許容レベル以下だが、慈善活動に寄付すれば許容レベル以上になる。許容範囲に届かなければ、駄目な自分に罪悪感を抱くべきだが、許容範囲を超えれば安心できる。

この問題に対する効果的利他主義のアプローチは、異なる点を強調している。効果的利他主義を取り上げた本のなかでも特に評価の高い一冊が『あなたが世界のためにできるたったひとつのこと』で、著者はプリンストン大学の生命倫理学者で哲学者のピーター・シンガーだ。本のタイトル（*The Most Good You Can Do*）は核心を突いている。というのも、できる範囲で最善を尽くす方法について考えることの大切さを効果的利他主義は訴えているのだ。複数の選択肢があるときには、持っている資源を最善の形で活用できるのはどれかという点に注目し、最もふさわしいものを選ぶべきだ。何がよいのか確信できないかもしれないが、「これは良いかな」という問いかけはふさわしくない。「何が最善の結果をもたらすか」と自分に問いかけるべきだ。

効果的利他主義のこうした側面への対応に頭を悩ませる人たちには、いくつかの異なるパターンがあるが、罪の意識に圧倒されるのもそのひとつだ。常識的道徳律には基準の設定が関わるが、効果的利他主義が設定する基準は途方もなく高い。成果が最善に満たなければ、悪い人間になってしまう。ならば、基準など廃止するほうが良いアプローチだと私は思う。世界中のすべての人から、あなたは人間として価値があると認められるような生き方などあり得ない。しかも、たとえあなたがすでに「十分に良い」人間だとしても、友人や家族からは、もっと親切に、もっと善良に、もっと有能になることが期待される。「どこに基準を設定するか」という疑問には多くの人たちが大きな不安を抱くが、これは倫理的な意思決定にふさわしい指針ではない。できる範囲で、これをまったく異なる新しい疑問と置き換えるほうが健全だろう。「世の中を改善するために役立つどんな資源を選ぶにせよ、自分は選んだ資源をできる限り賢明に割り当てているだろうか」と問いかけるのだ。

ただし、この思考様式は、すべての人にとってうまく機能するわけではない。私は効果的利他主義の運動に参加して、ひとつ気づいたことがある。世界をより良い場所にするために貢献したい気持ちは誰もが共有し、その点では団結しているのだが、効果的利他主義との具体的な関わり方については意見が大きく異なるのだ。道徳的義務として関わるべきか。それとも、無力感や虚脱感に襲われる経験が多い世界で、何か現実的なことを実行する絶好の機会としてとらえるべきか。結局のところ、効果的利他主義者には何が期待されるのか予め理解しているほうが安心で、建設的に行動しやすい人は多い。

そうした考えから、効果的利他主義者の団体ギビング・ホワット・ウィー・キャン（ＧＷＷＣ）は、収入の一〇パーセントを生涯にわたって寄付することを誓うよう呼びかけている。これには私だけでなく、友人のほとんども賛同している。お金を計画的に使っていなければ、あるいは予想外の出費に見舞われたときには、収入の一〇パーセントを寄付するのは簡単ではない。キャリアを始めて数年以内の若者には、これは勧められない。貯金をするほうを優先すべきだ。でも、これは良い目標だと思う。予算を組んで貯蓄して、計画的に収入の一〇パーセントを寄付できるようになるのは良いことだと思う。「最大化」という方針に圧倒され、魅力を感じられず、うんざりする人にとっても、こうした誓いを立てるのは悪い方法ではない。一定の枠組みのなかで具体的な形で効果的利他主義者として活動できるので、無力感から解放される可能性も期待できる。

このように効果的利他主義は、きわめて狭義に解釈することができる。寄付を決断する基準となる限定的な指針として、毎年使い続けてもよい。でも私は、個人的には効果的利他主義から、もっと広範囲にわたって日常的に影響を受けている。

私は効果的利他主義との関わりを通じて役に立つことを色々と学んだが、そのひとつが複雑で重要な問題を調査、評価、判断する能力だ。一〇年前の私だったら、銃による暴力を減らすにはどんな政策が最も効果的だろうか、あるいは新しい気候政策はアイデアとして優れているだろうかと悩み始めると、考えすぎて行動できなくなっていただろう。見解がばらばらな研究を読みあさったあげく、どの結論が真実なのか評価する術がなかったはずだ。でもいまは、このような重要な問題には正しい答えが存在するという確信が、効果的利他主義のおかげで私のなかには育まれた。何が進行しているのか明確に把握できるまで、徹底的に調査することは可能だし、その心構えを持つべきだ。日頃から訓練しておけば、最も重要な問題も確認しやすい。具体的な内容を尋ねる質問をひとつかふたつ準備しておけば、総合的な解答が確実に導き出される。熱心な研究者は自分の研究が世の中の役に立つことを強く願い、質問に積極的に答えて複雑な問題を解明する意欲が強いことに、私は経験を通じて気づかされた。

自分にとって重要な問題について、私が以前よりも真剣に考えられるようになったのは、決して偶然ではないと思う。自尊心や世の中での自分の居場所といった個人の認識に関わる大きな道徳的問題について、じっくり考えるようにと効果的利他主義は呼びかけている。こうした問題はいつまでたっても解明されず、ひょっとしたら解答は得られないのではないかと信じ込んでいる人たちは多い。私たちは何をすべきなのだろうか。貧困者に対する義務を持っているのだろうか。世界をもっと良い場所にするためにはどうすればよいか。このような疑問に対して同じ基本原則を一貫して当てはめ、研究を怠らず、関心を共有する人たちと協力すれば、質問に解答するスキルは磨かれていく。効果的利他主義が取り組む大きな道徳的問題に答えるためには、このすべてが欠かせない。しかし同時に、これは人生の他の場面でも貴重なスキルとして役立つ。重要な問題を軸に据えて人生を展開していけば、いかなる質問にも体系的で規律正しい解答を準備できるようになるので、直観に反する予想外の問題にも正しい解答が導き出される。難しい問題にも効果的にアプローチできる機会が多いこと、他の誰も注目しない問題がきわめて重要になり得ることが、訓練によって手に入れたスキルから教えられる。私はそんなスキルに対して毎日感謝している。

「このなかで最も影響力が大きいのはどれだろうか。そこにどのようにして全力を注げばよいか」という問いかけを習慣にすれば、寄付活動だけでなく私生活でも見返りが得られる。たとえば私は、時間を何に費やすべきか確認するために、この思考パターンを利用している。時間を有効に使い、幸せや人間関係や野心の追求から具体的な結果を生み出す努力を惜しまない。

もちろん、こうした新しいツールやアプローチを日常生活のあらゆる側面に利用しようと意気込みすぎると、圧倒されてしまう恐れがある。したがって、最初から何もかも手を付けようとするアプローチは禁物だ。むしろ、効果的利他主義を人生哲学として真剣に受け止めれば、その結果として、自分にとって重要な他の問題に取り組む際にも同じスキルを応用できる。

ここまで、慈善活動への効果的利他主義のアプローチをユニークで独特なものにしているのは何か紹介し、こうした思考習慣を他の重要な領域でも採用するには、どんな方法が考えられるか説明してきた。しかし、ひとつの思考体系として効果的利他主義に真剣に取り組むためには、核心となる質問に効果的利他主義がどのように解答しているのか、確認することがまずは大切だろう。すなわち、世の中で善を施すためにはどんな方法がベストなのか。

貧困に取り組むためには様々なプログラムがあって、いずれも細かく研究されている。研修プログラムからワクチン接種プログラム、宗教教育とその範囲は広いが、研究内容を読み始めると、あるひとつのプログラムに対しても証拠は様々で判断が難しくなってしまう。研究から好意的な結果が導かれるケースもあるが、なかにはプログラムがまったく機能していない可能性を示唆する研究結果もある。しかもここには、もっと根本的な問題も関わっている。世界をより良い場所にするために、そもそも慈善活動は正しい方法なのだろうか。むしろ代わりに、政府の政策を改善するためのロビー活動を行ったり、現代医学の確立につながった基礎研究を充実させたりしてはどうか。あるいは、気候変動に取り組んではどうか。

意外でもないが、私が話をした人たちの多くは、世の中の役に立つために自分のお金を提供して無駄遣いされる可能性に絶望しているようだった。というのも、善意の慈善プログラムに寄付をしたのに無駄になったという話をずいぶん聞かされる。そうなると、「自分にできる最も価値あることは何か」といった大きな疑問に答えるだけの準備が整っているとは感じられない。これからこの問題に取り組んでいくが、その前にひとつだけ指摘しておきたいことがある。すなわち、人生哲学としての効果的利他主義はかならずしも、シンプルで率直な解答を提供することが最も重要だとは考えない。むしろ効果的利他主義で評価すべきは、大事な問題に健全な形で取り組む方法が提供されることだ。だから「自分にできる最も価値あることは何か」という問題は非常に重要であり、人生の中心に据える価値があると効果的利他主義では考えるが、そもそも、人生の中心に据える価値があるほど重要な問題は、どれも解決が難しい。

しかし複雑な問題は、偶然に恵まれない限り解決が不可能だというわけではない。私たちは何か難しい事態に直面すると、一〇分程度の努力では改善が難しいと考えたくなる。でも、自分のお金をどのような形で寄付しようかと一〇分かけてじっくり考えれば、何も考えないよりもはるかに良い決断が下され、寄付が有効に活用される。もしもあなたが富裕国の住民で、一〇分間よく考えたすえに収入の一〇パーセントを寄付すれば、そのお金によって毎年複数の命が救われる。

ここまでの話であなたが効果的利他主義に興味をそそられたならば、すぐに実行できる四つの事柄があるので、手始めにそれに取り組んでほしい。まず、オックスフォード大学の哲学教授ウィル・マッカスキルの『〈効果的な利他主義〉宣言！』をぜひとも読んでほしい。この本は、効果的利他主義の原則を公正な貿易、高収入のキャリアに備わる倫理的意味などの問題に応用したうえで、寄付が確実に有効活用される方法を紹介している。効果的利他主義は何を意味するのか、そしてどんな生き方が求められるのか、簡単に紹介する手引書だが、効果的利他主義者として善を施す方法について多くを教えてくれる。

第二に、ギブウェルの活動に注目してほしい。これは、貧困や国際保健に取り組むための慈善活動が行う介入が、どれだけの成果を上げているか評価する団体である。ギブウェルが一〇年前に立ち上げられたときには、取り上げる対象がかなり広かった。貧困国のプログラムだけでなく、アメリカの学校や保健医療プログラムにも注目していた。しかしやがて、命を救い、健康状態を改善し、収入や消費の増加につながるプログラムは、すべて貧困国で進行していることが例外なく明らかになった。ギブウェルは今日、現金の給付、子どもの寄生虫駆除、マラリアの予防と治療、ビタミンAの補給に取り組む慈善活動を高く評価して推奨している。問題解決を目指す誰かの試みについて読んで学ぶことは、問題を理解するための最善の方法になるときもある。国際保健に関して最も費用効率の高い介入の特定に取り組むギブウェルの活動は、まさにみんなのお手本になる。

私がギブウェルについて読んでほしいと勧める理由は、あなたがもっと善を施すための役に立つからだけではない。すでに紹介したが、私が効果的利他主義から得られたきわめて貴重な成果のひとつが、難しい疑問への答え方をよく理解できるようになったことだ。ギブウェルは単に、善を施すための最善の方法の確認に役立つスキルセットというだけではない。あなたが気にかけている他のすべての物事について、慎重に推論するための準備を整えてくれる。

第三に、効果的利他主義者が有望な活動を特定するために利用する枠組みについて注目してもらいたい。「私たちはどうすれば最善を尽くせるだろうか」という疑問以外にも、もっとたくさんの疑問にこの枠組みは当てはまると私は考えている。ただし、「どうすれば最善を尽くせるか」という疑問は最もわかりやすいので、これを使いながら、枠組みを構成する三つの要素について考えたい。すなわち、顧みられない分野、取り組みやすさ、影響の三つである。

三つのなかで、影響は最もわかりやすい。この問題を解決すれば、どれだけの善を施せるだろうかと考える。たとえば、心臓病はマラリアよりもはるかに死者の数が多い。したがって、マラリアではなく心臓病の魔法の治療法を発明できれば、心臓病の治療によって救える命を増やすことができる。あるいは、核戦争は地球上の生命を絶滅させる可能性があるのだから、核戦争を防止すればその影響は計り知れない。

取り組みやすさを確認するには、この問題に関して改善はどれだけ容易だろうかと問いかける。たとえば、核戦争の防止はきわめて強い影響力を持つが、そのリスクを減らすために私が日々実践できる行動は思い浮かばない。したがって、取り組みやすさに関して核戦争の評価は低い。善を施す方法が有望であるためには、自分が時間と努力を費やした結果として世の中がより良い場所になるチャンスが、ある程度約束されなければならない。シリアでの内戦とそれに伴う人道的危機は痛ましいが、私たちのほとんどにとっては、これを解決するための取り組みやすい手段は存在しない。

顧みられない分野という要素は、三つのなかでおそらく最も複雑だろう。効果的利他主義は目下、小さな運動である。効果的利他主義者が決断を下す対象は、国際保健などの活動に費やされる資源のほんの一部にすぎない（ただし動物福祉など一部の分野では、利用可能な資源に対して効果的利他主義者の貢献が占める影響はずっと大きい）。そのため、他の場所では十分に注目もされない問題に努力を注ぐのが最もふさわしいケースも多い。気候変動は恐ろしい問題だが、これは何千人もの科学者や何百万もの人たちが取り組んでいる問題でもある。したがってここでは、まだ顧みられない気候問題はないか確認するのが賢明だ。何百万もの人たちがじっくり取り組んでいる問題に自分も参加しようと決める前に、重要性のわりに十分な資源を提供されていない問題に注目するのだ。もしも問題が十分に注目されていなければ、取り組んだときの費用効率はその分だけ高くなるだろう。

影響、取り組みやすさ、顧みられない分野の三つの要素について考えれば、自分の努力やエネルギーをどこに優先的に配分すべきか理解するだけでなく、ほかの効果的利他主義者が取り組んでいるプロジェクトを解明するためにも役立つ。家畜の待遇の改善に取り組む効果的利他主義者は多いが、それは影響がきわめて大きいからだ。毎年五〇〇億頭以上の家畜が食用に飼育されている[1]。しかも、この問題は取り組みやすく、顧みられない分野でもある。企業は消費者から要求されれば、動物の待遇を積極的に改善するものだが、要求する人はほとんどいない。そもそも家畜がどんな状態に置かれているのか、あまり知られてはいない。

他には、高度な人工知能の開発と展開に取り組む効果的利他主義者もいる。この分野の専門家は、AIの導入は歴史上最も影響力の大きな出来事のひとつだと評価している。間違えれば大惨事が引き起こされるが、成功すればものすごい変革が引き起こされる。AIに関しては、まだ研究されていない課題が多いので、時間とお金を追加すれば問題への理解が深まる可能性がある。すなわち、取り組みやすい。しかも、この問題は重要なわりに、現在のところAIの安全性や政策にフルタイムで取り組んでいる研究者はごく僅かだ。すなわち、この問題は顧みられていない。

こうして三つの要素から成る枠組みを使えば、大きな問題について評価しやすくなり、良い行いによって大きな影響を与える機会が提供される目標にも気づきやすくなる。

そして最後に、他の人たちと結びつくことを強く勧めたい。他の効果的利他主義者だけでなく、関連する学術分野の知識の生産者や研究者と結びついてほしい。開発経済学から福祉生物学、哲学まで範囲は広い。戦略的かつ賢明で思慮深い方法を使えば、誰でも世界をより良い場所にすることができる。しかし、特定の問題にフルタイムで取り組んでいる研究者と協力すれば、そこから得られる恩恵は計り知れない。私は記者として働いているので、仕事の一環として開発経済学者たちと話す機会がある。そんなときは、最も有望だと考えられる介入策について話を聞かせてもらえる。あるいは、パイロットプログラムから有望な結果を引き出し、規模の拡大が可能な、費用効率の高い大型プログラムを作成するための活動が話題にのぼるときもある。効果的利他主義は、自分たちが関心を持つ問題への解答に取り組む研究団体と密接に統合されてこそ本領を発揮する。世の中で善を施すのは簡単ではない。そして私たちが準備する解答は、証拠、明確な推論、専門知識による裏付けが必要で、結果には慎重な姿勢で関与しなければならない。

すでに述べたが、人生哲学を評価する際には、それが自分に何を提供してくれるかと同時に、自分に何が求められているのか問いかけるべきだと私は思う。効果的利他主義者にとって、このふたつは密接にからみ合っている。善を施すためには犠牲を強いられるかもしれないが、その見返りとして、中身のある重要な結果が得られるし、人生に意義と目的が備わる。複雑で難解な問題について考えるために多くの時間を費やすことが求められても、その見返りとして、難しい問題へのアプローチの方法を学べるし、世界に関するイメージは以前よりも鮮明になる。私は効果的利他主義について学んだ結果、以前よりも謙虚になった。世界はいかに複雑であるかを学び、自分の行動から望み通りの結果を得るためには、真摯な努力が必要だと気づかされた。さらに、これまで生み出されてきたすべての知識に対する深い感謝の念もわいてきた。医療研究者はワクチンを開発し、病気を退治してくれた。遺伝学者は遺伝子組換えを通じて作物の品種改良を行い、農業生産高を飛躍的に改善させた。そして経済成長によって、何十億もの人たちが貧困から脱した。

しかし、こうした成果は不安定だ。今後数十年間のうちに危険な間違いや予期せぬ結果が発生すれば、呆気なく消滅する恐れがある。それでも、人類は多くを達成する能力を持っている。そして私もささやかながら、できる限り努力して善を施していこうと思う。だから一年に一度早起きをして、これはと思う場所に収入の一〇パーセントを寄付している。来年は、あなたも一緒に参加してくれればうれしい。

15章 世俗的ヒューマニズム

ジョン・R・シュック

自分では気づかないかもしれないが、すでに大勢の人たちが世俗的ヒューマニズムに同意している。世俗的ヒューマニストになるためには専門のクラブに加盟するわけではないし、会費を納めることも会議に出席することも必要とされない。世俗的な生活を送り、ヒューマニストとしての価値観に従えば十分である。無神論者になるから、人生に大きな目的を持たずに生きなければならないわけでも、道徳的規準に従わずに生きるわけでもない。なぜ人生は私たちにとって意味があるのか、倫理原則はいかに私たちを導いてくれるのか、説明できるのは宗教だけというのは真実ではない。おそらくあなたは、古代の聖典よりも科学のほうが、自然についてずっと多くを理解していると考えた経験があるのではないか。人びとが今日遭遇する厄介な問題に対して、教会が最善の解答を与えてくれることなど期待しないのではないか。もしもそうなら、あなたは人生を理解するための宗教以外の方法について考えているかもしれない。そして世俗的ヒューマニズムはすでにそれを実践している。たとえば休日を祝ったり、ストレスから解放されるために瞑想したりするのは、宗教的習慣のような印象を受けるが、これらの行動が自分にとってどんな意味を持つのか決めるのは、あなた自身だ。それで結構。世俗的ヒューマニズムはライフスタイルの多様性を尊重し、自ら考える自由を擁護する。

宗教がヒューマニズムや世俗主義を見る目は厳しい。人びとは袋小路に入り込み、道徳的方向性を失い、伝統を忘れ、気高い目的を放棄して、私利私欲に駆られてしまうと決めつけるときがあまりにも多い。宗教心を持つ人たちが「ヒューマニズム」という言葉から想像するのは、「人間を最も重要な存在として位置づける」姿勢だ。あるいは宗教が「世俗主義」に対して抱く典型的なイメージは、「道徳律や礼節が欠如したパワーポリティクス」である。しかし、どれも見解が狭くて正当化されない。なぜならヒューマニズムは、社会が何を実行し、地球がどんな方向に進むかについて、人間は責任をとる準備を怠ってはならないと明言している。そして世俗主義は、政府の法律を神の計画に役立てる力が宗教に備わっていないのだから、すべての市民の人生を改善する計画を立てるのは政府の役割だと考える。政教分離の原則に基づくなら、未来に対する責任をとるのは神の摂理ではなく、民主的プロセスへの参加だ。したがって世俗主義とヒューマニズムを結びつけた世俗的ヒューマニズムにおいては、誰もが個人の自由を奪われる可能性を心配せずに人生の目標を選択することができる。

具体的には、世俗的ヒューマニズムは多くの形態をとり得る。たとえば志を同じくする人たちが定期的に集まり、人生の重要な出来事を祝う友好的な共同体が存在する。あるいは無神論もしくは科学、またはその両方の提唱に熱心な団体も存在する。そして世俗的な人たちの多くは、ヒューマニストとしてのエネルギーをあらゆる種類の慈善団体のために費やす。あるいは公民権や自由、公共政策の改革、教育水準の向上、環境プロジェクト、そして他にもたくさんの社会運動に参加する可能性が考えられる。世俗的ヒューマニズムは哲学的な価値や徳を土台にしているが、社会問題や政治問題を無視したまま個人的なライフスタイルに関する選択を行うわけではない。民主主義そのものが問題として取り上げられる。

世俗的ヒューマニズムは万人の完全・平等な権利を支持することを高らかに謳い、社会的・法的公正を求めて闘う人たちに味方する。たとえば、中絶の権利の擁護、生殖に関する自由、同一労働同一賃金、差別禁止政策、言論と表現の自由、政教分離、学校での進化論教育、幹細胞治療の実施、尊厳死の権利、現実世界の問題への科学の応用などを支持してきた。世俗主義やヒューマニズム関連の団体は、世界のほとんどの国で大小合わせて何百も存在するが、いずれもこうした活動に参加している。ヒューマニズムの上部組織である国際人文倫理学連合（ＩＨＥＵ）は、一五〇ちかくの下部組織を傘下に抱える。イギリスのヒューマニスツＵＫやアメリカのセンター・フォー・インクワイアリー、アメリカ人道主義協会は、いずれも全国レベルの団体で、政治・社会問題に関する決意を公表し、市民の権利や自由への宗教の侵害に反対する法的活動に参加している。

世俗的ヒューマニズムは宗教の教義が人びとの権利を侵害することに抵抗するが、だからといって宗教と敵対する組織と見なすべきではない。宗教は人類にとって完全に悪いものだとか、宗教など消えてしまえばよいとは、ヒューマニズムも世俗主義も主張していない。無神論者のあいだでは、そのような不満の声が聞かれるかもしれないが、人生哲学としてのヒューマニズムや世俗主義には、宗教や信心深い人たちを嫌悪するように無宗教の人を煽動する要素は存在しない。むしろ世俗的ヒューマニズムは、この人生を愛し、自分が持って生まれた才能を信じ、お互いにいたわり合うべきだと、すべての人に訴えている。人類に向けたこの賢明なメッセージは、決して新しいものではない。

人間を中心に据えた哲学の伝統は、今日普及している伝統宗教と同じくらい歴史が古く、なかには宗教より早く誕生したものもある。人間中心のアイデアの数々は、ギリシャやローマ、そして古代のインドや中国の思想に起源を発する。西洋では、ルネサンスによって人間中心主義的な理想が復活した。やがて啓蒙主義の時代になると、伝統的な教義や君主制よりも人間の理性や民主主義が重んじられ、もはや市民を子ども扱いすることは許されなくなった。さらに時代が進んで近代の世界が誕生すると、祭司が聖典から解釈した内容ではなく、市民が自分たちで下した決定事項が法律になった。一九世紀末から今日に至るまで世俗的ヒューマニズムは、人間が成熟することの意味の追求に、どの哲学よりも積極的に取り組んできた。

世俗的ヒューマニズムは哲学的な世界観であって、狭義のイデオロギーではない。ソクラテス、アリストテレス、ストア哲学など古代の哲学の知恵を組み込み、そこに現代の自由主義や功利主義を混ぜ合わせたうえで、実存主義の感性、自然主義の視点、プラグマティズムの楽観主義が吹き込まれている。ソクラテスは、疑問を抱いて議論する勇気を象徴する存在である。アリストテレスは人間が理性的動物であると、正しく理解していた。あるいは、世界のすべてのものは有益な形で依存し合っているというストア哲学の見解は、自然は堕落し劣化していると考える宗教の概念に代わるポジティブな発想である。そして自由を追い求め、すべての人がチャンスに恵まれるように努力する傾向を世俗的ヒューマニズムは受け継いできたが、この傾向は、社会制度は最大多数の最大幸福を前進させるべきだという功利主義の見解との相性が良い。さらに実存主義と同様、幸福で有意義な人生の実現に役立つものは、人間の経験のなかに見出せると強調する。そのうえで、周囲の自然環境についての知識を応用すれば、人生に幸福をもたらす要素は増えることがあっても、減りはしないと考える。そして最後に、これがおそらく最も重要だが、世俗的ヒューマニズムは人間が置かれた状態を改善するための実用的な方法を確実に提供する。困難な課題は確実にやって来るが、決してひるまない。

世俗的ヒューマニズムは過去から素晴らしい遺産を受け継ぎ、現代性（モダニティ）に大きな影響を与えているが、ほとんどの人たちは世俗的ヒューマニズムについてあまり知らない。もしも聞いたことがあったとしても、その内容は大体が不満ではないか。たとえば宗教保守派は、世俗的ヒューマニズムが邪悪で危険な思考様式だと非難する。おそらくこうした保守派が何よりも恐れるのは、ヒューマニズムよりも世俗主義のほうだろう。世俗主義は、政府が宗教を中立的に扱うべきだと主張するが、これでは無神論者の生活を宗教は支配できない。宗教関係者は特別な力と特権を与えられて宗教を前進させ、教会の外にいる大勢の人たちの生活に影響をおよぼさない限り、法的平等を得られないと考える。中絶を違法行為と見なし、女性にリプロダクティブ・ヘルス［訳注：性と生殖に関して女性自らが決定権を持つという考え］を認めないような独善的な宗教倫理が政府の後押しによって強化されないと、宗教保守派は特に気分を害する。保守的な人間から見れば、こうした政府は決して中立的ではない。自分の宗派が政府から特別の権限や特権を与えられないと、差別され不当に扱われたように感じる。しかし「自分たちに賛成か、反対か」という視点が行き着く先は、神権政治と呼ばれる非民主的な形態だ。神権政治においては宗教指導者が政治権力を振りかざし、影響力を発揮する。世俗主義は、そんな政治的傾向に抵抗しなければならない。もちろん、すべての人たちが個人的に宗教の自由を享受すべきだが、その自由には宗教を信じない自由も含まれなければならない。人びとが教会から離れていく様子が神権政治家にとって恐ろしい光景であることは、世俗的ヒューマニズムも理解している。

しかし、個人的にも政治的にも宗教から自由な立場は、きわめて重要な個人の権利のひとつに数えられる。

世俗的ヒューマニズムは単なる政治課題でも、原理主義への対抗手段でもない。さらに、無神論者を自称する人たちだけが対象ではない。聖典も教義もないが、世界が機能する仕組みや現世での人生を充実させる方法について、常識的なアイデアを持っている。ヒューマニズムはあらゆる人間のなかに価値と尊厳を見出し、人類の成果の素晴らしさを称賛する。そんなヒューマニズムに「世俗的な」要素が加わると、私たちの権利や義務は神から与えられたものではなく、自らの未来に責任を持つ人たちによって擁護されるものだという点が強調される。強力な民主社会は不寛容な姿勢を非難する一方、ひとつの平等な法によって万人が支配されることを保証する。そして、信仰の代わりに理性が私たちの未来を導くためには、科学に頼るべきだ。科学は、自然を理解して地球を修復するための優れた手段である。実際に科学は、宗教を信じる人たちと世俗主義者のあいだの橋渡し役になり得る。というのも、いまでは宗教を信じる世界中の多くの人たちが科学を快く受け入れ、（学問の世界や戦場での何世紀にもわたる闘争のすえに）民主主義を承認するようになっている。ふたつのグループの協力が今後も拡大し続けるよう願うばかりだ。

世俗的ヒューマニズムは様々な宣言書のなかでその世界観を伝えてきたが、そこでは通常、「ヒューマニズム宣言：原則声明」のなかに記された見解が繰り返されている。これは、ニューヨーク州立大学バッファロー校の哲学者ポール・カーツが編纂したものだ。カーツは「世俗的ヒューマニズム」という言葉の普及に努めた人物で、一九八〇年には世俗的ヒューマニズム協議会（ＣＳＨ）を設立した。

彼が編纂した「ヒューマニズム宣言」は一九八〇年代のはじめ以来、CSHが発行する雑誌『フリー・インクワイアリー』で定期的に紹介されている。世俗的ヒューマニズムの核心を表現している宣言のなかから、いくつかを抜粋して以下に紹介する。[1]

・宇宙に関する理解や人類が抱える問題の解決に理性と科学を応用することに、私たちは関与する。
・人間の知性を軽んじ、世界を超自然的な観点から解明しようと努め、自然の外に救いを求める姿勢を、私たちは遺憾に思う。
・開放的な多元的共存社会の価値を私たちは信じる。そして、権威主義的なエリートや抑圧的な多数派から人権を守るためには、民主主義が最善の保証だと確信している。
・政教分離の原則に私たちは従う。
・正義と公正を社会に定着させ、差別と不寛容を撤廃することに、私たちは関心を持っている。
・地球を守り改善し、未来の世代のために環境を保護し、人間以外の生物種に不要な苦しみを与える事態を回避したいと、私たちは願う。
・プライバシーの権利を私たちは尊重する。成熟した大人は、願望の実現、性的嗜好の表現、生殖に関する自由の行使、包括的で確実な情報に基づく医療へのアクセス、尊厳死の権利を許されるべきだ。
・利他主義、誠実、正直、信義、責任など、一般的な道徳的規準の価値を私たちは信じる。人間中心主義の倫理は、批判的・合理的な助言を受け入れる。

・悲観主義よりも楽観主義、絶望よりも希望、教義の代わりに学問、無知の代わりに真実、罪よりも喜び、恐れの代わりに寛容、嫌悪よりも愛、利己心の代わりに思いやり、醜さの代わりに美、盲目的信仰や不合理の代わりに理性の価値を私たちは信じる。

・私たちは人間として最良かつ最も気高い存在になることを目指し、その目標を十分に達成できると信じる。

宗教心を持たず、いま紹介した信念に同意する人たちは、世俗的ヒューマニストに確実に分類される。ただし、世俗的ヒューマニストはこれらの信念に制約されないし、他の見解や信念も抱くのが普通だ。世俗的ヒューマニズムは、相性の良い他の哲学と共通点を持つことができるので、排他的な人生観にとらわれる必要はない。世俗的ヒューマニストという肩書だけしか持たない人など、誰もいない。それだけが、あなたの人間としての定義のすべてではない。最も重要なのは、自分自身の判断に自信を持ち、自分が本当はどんな人間なのか理解することだ。

ヒューマニズムや世俗主義の宣言書について考えず、単に無神論者として生きていくことは可能だ。しかし世俗的ヒューマニズムには、伝統に裏付けられた豊かな見識が備わっており、人生で大変な問題に直面したとき役に立つ助言を提供してくれる。宗教による解答以外は不可能だと思われている問題も例外ではない。そして、自分には旅の道連れがいないし、ひとりぼっちだと思う必要はない。無神論、懐疑主義、哲学、ヒューマニズム、自由思想などに関する地域団体を通じて、世俗的ヒューマニストに出会うことができる。いまではインターネットのおかげで、教会に代わって充実した機会を提供してくれるイベントを誰でも簡単に見つけられる。

繰り返すが、神は存在しないと、わざわざ触れ回る必要はない。誰かに尋ねられたら、「自分は世俗的ヒューマニストだ」と言えば十分。あるいは、自分は「ヒューマニズム」を信じていると言うだけでも、どんな価値観の持ち主か理解してもらえる。ただし、本当にそう信じない限りは、自分は「宗教を信じないけれどもスピリチュアルな人間だ」という軽率な発言は慎むべきだ。ヨガや瞑想を行ったり、静かな森や鮮やかな日没と心をかよわせたりすることは、世俗的ヒューマニストにとっても心豊かな経験だ。でも、宇宙のエネルギーや精神が自然とは異なる影響をおよぼすとか、神秘的な経験を通じて生命を超越した何らかの存在が明らかにされると考えるならば、それは世俗的な発想ではないので、世俗的ヒューマニズムの枠には収まらない。ここでは、ある程度の精神性や教会の儀式が必要とされる。そんな人たちには「宗教的ヒューマニスト」というラベルがふさわしい。

ここでラベルが話題に出たが、ラベルが必要なのは宗教の影響のように感じられるかもしれない。でも、宗教の複数の宗派にラベルがあるなら、信仰を持たない人にラベルがあってもよいのではないか。大きな全体像のどこに世俗的ヒューマニズムがおさまるのか、きちんと確認することは必要だ。多くの人たち、おそらく世界の人口の一五パーセントは、自分が宗教にラベル付けされるとは思わず、宗教の一部に属しているとは考えない。宗教に関する調査からは、その正しさが明らかにされている。あなたは宗教に関して、自分は「上記のいずれにも該当しない」と思うだろうか。人口統計学者は、簡単には分類できないカテゴリーに無所属あるいは「無宗教」というラベル付けをしている。そして、どんなにたくさんの宗派がリストに記載されようとも、特定の宗派を選ばない人たちがいる。その割合はアメリカでおよそ二〇パーセント、ヨーロッパ全体で三〇パーセントに達している。他の地域でも、メキシコやブラジルからインドや日本に至るまで、先進国でも途上国でもこの数字は大きい。無宗教の人たちの多くは自分の好きな神を信じるが、他の点ではあまり宗教にこだわらない。礼拝にはほとんど出席しないし、人生の指針として宗教に頼る機会も滅多にない。

無宗教の人たちへの調査では、つぎのような質問が準備されてきた。人生の指針として、あるいは道徳的な決断の一助として、宗教の役割は「大きい」「小さい」「まったくない」のいずれだろうか。あるいは、宗教儀式にどれだけの頻度で出席するか、教会や寺院で結婚式を挙げたかどうかも尋ねられる。この数十年間で個人にとって宗教の重要性は、アメリカやヨーロッパのほとんどの国で着実に低下している。しかし、このような調査で常に目を引くのは、神に関する回答だ。調査で「神について尋ねる」ときには、つぎのような質問が標準になっている。「あなたは神や普遍的精神の存在を信じますか」。ノーと答えた大人の割合は、アメリカを含む欧米諸国の多くで五パーセントから一〇パーセントに達し、ヨーロッパやアジアの一部の国ではそれよりも高い数字だった。この質問にイエスと答えられない人たちは不信心者に該当する。そして、宗教が生活のなかで重要な役割を果たさないとしたら、たとえ「無神論者」というラベルが気に入らなくても、確実に世俗的である。「世俗的」とは（一部の宗教関係者が考えるように）「反宗教的」という意味ではなく、「現世的」に等しい。宇宙を導く神も、来世を楽しむための不滅の魂も必要としないので、この地上での生活に全身全霊で集中する。そしてそれを土台として支えるのが世俗的ヒューマニズムの知恵である。

世俗的ヒューマニズムはこの世界だけに注目し、宗教やその途方もない約束とは一線を画する世界観を発展させた。世俗主義者は宗教に関するいっさいを否定するが、典型的な世俗的ヒューマニストにはそこまで強いこだわりはない。忠実な世俗主義者は、宗教的信条に対する嫌悪を自分の見解に反映させ、あたかも宗教と正反対の立場こそ真実だと決めてかかる。これに対し、世俗的ヒューマニズムが優先する目的は一貫性のある世界観の構築であり、宗教が教えることのすべてに無条件に反対するわけではない。ここでは哲学的にポジティブに関わる姿勢が求められる。そして他の非宗教的な哲学でも、自由と平等を優先して科学を尊重する姿勢が同じならば、世俗的ヒューマニズムはそれを吸収する。たとえば世俗的な仏教はヒューマニズムの本質に関する考え方が同じなので、世俗的ヒューマニズムは心理的・倫理的洞察を仏教から取り入れることができる。

このように世俗的ヒューマニズムは、厳格な教義というより、柔軟な枠組みとして機能する。ただしその枠組みは、厳格な世俗主義者に好まれる一部の見解など、相容れないアイデアを取り除く。たとえあなたが世俗主義者の著書をたくさん読んでいなくても、このジャンルに少しだけ精通するだけで、私の言いたいことは理解できるはずだ。

ヒューマニズムについて知識がなく、関心を持たない世俗主義者は決してめずらしくないので、まずはここから始めよう。宗教の理屈に合わない部分、あるいは不滅の命や悪事に対する宗教のこだわりを非難するために、多くの世俗主義者は貴重な時間を割いている。そしてこのとき頻繁に利用されるのが、無神論を理性と道徳で武装させる戦術である。

このような「宗教と理性」の二分法にとらわれる世俗主義者にとって、道徳は宗教を起源とせず、理性に基づかなければならない。さらに道徳を宗教と切り離して考えるので、全人類を対象とする道徳律の存在を否定することになる。なぜなら宗教は、神の十戒などの規則にこだわるからだ。結局のところ、道徳は現世以外の場所に起源を持たず、道徳を生み出せるのは人間だけだと考える。なかには道徳が文化ごとに異なる形で発展している点に注目し、文化相対主義を受け入れる世俗主義者もいる。あるいは、道徳はたまたま生まれた場所との関連性を持たず、個人の価値観の影響を受けるものだと見なす世俗主義者もいる。この見解は道徳的主観主義と呼ばれ、盲目的で全面的な服従を求められる宗教よりも望ましいような印象を受ける。こうした事例からは、宗教を否定する衝動に駆られた世俗主義者の概念は細分化され、道徳に関する見解が単純化されることがわかる。

宗教からの独立を宣言する世俗主義は、人生の意義に関する問題でもしばしば反対の立場を貫く。宗教では、神の世界が人間の世界に目的を与えると教える。無神論は人間を大きな目的のない状態に放り出すと宗教は非難するが、これには多くの世俗主義者が賛成する。なぜなら、そもそも生命の存在に高尚な目的など存在しないと考えるからだ。生命は、何か究極の目的にかなうため宇宙に存在するわけではない。

世俗主義者のなかでも最も過激なグループは、冷血な虚無主義者（ニヒリスト）を装い、人生などまったく無意味で不条理だと主張する。ただしこのようなタイプの虚無主義者は、現実の世界で生き続けるのが難しい。実際のところ、典型的な世俗主義者は虚無主義者と話し方も行動も異なる。世俗主義者にとって本当に気がかりなのは、神が人生の意味を支配して、人生からあらゆる意味を奪ってしまう可能性だ。人生に宗教がなくても、意義深い本物の人生への道は開かれるのではないか。宇宙のなかで生命には明確な目的がないからといって、あなたの人生や私の人生には意味がないと決めつける理由にはならない。社会活動や知的欲求や高潔な理想に人びとは触発される。こうした手段を通じて、人生には目的が備わる。そして、人生にとって有意義なものを創造する機会は誰にでも与えられ、それはあらゆる人の責任だと世俗的ヒューマニズムでは考える。

世俗的ヒューマニズムは、私たちの力がおよばない超自然的な力が存在し、私たちは一体何者なのかを教えてくれるとは期待しない。あるいは、不滅の魂のような自然にはあり得ないものが私たちのなかに存在し、目標を達成してくれるとも考えない。デイヴィッド・ヒュームに代表される経験主義の伝統を継承した懐疑論者は、「自己」の中核を成す何らかの存在を認めるわけではないし、心のなかのアイデアの流れに影響をおよぼす法則があるとも考えない。こうした経験主義が非決定論と組み合わされると、すべての出来事は過去の出来事と無関係であり、未来はいくつもの方向に進む可能性を秘めているという発想が生まれる。すべては神の計画通りに進行すべきだという宗教のスローガンに反感を抱く世俗主義者に対し、このような非決定論は強く訴える。精神的な強迫観念からの解放は、おそらく何にも勝る自由だろう。キリスト教など一部の宗教は、不滅の魂に関する自分たちの宗教観を受け入れることを条件に、自由意志は保証されると主張する。そんな自由意志は本物ではないと、世俗主義者は否定すべきだろうか。結局のところ、思考の流れが向かう先を変更も支配もできないことが前提の心理的決定論からは、あまり解放感を得られない。私たちは単なる機械なのだろうか。実際のところ目的もなく働く力に支配され、望むべきものを望み、決断すべきことを決断するように仕向けられているのだろうか。そんな疑問が湧いてくる。しかし私たちの人格は、たくさんの事柄の影響を受けて形成される。遺伝子の決定や母親の胎内の環境から始まって現在に至るまで、多くのものに影響され、それを吸収して消化する。私たちの内部で進行している事柄のすべては、過去にせよ現在にせよ、結局のところ自分たちの外の世界に起源を持たなければならない。今日の選択が昨日の出来事に影響されないという前提に立つのは、呪術的思考ぐらいだ。では、世俗的ヒューマニズムは人間の自由について何を語っているだろう。

私たちは選択を行うとき、可能性のあるふたつの選択肢について考えているように感じるが、おそらくそれは錯覚にすぎない。決定論によれば、あらゆる出来事が必然的に発生する未来はひとつだけしか存在せず、それは過去に基づいて決定されるもので、必然的に発生する行為に対して人間は責任を持つことができない。そして私たちはおそらくひとつの行動しかとれず、それ以外は考えられないという前提に立つ心理的決定論は、自らの行為に対する私たちの責任を取り除き、他に転嫁してくれるような印象を受ける。でも、私たちの行動の落ち度は、本当に私たちの遺伝子や育てられた環境のせいなのだろうか。それとも社会のべつの場所などに原因があるのだろうか。あるいは物理的現象が、自由意志や道徳的責任の可能性を取り除いたのだろうか。物理学的決定論においては、自然界においてマクロレベルで発生するあらゆる事柄は（量子レベルの無規則性は除く）、自然の法則に確実に左右されるものだと考える。これでは私たちに関わるあらゆる事柄、私たちに影響をおよぼすあらゆる事柄が、現在の状態以外になることは不可能になってしまう。

これに対して世俗主義者は、道徳、意義、自由に関して様々な選択肢を話題に取り上げる。宗教に対する世俗主義者の不満は千差万別で、そこからは世俗主義者の立場が統一されないことがわかる。

どの世俗主義者も宗教に関する独自の反対意見をこれ以上ないほど明確に語ることができるが、数々の代替策のあいだに一貫性を確認するのは容易ではない。矛盾はあちこちで顔を覗かせる可能性があり、これでは世俗的ヒューマニズムの論拠が説得力を失いかねない。たとえば、何が道徳的なのかを理性が決定するのであれば、道徳的相対主義は間違っていることになる。もしも心理的非決定論が妥当だとすれば、合理的道徳観には効力がない。社会的目的が私たちに意味を与えるのだとすれば、心理的決定論が目的を否定するのは見当違いということになる。文化相対主義が優勢になれば、普遍的な人権など存在しない。もしも物理的決定論が正しいなら、個人的価値を「選択する」のは見せかけの行為にすぎない。価値が個人的なものなら、道徳は利己主義によって導かれる。個人的責任が存在しなければ、道徳はフィクションにすぎない。そして、虚無主義と文化相対主義と決定論が何らかの形で組み合わされれば、個人が人生の意味を追求する余地はほとんど残されない。では、このようなジレンマを世俗的ヒューマニズムはいかにして回避すべきか。抜け目のない世俗主義者は、個人的な価値と非決定論を結びつけたり、虚無主義と決定論を組み合わせたり、両立し得る立場から宗教に反対したりするが、他にもまだ複数の立場が可能だ。では、世俗的ヒューマニストは合理主義的倫理学と道徳的主観主義のどちらに同意しなければならないのだろうか。個人的選択と心理的決定論、あるいは人権と文化相対主義のどちらを選ぶべきか。

世俗的ヒューマニズムが理性と科学に注目するのは正しいが、そこにとどまっていては十分ではない。宗教は世俗主義を唯物論と性急に結びつけ、さらに唯物論を利己主義や虚無主義や無秩序と関連づける。このように描写されるものと比べれば、霊性、さらには超自然主義さえも、いたって正気で安全に見えてしまう。

過去二〇〇年間にわたってヒューマニズムや世俗主義を哲学的立場から擁護してきた人たちのなかには、虚無主義的唯物論者や無政府主義者が若干含まれる。しかしほとんどは、道徳、責任、自由、権利に関して穏健な立場を明確にしている。世俗的ヒューマニストにとって人間の人生が有意義で価値があるのは、私たち自身が人生は有意義で価値があると判断するからだ。人生はいかに有意義なものか、権力当局から教えられる必要があったら、私たちの人生からは本源的価値が奪われてしまう。尊厳や自主性は誰か他の人に、いや神にさえも左右されない。自分には価値があるか、誰かが決めるわけではない。自分のために生きる権利は、自分で確認するのだ。

世俗的ヒューマニズムは、人間の尊厳や道徳的価値などのアイデアを考案したわけではない。しかし、宗教が時としてこれらのアイデアの重要性を忘れることがあっても、世俗的ヒューマニズムは擁護する姿勢を崩さなかった。聖典が同性愛への偏見を繰り返し強調するからといって、あるいは教会の伝統では女性よりも男性のほうが重視されるからといって、普遍的な人権が損なわれてはならない。他の人たちの権利を尊重するのは道徳的責任が成熟段階に達した証拠であり、それは宗教を信じるか否かにかかわらず実現可能だ。信仰を持たない人は不道徳で罪深いという概念もやはり、よく耳にする宗教的偏見のひとつで、事実に基づいたものではない。では、道徳を否定する虚無主義にはどう対処すればよいか。宗教を信じなくても世俗的ヒューマニズムに従えば、有意義で責任を伴う人生を送ることができるのだから、虚無主義は拒まなければならない。

では、科学と自由意志はどうか。人びとは明らかに、先天的な能力や後天的な能力を活かしながら自分の行動をコントロールし、道徳的選択を行っている。自然は完全に決定論的であるとか、やや非決定論的な傾向があるとか、科学が最終的に決定を下すのを待つまでもない。人間の自由は、自然のなかの何らかの非決定論的側面（たとえば量子の現象）に左右されるわけではない。なぜならヒューマニズムによれば、単なる偶然を土台にして責任は成り立たない。自由や責任は自然の力やエネルギーのなかに一貫して存在しており、これらの影響にもかかわらず存在するのではない。自由意志は、不滅の魂から不自然な形で発現するものではない。生来の自由を、人間のような知性を持つ生物が存分に行使するのだ。私たちは目標を追い求めながら行動方針を調整し、ある程度まで思慮深く行動できる。そして自分の選択や目標に対して正しく責任を持つ。生来の自由に関するこのような見解は、両立論と呼ばれる。これならば、完全に決定論的な宇宙のなかでも、選択や行動の自由は存在することができる。ヒューマニズムが好む見解、すなわち知性を持つ人間には自由意志が備わっているという自然主義的な見解に従うなら、宇宙のなかで決定論は重要ではない。安定した自然の法則が存在してさえいれば、選択は効果的に行われる。世俗的ヒューマニズムが自由や責任を肯定する立場は、量子力学などの科学理論にも、決定論を巡る哲学的議論にも束縛されない。

さらに、自由や責任は地域的な条件や社会的影響によって必ずしも減少しない。むしろ周囲の環境がおよぼす影響によって、私たちの能力や権限は充実する。誕生の瞬間から周囲の人たちの指導や助言を受けながら、自由は改善されていくのだ。自然から提供される新たな追求の機会を人間が発見するに従い、自由は進化を遂げていく。知性が育まれれば、それに伴って自由が拡大する。これまで人間の知性によって考案されたもののなかでも科学の知識は、人間に最も大きな力を与えてくれたことが証明されている。宗教はしばしば科学を否定するが、それは心を軽視するのも同然で、人間に備わった力が失われてしまう。

私たちが道徳規範を実践する能力は、基本的には生物として備わっているものだが、子ども時代に社会の規範や価値観を学ぶことによって道徳律として身に付ける。道徳に寄せる期待は文化ごとにやや異なるが、基本的な美徳や道徳規則に関しては重複する部分が多い。道徳的価値は、個人的な欲求や態度と同列に扱うべきではない。それでは道徳的主観主義と誤解されてしまう。一方、世俗的ヒューマニズムは文化的多元主義を尊重するが、文化相対主義を認めない。道徳には多様性があるかもしれないが、全員が尊重するか否かにかかわらず、普遍的な倫理基準というものは存在する。すべての人間の平等と道徳的価値、基本的権利の重要性、探究や学習の機会の保護、不正や抑圧を非難する姿勢などは、政治的・宗教的な圧政に未だに苦しむ国によって最終的に承認されるのを待つまでもなく重要である。

世俗的ヒューマニズムは、すべての人たちがこうした基本的な倫理上の義務を果たすことを求め、道徳的ないかなる違反も非難する。「何が本当に正しいのか間違っているのか、誰が決められるのか」といった疑問には関心を持たない。「私たち世俗的ヒューマニスト全員！」という答えしか考えられない。では、平等や権利に関する客観的な倫理基準は、何を土台に据えているのか。それは、平等や権利に値する人間の客観的現実である。誰もがすでに自分の自尊心を直観している。もしも自分には無条件に平等が備わっていることを疑うなら、それは古くからの偏見や有害な神話のせいで、自分にはその価値がないと感じ、不安に苛まれているせいだ。

道徳的価値や平等には、倫理的な義務が伴う。徳の高い人格は、成り行き任せでは手に入らない。人権が偶然に手に入らないのと同じだ。ここで再び世俗的ヒューマニストのポール・カーツに登場してもらう。あらゆる人が身に付けて育むべき事柄を、彼は「倫理的美点」として以下のようなリストにまとめた。

・第一の長所は自主性。ラルフ・ワルド・エマーソンは自己信頼と呼んでいる。具体的には、自分の運命をコントロールできる能力を指す。……これを身に付けた人間は、自発的かつ自己決定的である。

・第二に、知性と理性は価値尺度のなかでも高く評価される。良き生を実現するためには、賢明に選択しながら生きる方法について、認知能力ならびに正しい判断力を養う必要がある。

・第三に、情熱や感情の領域においては、ある程度の自制が必要とされる。……無分別な選択が自分や周囲の人たちに引き起こしかねない有害な結果を認識しなければならない。

・第四に、一定の自尊心は心理的なバランスの維持に欠かせない。……自分という人間に対する鑑識眼を養い、自らのアイデンティティを現実的に評価する必要がある。……自分は成功できるという自信をある程度まで持つことは、良き生にとって不可欠である。

・五番目は創造力で、価値尺度のなかでもきわめて高く評価される。創造力とはイノベーションや発明の源泉であり、真新しい経験や発見を促す精神には境界がない。……人生を充実させるためには、積極的に楽しめばよい。それには、まずは行動を起こすことだ。

・六番目に、モチベーションを高める必要がある。人生に訪れるチャンスをつかみ、思考や経験や行動に関して新たな方針で取り組む心構えが必要だ。モチベーションの高い人にとって、人生は本質的に興味深く刺激的である。

・七番目は、人生に対する肯定的でポジティブな態度だ。……私たちは潜在能力を表現できるのだから、実際に表現すればよい。良いタイミングで訪れるチャンスをつかめるのだから、実際につかめばよい。自分でチャンスを創造することも可能だ。

・八番目に、積極的な人は生きる喜びを味わうことができる。真摯に情熱的に生きるので、充実した喜びを経験する。人間としての喜びや満足感が存分に表現されれば……人生を最大限に味わうことが可能だ。

・九番目に、もしも人生を充実させたければ、他のすべての事柄の前提条件となる健康に配慮すべきだ。……私たちは周囲の人たちを愛する一方、周囲の人たちから愛されなければならない。日常生活を友人や仲間と共有する必要がある。さらに、交流や探究、仕事、遊びなどを目的とする有意義な団体に所属しなければならない。それと同時に、ひとりで静かに考える時間も必要とされる。

・一〇番目に、いま紹介した長所のすべては、良き生の実現を確実に暗示している。……人生の目標や目的やゴールは、創造力を発揮しながら充実して生きることであり、美しく輝く瞬間のすべてを大切にしなければならない。……人生のあらゆる瞬間は貴重で、人生の目的のために本質的に役に立つ[2]。

価値のある良き生に関する以上のアイデアは、ライフスタイルの新たな選択肢のような印象を受けるかもしれないが、それ以上の存在でなければならない。人生の旅路のどの地点に差しかかっていようとも、誰にとっても優れたアドバイスである。世俗的ヒューマニズムは、単に宗教の代わりとなる存在ではない。どんな人も世俗的ヒューマニズムの道徳規範を取り入れれば、自分だけでなく、周囲のすべての人たちの生活の質の向上が促される。そしてどこに住んでいようとも、世俗的ヒューマニズムが支持する原則を採用すれば、自分が所属する社会は改善され、みんなが共有する世界の安定にもつながる。肝心なのは、相身互いの精神。見返りは大きい。

結び

現代の人類が精神的な危機に直面しているのは、現代以前の先人たちが享受してきた心理的な安心感や確実性が失われたことも一因だという点で、社会批評家や文化批評家の見解は一致しており、これは共通のテーマとして取り上げられている。先人たちにとって、人生哲学はわざわざ表現するものではなかったし、具体的に考えることも滅多になかった。人生哲学とは、自分が生きている世界の構造や、個人の生活形態に織り込み済みのものだった。人生の意味や重要性を表立って追求し、安らぎを見出そうとする試みは、魂や精神の探求に身を捧げた教育程度の高い少人数の哲学者や神学者に限られたものだった。今日このような問題への関心が広がっている状況には、現代性の遺産が少なくとも部分的に関わっている。現代に入ると科学革命がつぎつぎと引き起こされ、伝統的な宗教も、宗教が描く世界のイメージも難題を突き付けられた。あるいは科学革命をきっかけに工業化が促され、農村から都会へと人口の大移動が始まった。かつての大家族は規模が縮小し、最小限のメンバーで構成される核家族が孤立して暮らすようになった。そして識字率が大きく向上し、民主主義や現代資本主義が登場する。一方、私たちは際限なく選択を迫られるようになり、そのせいで困惑する場面も多い。制度に対する信頼は全般的に失われた。おまけに、先端技術や戦争によって、自分たちの存在そのものが完全に破壊される可能性に常に直面している。

このように現代性から難題を突き付けられたにもかかわらず、しばらくのあいだ宗教は一般大衆の精神をつかんで離さなかった。冷戦初期に愛国主義が鼓舞され、文化がある程度もてはやされたことも功を奏し、この傾向は一九五〇年代まで続いた。そのため、重要性や意味や安らぎの追求は、宗教が専門的に取り組むべき課題として継続される。しかし西洋を中心に、度重なる戦争や政治スキャンダルの結果として制度への社会の信頼が失われ、一九六〇年代に入ると社会的な混乱や実験が繰り返された。そのため、宗教が幅を利かせる不自然な平穏状態は破られ、様々な運動が引き起こされた。やがてこれらの運動は「人間の潜在能力」を追求する運動として一括されるが、その延長線上として今日では、自己や人生に関する思考を深めようとする傾向が確実に強まり、社会のほぼすべての階層に広がった。さらに、現代ではコミュニケーションが急速に発達し、欧米メディアが発信する情報が世界中に配信されるようになったおかげで、有意義な生き方を意識的に取り入れることへの関心は、真に国際的な領域に進出した。こうして、六〇年代や七〇年代に人間の潜在能力を追求するために展開された運動が、困難で混乱した数十年間に人びとの不安や希望や疑問を解明するための格好の手段を提供してくれたのと同様、今日の人たちが追求する宗教や人生哲学――本書に典型的な事例が含まれていれば幸いだ――は、いまの時代の精神を理解するための手段として役に立つ。本書には、古代の哲学の実践者も、伝統的宗教の最新バージョンの実践者も含まれるので、なお一層理解が深まることを期待できる。

現代の人生哲学――そして現代の目的に合わせた古代の宗教や哲学――は、現代の世界観の特徴や問題の解明を目指す取り組みがかなり似通っていて、重複する部分もある。なかでも最も大きな関心事が、人生の道徳的側面を強調することで、大きな混乱が迫りつつある状況下での克己心や自制心、不屈の精神の大切さを説いている。現代の技術社会の新しい生活の傾向に少しでも順応しようと試みた経験のある人にとって、これは意外ではないはずだ。

資本主義の論理、特に今日の新自由主義的な形態の資本主義の論理は、結局のところ金銭に卑しく道徳心が欠如している。そのため多くの人たちは社会的に孤立して個別行動をとるようになり、離れた場所で行われる慈善活動に匿名で寄付することによって、思いやりを大切にする本能を満足させるようになった。あるいは対面式ではなく、ソーシャルメディアを通じて触れ合う傾向が強くなったため、人間同士の交流は以前よりも不作法で細やかさが失われた。メディア漬けの日々が繰り返される結果、私たちは過剰な刺激を受け、経験に対して無感覚になり、自分自身の感情を持てなくなってしまった（この点については、スーザン・ソンタグが一九六四年に『反解釈』というエッセイで指摘している。すなわち「私たちの文化は行き過ぎた行為や過剰生産に基づいている。その結果、私たちの感覚的体験からは鋭さが確実に失われている」と書かれている）。私たちは毎日、あらゆる瞬間に膨大な情報を提供され、そのなかからの選別作業に直面するので、精神も感情も目まぐるしい変化に追いつけず不安定になってしまった。現代のアリストテレス哲学、ストア哲学、仏教、道教、効果的利他主義、エシカルカルチャーの核心を成す自制や道徳的な関わり。現代のヒンドゥー教、儒教、プラグマティズム、キリスト教、ユダヤ教、進歩的イスラムの中心を支える人間同士のつながり。現代のエピクロス主義の特徴である、健全で愉快な経験の追求。実存主義と世俗的ヒューマニズムに顕著に見られるような、大胆な自由を生活のなかに積極的に受け入れる姿勢。これらはすべて、現代のこの特別な瞬間に社会や文化で観察される顕著な失敗について、語ると同時に、建設的に対処している。

現代の風潮に対して、本書で宗教を扱っている章の主張は哲学と正反対で、非常に明快である。宗教関連の章では超自然的な存在や事象について取り上げ、超越的な存在を探求する形而上学と宇宙論の立場から論じている。いずれの宗教も、現代の科学や哲学とは異なる世界を描き出し、そんな世界への憧れを表現し、そこで私たちはどのような居場所を与えられるのか説明している。宗教の立場では、人間の関心事には宇宙的な意味が備わっており、地上や個人に範囲が限定されない。一方、現代の人生哲学や、現代化された古代の人生哲学のほとんどは、このようなニーズを満たすことを目標にしない。なぜなら、科学的な世界観に適合しないからだ。崇高な存在へのあこがれは自然によって満たされれば十分で、自然の外に求める必要はないとも考えられる。「答えられない事柄」は、科学ではまだ答えられないもの、原則として答えられないものとして理解される。しかし宗教の発想は、現代の世界に生きる実に多くの人たちを啓発し続けている。未だに何十億もの人たちが、現代以前の宗教の正統派の教義に従って生きる努力を惜しまない。そこからは、科学は古くからの人間の関心事や望みに対して十分な解答を与えられず、問題が解消されていないことがわかる。実際、本書で考察した宗教や人生哲学のあいだには時として大きな違いがあるものの、二〇〇〇年前にも今日に通用する普遍的な原理が存在していたように思える。すなわち、人生には意義や主体感が必要で、他人を思いやるべきであり、人類が確実に繁栄するためには協力と向社会性が最善策だという概念が、形而上学的見解の違いにかかわらず共有されている。

時代に合わせて改められた宗教や古代哲学、あるいは新しい哲学のアプローチは、近い将来や遠い将来の課題に対応できるだろうか。確信はできない。テクノロジーの時代は幕を開けたばかりだが、人間の生活だけでなく人間性そのものまでも変容させる潜在能力は、ほぼ無限に思われる。病や疾患は人間の生活で深刻な役割を果たさなくなるかもしれない。ロボット工学やオートメーションによって、従来考えられてきたような仕事はもはや不要になるかもしれない。寿命は飛躍的に伸びて、一〇〇歳以上まで生きる人たちが増えるかもしれない。未来学者やトランスヒューマニスト［訳注：トランスヒューマニズムは、新しい科学技術を用い、人間の身体と認知能力を進化させ、人間の状況を前例のない形で向上させようという思想］は想像力を飛躍させ、私たちの未来は本質的にポストヒューマンだと主張する。このような展開がどんな課題を突き付け、どんな新しい関心を引き起こし、人間（あるいはポストヒューマン）の経験にどんな圧力を加えるのか、予測するのは不可能だ。でも、ひとつだけ確信できることがある。未来の人たちは独自の哲学や宗教を追求し、それは魂を理解するための魅力的な手段になるだろう。現在の哲学や宗教と同じような役割を果たすはずだ。だから本書では、一五の可能性を紹介した。何かを学び、じっくり考え、できれば人生のかじ取りをするためのコンパスとして、これらの可能性は役に立ってくれるだろう。

著者・編者

オーウェン・フラナガン（Owen Flanagan）は、デューク大学のジェームズ・B・デューク哲学教授。他に、コロンビア大学の持続可能性開発センターで、幸福や持続可能性と倫理を結びつける構想に取り組んでいる。1章執筆

ブライアン・W・ファン・ノーデン（Bryan W. Van Norden）は、武漢大学（中国）哲学科の主任教授、イェール－NUSカレッジ（シンガポール）の観音堂教授、ヴァッサー大学のジェームズ・モンロー・テイラー哲学教授。フルブライト奨学金、全米人文科学基金、メロン・フェローシップを得ており、『プリンストンレビュー』誌によって全米最高の教授三〇〇人のひとりに選ばれた。*Introduction to Classical Chinese Philosophy*〈古典中国哲学入門〉（Hackett, 2011）、ジャスティン・ティワルドとの共著 *Readings in Later Chinese Philosophy: Han to the 20th Century*〈後期中国哲学の読解：漢時代から二〇世紀まで〉（Hackett, 2014）、フィリップ・J・イヴァンホとの共著 *Readings in Classical Chinese Philosophy*〈古典中国哲学の読解〉（第二版、Hackett, 2005）など、中国哲学および比較哲学に関する九冊に著者、編者、あるいは翻訳者として関わっている。最新の著

書は、*Taking Back Philosophy: A Multicultural Manifesto*〈哲学を取り戻す：多文化的宣言〉（Columbia University Press, 2017）。２章執筆

ロビン・R・ワン（Robin R. Wang）は、ロヨラ・メリーマウント大学（ロサンゼルス）のロバート・テイラー主任哲学教授で、スタンフォード大学行動科学高等研究センター（CASBS）のベルグルーエン・フェロー（二〇一六～一七）。教育と研究は中国語と比較哲学が中心で、特に道教哲学に力を入れている。著書に *Yinyang: The Way of Heaven and Earth in Chinese Thought and Culture*〈陰陽：中国の思想と文化における天地の道〉（Cambridge University Press, 2012）があり、他にも数冊の本の編集を手がける。さらに、映画『ベスト・キッド』（二〇一〇）の文化コンサルタントとして、クレジットタイトルに掲載された。３章執筆

ハイラム・クレスポ（Hiram Crespo）は、*Tending the Epicurean Garden*〈エピキュリアンの庭を育てる〉（Humanist Press, 2014）の著者で、他にも数冊の本を翻訳している。The Autarkist ならびに El Nuevo Dia のバイリンガルのブロガーで、societyofepicurus.com の創設者。シカゴ在住で、多くのメディアにスペイン語と英語でコンテンツを寄稿している。ノースイースタン・イリノイ大学から学際的研究で学士号を授与される。６章執筆

ディーパク・サルマ（Deepak Sarma）は、ケース・ウェスタン・リザーブ大学宗教学科教授で、

専門はインドの宗教と哲学。同大学の医学部生命倫理学科も兼任している。*Classical Indian Philosophy: A Reader*〈古典インド哲学：読本〉(Columbia University Press, 2011)、*Hinduism: A Reader*〈ヒンドゥー教：読本〉(Blackwell, 2008)、*Epistemologies and the Limitations of Philosophical Inquiry: Doctrine in Mādhva Vedānta*〈認識論と哲学的探求の限界：マドヴァ・ヴェーダーンタの教義〉(Routledge, 2005)、*An Introduction to Mādhva Vedānta*〈マドヴァ・ヴェーダーンタ入門〉(Ashgate, 2003) などの著書がある。リードカレッジで宗教学の学士を取得したあと、シカゴ大学神学部に入学し、宗教哲学で博士号を授与される。現在は、文化理論、人種差別主義、生命倫理学、ポストコロニアリズムに関心を持っている。7章執筆

バーバラ・ブロック (Barbara Block) は、ミズーリ州スプリングフィールドのテンプル・イスラエルのラビ。ヘブライ・ユニオン・カレッジ・ユダヤ人宗教研究所 (HUC-JIR) で二〇一〇年、ラビに任命される。ヘブライ文学の修士号をHUC-JIRから、哲学の修士号をミネソタ大学から、古代ギリシャの研究で学士号をカールトン・カレッジから、それぞれ授与される。スプリングフィールドで学ぶ以前は、モンタナ州ビリングズのベス・アーロン信徒協会に勤務していた。ラビ養成学校に入学する以前は、ツイン・シティーズ (セントポールとミネアポリス) の高等教育機関で研究指導、組織の運営、教育に関わって二〇年間勤務した。一九八八年にミネアポリスでシャー・チクヴァ信徒協会の創設メンバーとなり、ミネソタ州で最初の女性ラビと出会ったことをきっかけに、ラビの職に関心を持つようになった。8章執筆

アリスター・マクグラス（Alister McGrath）は、オックスフォード大学のアンドレアス・イドレオス科学宗教教授。イアン・ラムゼー科学宗教センターの所長も務める。有識者として、「新しい無神論」に関する公の場における議論では指導的役割を果たす。著書の *The Dawkins Delusions?* (Veritas, 2010)（邦訳『神は妄想か？——無神論原理主義とドーキンスによる神の否定』杉岡良彦訳、教文館、二〇一二年）は世界的なベストセラーとなり、他にも多数の学術研究論文を発表している。最新の著書は、*The Territories of Human Reason: Science and Technology in an Age of Multiple Rationalities*〈人間理性の領域：複数合理性の時代の科学とテクノロジー〉(Oxford University Press, 2019)。**９章執筆**

アディス・ドゥデリヤ（Adis Duderija）は、グリフィス大学（オーストラリア、クイーンズランド州）で、イスラムと社会をテーマに講師として教えている。二〇一〇年にウェスタン・オーストラリア大学から博士号を授与される。メルボルン大学ならびにマレーシアのマラヤ大学で教鞭をとったあと、二〇一七年からグリフィス大学に所属している。研究で関心を持つもののひとつがイスラム解釈学で、ジェンダーや異宗教間の関係、進歩的イスラムと新伝統的サラフィー主義に特に深く関わっている。これらのテーマに関して、一〇年以上にわたって精力的に出版活動を行ってきた。*Constructing a Religiously Ideal "Believer" and "Woman" : Neo-traditional Salafi and Progressive Muslims' Methods of Interpretation*〈「信者」と「女性」の宗教的な理想像を構築する：新伝統的サラフィー主義と進歩的イスラムの解釈法〉(Palgrave, 2011) や、*The Imperatives of Progressive*

Islam〈進歩的イスラムの責務〉(Routledge, 2017) などの著書がある。ドゥデリヤは活動的な学者で、進歩的イスラムの理論に関する世界的な専門家でもある。10章執筆

アン・クレイセン (Anne Klaeysen) は、エシカルカルチャー・ニューヨーク協会の聖職者のリーダー、ニューヨーク大学のヒューマニスト・チャプレン、コロンビア大学のヒューマニスト宗教生活アドバイザー。パストラルケアとカウンセリングの研究でヘブライ・ユニオン・カレッジから牧会学博士に認定され、アメリカヒューマニスト協会の教育センター部門の委員を務め、ユニオン神学校でヒューマニズムの講座を持っている。11章執筆

ジョン・カーグ (John Kaag) は、マサチューセッツ大学ローウェル校の哲学教授。著書の *Hiking with Nietzsche: On Becoming Who You Are*〈ニーチェとハイキング：本来の自分になるために〉(Farrar, Straus, and Giroux, 2018) は、NPR (ナショナル・パブリック・ラジオ) 二〇一八年ベストブックに選ばれ、*American Philosophy: A Love Story*〈アメリカの哲学：ラブストーリー〉(Farrar, Straus, and Giroux, 2016) は、NPRの二〇一六年ベストブックに選ばれただけでなく、『ニューヨーク・タイムズ』紙のエディターズチョイス賞を受賞する。彼の著述は『ニューヨーク・タイムズ』紙、『ハーパーズ・マガジン』誌、『クリスチャン・サイエンス・モニター』紙など、多くの出版物に掲載されている。13章執筆

ダグラス・アンダーソン（Douglas Anderson）は、ノーステキサス大学哲学・宗教学部の元学部長。現在はすでに退官している。彼の研究の中心は、アメリカ哲学、哲学の歴史、哲学と文化的習慣との関係。以下に紹介する複数の本を執筆し、多数の論文を発表している。*Philosophy Americana: Making Philosophy at Home in America*, *Conversations on Peirce*〈アメリカ哲学：哲学をアメリカに根づかせる。パースに関する会話〉、*Real and Ideals*, *Strands of System*〈現実と理想、体系の要素〉、*The Philosophy of Charles Peirce*〈チャールズ・パースの哲学〉、*Creativity and the Philosophy of C. S. Peirce*〈独創性とC・S・パースの哲学〉。13章執筆

ケルシー・パイパー（Kelsey Piper）は、スタンフォード大学から象徴体系の研究で学士号を授与される。同大学でスタンフォード効果的利他主義を創設し、初代会長になる。その後、ヴォックスが立ち上げたフューチャー・パーフェクトの創設チームに参加する。この組織はロックフェラー財団と提携し、今日の世界が直面する最も重要な問題——世界の貧困、気候変動、人類の文明にとってのリスク——に取り組むジャーナリズムを支援している。14章執筆

ジョン・R・シュック（John R. Shook）は、ニューヨーク州立大学バッファロー校の哲学科研究員および科学と公共に関する教育学修士課程のオンラインプログラムの教員。ボウイ州立大学（メリーランド州）で哲学の講師も務める。*The Oxford Handbook of Secularism*〈世俗主義に関するオックスフォード・ハンドブック〉（Oxford University Press, 2017）をフィル・ズッカーマンと共同編集

する。最新の著書は、*Systematic Atheology: Atheism's Reasoning with Theology*〈体系的無神学：無神論に基づいた神学の論理的思考〉（Routledge, 2018）。長年にわたり、世俗的・人間中心主義的な団体と活動を共にしてきた。センター・フォー・インクワイアリーの教育長ならびに上級研究員、アメリカヒューマニスト協会の教育コーディネーター、ヒューマニスト・インスティテュートのメンター、ヒューマニスト哲学者学会の会長を務める。現在は、*Essays in the Philosophy of Humanism* 誌〈ヒューマニズム哲学のエッセイ〉の編集長を務める。15章執筆

マッシモ・ピリウーチ（Massimo Pigliucci）は、ニューヨーク市立大学のK・D・イラニ哲学教授。*How to Be a Stoic: Using Ancient Philosophy to Live a Modern Life*（Basic Books, 2017）（邦訳『迷いを断つためのストア哲学』月沢李歌子訳、早川書房、二〇一九年）、*Nonsense on Stilts: How to Tell Science from Bunk*〈大げさで意味のない言葉：科学と戯言を区別する方法〉（University of Chicago Press, 2010）、グレゴリー・ロペスとの共著 *A Handbook for New Stoics*〈新しいストア哲学のハンドブック〉（The Experiment, 2019）などの著書がある。Patreon.com/FigsIn Winter でブログを書いている。編集、5章執筆

スカイ・C・クリアリー（Skye C. Cleary）は、博士号とMBAを取得した哲学者で、*Existentialism and Romantic Love*〈実存主義とロマンティックラブ〉（Palgrave, 2015）の著者。コロンビア大学、バーナードカレッジ、ニューヨーク市立大学シティカレッジ、シンク・オリオで教鞭

をとり、かつてはニューヨーク公共図書館で教えた。アメリカ哲学協会のブログの編集長を務め、研究成果は『イーオン』誌、『パリ・レビュー』誌、『タイムズ文芸付録（ロンドン）』誌、TED-Ed、『ロサンゼルス・レビュー・オブ・ブックス』誌などで発表されている。編集、12章執筆

ダニエル・A・カウフマン（Daniel A. Kaufman）は、ミズーリ州立大学の哲学教授。ミーニング・オブ・ライフ・テレビの番組『ソフィア』の司会を務め、『エレクトリック・アゴラ』の編集と出版に関わっている。これは哲学、人文学、科学、大衆文化の交流に取り組むオンラインマガジン。妻で高校教師のナンシーと、娘のヴィクトリアと共にミズーリ州スプリングフィールド在住。編集、4章執筆

訳者あとがき

今年（二〇二一年）の夏を過ぎてもコロナ禍はなかなか収束せず、私たちは難しい選択を迫られてきました。コロナ禍のなかでオリンピックを開催すべきか否か。開催する場合、観客はどうするのか。オリンピックを開催できるならば、学生のスポーツ大会やフェスはどうすればよいか。子どもの感染者が増えてきたならば、学校は休校にするべきなのか。ワクチンは少しでも早く打つべきなのか、それとも副反応を考慮して控えるべきか。どれもひとつの正解を出すことはできず、みんなが様々な意見を出し合っています。おまけに判断の参考にするための情報は、メディアにもネットにも溢れかえり、その多くは刺激的な内容で、正しい判断を鈍らせてしまいます。コロナはきわめて恐ろしい存在だから、猛威が鎮まるまでじっと耐え忍ぶしかないのか。それとも、できる範囲で経済活動を再開するべきなのか。

行動の選択には個人差がありますが、どんな状況でも人生を充実させるための努力は、誰にとっても大切ではないでしょうか。世の中が平和なときは、つい漠然と生きてしまいますが、いまのような時代には、良き生を実現するにはどうすべきか、じっくり考えてみるべきでしょう。そのために本書『古今東西の哲学が教える　現代をよく生きる術』は、大変に役立ちます。東洋哲学、西洋哲学、宗教、現代哲学の四部構成で、全部で一五分野（共著もあるので一六人）の専門家が、各分野の人生哲学をわかりやすく紹介しています。どの哲学や宗教も、人生の危機を経験した人物が悩みぬいたすえに創造したもので、著者たちもまた、困難な状況から抜け出そうともがきながら、人生の指針となる哲学との出会いを果たしています。

古今東西の一五の哲学や宗教は、良き生へのアプローチが様々です。なかでも、超越的な存在に対する宗教の考え方は、哲学とは大きく異なります。宗教は、現代の科学では解明できない、対象にしない世界のなかで、人間にはどんな居場所が与えられるのか論じます。これに対して哲学は、科学で答えられる範囲内で良き生を追求します。解明が不可能な世界で人間は超越的な存在に導かれていると考えれば、周囲の状況に振り回されなくなります。一方、人間には苦難を乗り越えられる潜在能力が備わっていると信じられれば、精一杯の努力をしながら毎日を生きる意欲が湧いてきます。ただし哲学も宗教も、人生には生きる意味が必要で、他人を思いやる気持ちを忘れず、人類が繁栄するために協力し合う姿勢が大切だと考える点は共通しています。それを実践するために、本書で紹介する一五の哲学は独自のアプローチを採用しています。どれに共感できるかは、人によって様々です。同じ人でも、時間が経過すると共感できるものは変わってくるでしょう。でも、いまのように先の見通しがたたない時代でも、先人たちの知恵に学びながら生きる姿勢を心がければ、人生は充実するはずです。

本書が哲学書というと、近寄りがたい印象を持たれるかもしれません。でも、本書はとても読みやすいことが大きな特徴です。小難しくて、何度も読み返さないと理解できないわけではありません。

そして、新たな発見に驚かされるはずです。たとえば、イスラム教というと、厳しい戒律や過激派が連想されますが、本書で紹介されている進歩的イスラムは穏健で、時代に合わせて変化する柔軟性を持ち合わせています。あるいは、仏教徒は幸福度が高いと言われますが、仏教が教える幸福は、世間で考えられる幸福とは意味が異なることもわかります。

古今東西の哲学をひとつにまとめ、しかも非常に読みやすい形で、困難な世の中を生きるためのヒントを提供してくれる本書は、本当に貴重な一冊です。それぞれの提言から共感する部分を取り入れ、じっくりと考えれば、自分に最もふさわしい哲学を自分の手で創造することも可能です。本書によれば、人生にはコントロールできないこともありますが、そんなものには執着せず、自分にできることに集中し、人間関係を大切にしながら（ただしこだわりすぎず）、自分だけのためではなく、世の中に貢献するため毎日を精一杯生きれば、かならず道は開かれます。悪いときもあれば、良いときもあるのが人生なのですから。私たちはいま大変な時代に生きていますが、ここでの生き方によって未来は決定されます。

最後になりましたが、本書の翻訳では、化学同人の加藤貴広さんに大変お世話になりました。どうもありがとうございました。

小坂恵理

二〇二一年九月

参考文献・注

I部　東洋の古代哲学

注

(1) Pew-Templeton Global Religious Futures, "The Future of World Religions: Population Growth Projections, 2010—2050," Pew Research Center (April 2, 2015) : 102, https://assets.pewresearch.org/wp-content/uploads/sites/11/2015/03/PF_15.04.02_ProjectionsFullReport.pdf.

(2) 老子 (Laozi) は Lao-Tzu, Lao-Tze, Li Er としても知られ，いずれも「老先生」を意味する．荘子 (Zhuangzi) すなわち「荘先生」は，Chuang-Tzu あるいは Zhuang Zhou としても知られる．

1章　仏　教

参考文献

Conze, Edward. *Buddhism: Its Essence and Development*. Mineola, NY: Dover, 1951/2003. 仏教の本質に関する短い哲学入門書.

Dalai Lama and Howard Cutler. *The Art of Happiness: A Guide for Living*. New York: Riverhead. 1998. (邦訳：ダライ・ラマ，ハワード・カトラー著，今井幹晴訳『ダライ・ラマ こころの育て方』求龍堂，2000年). 幸せになる方法として仏教を売り込んでいる.

Flanagan, Owen. *The Bodhisattva's Brain: Buddhism Naturalized*. Cambridge, MA: MIT Press, 2011. まやかしの呪文に頼ることなく，仏教の形而上学的・倫理学的要素を擁護するうえで，私にとって便利な一冊.

Goleman, Daniel. *Destructive Emotions: How Can We Overcome Them*. New York: Basic Books, 2003. (邦訳：ダライ・ラマ，ダニエル・ゴールマン著，加藤洋子訳『なぜ人は破壊的な感情を持つのか』アーティストハウス，2003年). 怒りなどの破壊的感情について科学と哲学の側面からダライ・ラマと話し合った2000年の会議の報告.

Gombrich, Richard F. *How Buddhism Began: The Conditioned Genesis of the Early Teachings*. New Delhi: Munshiramm Manoharlal, 1996/2002. 仏教哲学に関する信頼性のある古典.

Wright, Robert. *Why Buddhism Is True: The Science and Philosophy of Meditation and Enlightenment*. New York: Simon & Schuster, 2017. (邦訳：ロバート・ライト著，熊谷淳子訳『なぜ今，仏教なのか』早川書房，2018年). 現代アメリカ人の生き方としての仏教が擁護されている.

参考文献・注

注

(1) Pew Forum on Religion and Public Life, "The Global Religious Landscape," Pew Research Center (December 2012): 31-33, https://assets.pewresearch.org/wp-content/uploads/sites/11/2014/01/global-religion-full.pdf.

(2) Richard F. Gombrich, *How Buddhism Began: The Conditioned Genesis of the Early Teachings* (London: Athlone Press, 1996).

(3) Gombrich, *How Buddhism Began.*

2章　儒　教

参考文献

Confucius. *The Essential Analects: Selected Passages with Traditional Commentary.* Translated by Edward Slingerland. Indianapolis: Hackett Publishing, 2006. 中国の伝統に忠実な孔子の言葉をひとつにまとめた書物『論語』が，見事に英訳されている．

Creel, H. G. *Confucius and the Chinese Way.* New York: Harper Torchbooks, 1960. 孔子と彼の哲学に関して，未だに最善の一般入門書．絶版になっているが，図書館や古書店で手に入る．

Ivanhoe, Philip J. *Confucian Moral Self Cultivation*, 2nd ed. Indianapolis: Hackett Publishing, 2000. より良い人間になる方法について，儒教のなかで繰り広げられた議論に関する入門書として読みやすい．

The Four Books: The Basic Teachings of the Later Confucian Tradition. Translated by Daniel K. Gardner. Indianapolis: Hackett Publishing, 2007. 中国の研究者は何世代にもわたって儒教の古典『四書』を学んできたが，この英訳書を読めば同じように理解を深めることができる．

Van Norden, Bryan W. *Introduction to Classical Chinese Philosophy.* Indianapolis: Hackett Publishing, 2011. 孔子と彼の後継者たちが生きて教えを広めた時代の知的環境を概観している．

注

(1) Zhang Zai, "The Western Inscription," in *Readings in Later Chinese Philosophy*, trans. and ed. Bryan W. Van Norden and Justin Tiwald, (Indianapolis: Hackett Publishing, 2014), 135. 英訳では多少変更されている．

(2) "Kongzi (Confucius), '*The Analects*,' " 12:11 (孔子『論語』), trans. Edward Gilman Slingerland, in *Readings in Classical Chinese Philosophy*, 2nd ed., ed. Philip J. Ivanhoe and Bryan W. Van Norden (Indianapolis: Hackett Publishing, 2005), 36. 英訳では多少変更されている．

(3) Wang Yangming, "Questions of the *Great Learning*" (王陽明『伝習録』), trans. Philip J. Ivanhoe, in *Readings in Later Chinese Philosophy*, 241-42. 英訳では多少変更されている．

(4) Wang, "Questions of the *Great Learning*," in *Readings in Later Chinese Philosophy*, 242.

(5) 4章「アリストテレス哲学」(ダニエル・A・カウフマン) ならびに12章「実存主義」(スカイ・C・クリアリー) を参照.

(6) Jean-Jacques Rousseau, *The Social Contract and Discourses* (ジャン=ジャック・ルソー『ルソー著作集』), trans. G. D. H. Cole (New York: E. P. Dutton & Co., 1913), 5.

(7) Christopher Mathias, Jenna Amatulli, and Rebecca Klein, "Exclusive: Florida Public School Teacher Has a White Nationalist Podcast," *HuffPost*, March 3, 2018, https://www.huffpost.com/entry/florida-public-school-teacher-white-nationalist-podcast_us_5a99ae32e4b089ec353a1fba.

(8) Tara Isabella Burton, "How religious groups are responding to the Masterpiece Bakeshop Supreme Court case," *Vox*, December 5, 2017, https://www.vox.com/policy-and-politics/2017/12/5/16719386/masterpiece-cakeshop-scotus-religious-arguments-amicus-briefs-gay-cake.

(9) Adam Winkler, "Corporations keep claiming 'We the People' rights. And they're winning," *Los Angeles Times*, March 2, 2018, http://www.latimes.com/opinion/op-ed/la-oe-winkler-how-corporations-won-the-right-to-personhood-20180302-story.html.

(10) John Donne, Meditation XVII: "No Man Is an Island," in *Devotions Upon Emergent Occasions* (London, 1624). 綴りは現代的に変更されている.

(11) *The Questions of King Milinda*, ed. N. K. G. Mendis (Kandy, Sri Lanka: Buddhist Publication Society, 1993), 29.

(12) "Selected Kōans" (『公案集』), trans. Stephen Addiss and James Green, in *Readings in Later Chinese Philosophy*, 107-108.

(13) 仏教にもっと共感的な記述に関しては1章「仏教」(オーウェン・フラナガン) を参照.

(14) "Cheng Hao, Selected Sayings" (程顥, 程頤『二程全書』), trans. Philip J. Ivanhoe, in *Readings in Later Chinese Philosophy*, 152.

(15) "Cheng Hao, Selected Sayings," in *Readings in Later Chinese Philosophy*, 149.

(16) "Mengzi (Mencius)," 7A15 (『孟子』), trans. Bryan W. Van Norden, in *Readings in Classical Chinese Philosophy*, 152-53.

(17) 中国語の仁の訳語には「benevolence」(博愛) がふさわしい. 中国語の義の訳語としては「righteousness」(公正) が標準になっているが, 英語圏の人たちはこれを「self-righteousness」(独善性) と簡単に関連づけるケースが多い. これは義とは反対の意味になる. 義と最も意味が近い英語は, おそらく「integrity」(誠実) だろう.

(18) "*Mengzi*, Book 3B," 3B1, in *The Essential Mengzi*, trans. Bryan W. Van Norden (Indianapolis: Hackett Publishing, 2009), 36.

(19) ScienCentral, Inc., and the American Institute of Physics, "William Shockley," PBS, 1999, https://www.pbs.org/transistor/album1/shockley/shockley3.html.

(20) "Mengzi (Mencius)," 4A17, in *Readings in Classical Chinese Philosophy*, 138.
(21) "Kongzi (Confucius), '*The Analects*,'" 13:18, in *Readings in Classical Chinese Philosophy*, 39.
(22) "Mengzi (Mencius)," 4B6, in *Readings in Classical Chinese Philosophy*, 139.
(23) "Mengzi (Mencius)," 4A10, in *Readings in Classical Chinese Philosophy*, 137–38.
(24) "Kongzi (Confucius), '*The Analects*,'" 2:15, in *Readings in Classical Chinese Philosophy*, 6.
(25) "Kongzi (Confucius), '*The Analects*,'" 7:22, in *Readings in Classical Chinese Philosophy*, 22.
(26) "Kongzi (Confucius), '*The Analects*,'" 1:4, in *Readings in Classical Chinese Philosophy*, 3.〔このタスク，すなわち日々の倫理的セルフモニタリングには，ストア哲学との類似点がある．5章「ストア哲学」（マッシモ・ピリウーチ）を参照〕
(27) Zhu Xi（朱熹）, quoted in "Categorized Commentaries on the *Great Learning*," trans. Bryan W. Van Norden, in *Readings in Later Chinese Philosophy*, 184.
(28) Wang Yangming, quoted in "Miscellaneous Writings," trans. Philip J. Ivanhoe, in *Readings in Later Chinese Philosophy*, 280.
(29) Zhu Xi, quoted in "Collected Commentaries on the *Analects*," trans. Bryan W. Van Norden, in *Readings in Later Chinese Philosophy*, 200. この節に関する深い考察ならびにそれを自分の人生に応用する方法については以下を参照. "Perspectives on Moral Failure in the *Analects*," in *Dao Companion to the Analects*, ed. Amy Olberding (New York: Springer, 2014), 199–221.
(30) "Kongzi (Confucius), '*The Analects*,'" 4:5, in *Readings in Classical Chinese Philosophy*, 11.
(31) "Kongzi (Confucius), '*The Analects*,'" 1:4, in *Readings in Classical Chinese Philosophy*, 3.
(32) "Mengzi (Mencius)," 4A11, in *Readings in Classical Chinese Philosophy*, 138.
(33) "Kongzi (Confucius), '*The Analects*,'" 15:24, in *Readings in Classical Chinese Philosophy*, 45.

3章　道　教

参考文献

Daodejing: The New, Highly Readable Translation of the Life-Changing Ancient Scripture formerly known as the Tao Te Ching. Translated by Hans-Georg Moeller. Chicago: Open Court, 2007. 道教の古典『道徳経』の英語の全訳で，内容も正確である．各章ごとに基本的な解釈が掲載されている．

Moeller, Hans-Georg. *Daoism Explained: From the Dream of the Butterfly to the Fishnet Allegory*. Chicago: Open Court, 2004. 初期の道教について，わかりやすく概説している．道教の文献に基づいた面白くて興味深いストーリーも紹介されている．

Slingerland, Edward. *Trying Not to Try: Ancient China, Modern Science, and the*

Power of Spontaneity. New York: Broadway Books, 2015. 本書は，流れに逆らわないという道教のアイデアを，現代科学，特に認知科学と結びつけている．
Wang, Robin R. *Yinyang: The Way of Heaven and Earth in Chinese Thought and Culture*. New York: Cambridge University Press, 2012. 中国の存在論，知識，論理，身体修養，視覚芸術，生活様式における陰陽の機能と影響に関する包括的な解説書として優れている．
Zhuangzi: The Essential Writings, with Selections from Traditional Commentaries（『荘子』）. Translated by Brook Ziporyn. Indianapolis: Hackett, 2009. 道教の古典のひとつが，わかりやすく英訳されている．

4章　アリストテレス哲学

参考文献

Aristotle. *Nicomachean Ethics*. Translated by David Ross. Oxford: Oxford University Press, 2009. アリストテレスの『ニコマコス倫理学』の英訳書のなかでは最も入手しやすくて読みやすく，最もよく知られている．
Lear, Jonathan. *Aristotle: The Desire to Understand*. Cambridge: Cambridge University Press, 1988. アリストテレスの哲学に関して，最も優れ，最も入手しやすい二次文献．『ニコマコス倫理学』の最も重要なアイデアについての分析は秀逸．
Williams, Bernard. *Ethics and the Limits of Philosophy*. New York: Routledge, 2006.（邦訳：バーナード・ウィリアムズ著，森際康友，下川潔訳『生き方について哲学は何が言えるか』ちくま学芸文庫，2020 年）
――. *Philosophy as a Humanistic Discipline*. Princeton: Princeton University Press, 2006. ウィリアムズの著書はすべて，哲学とは人間の行動について取り上げる学問であり，人間性の核心的要素を表現するものだというアイデアを土台に据えている．哲学，特に倫理学は何らかの超越的または超人間外的な見解を提供すべきで，そこから私たちの行動は導かれる（あるいは指示される）という発想に対して，ウィリアムズは前世紀の哲学者たちのなかでも特に激しく抵抗した．彼の著書のなかでもここで紹介する 2 冊は，彼のアイデアが最も強く表れており，典型的なアリストテレス学説信奉者としての印象が強い．

注

(1) Aristotle, *Nicomachean Ethics*, trans. David Ross (Oxford: Oxford University Press, 2009), 4.
(2) Martha C. Nussbaum, *The Fragility of Goodness: Luck and Ethics in Greek Tragedy and Philosophy* (Cambridge: Cambridge University Press, 1986).
(3) Thomas Nagel, "Moral Luck," in *Mortal Questions* (Cambridge: Cambridge University Press, 1979).
(4) Aristotle, *Nicomachean Ethics*, 25.
(5) Susan Wolf, "Moral Saints," *Journal of Philosophy* 79, no. 8 (August 1982): 424, doi: 10.2307/2026228.

(6) Aristotle, *Nicomachean Ethics*, 44.

5章　ストア哲学

参考文献

Aurelius, Marcus. *Meditations*（マルクス・アウレリウス『自省録』). Translated by Robin Hard. Oxford: Oxford University Press, 2011. 哲人皇帝マルクス・アウレリウスの個人日記は古典として高く評価されているが，その現代語訳としては，本書が最も優れていると思う．この著書からは，五「賢帝」のひとりであるアウレリウスが個人的な欠点の解消に取り組み，より良い人間になるための努力を惜しまない様子が描かれている．

Becker, Lawrence C. *A New Stoicism*, revised edition. Princeton, NJ: Princeton University Press, 2017. 本書はどの本よりも包括的な形で，古代ストア哲学を現代に当てはめる試みに取り組んでいる．哲学と論理学に関して少なくともある程度の予備知識を持っている読者にお勧め．それ以外の読者は，主な論拠に関する複数のデータをまとめた以下のサマリーに目を通すとよい．https://howtobeastoic.wordpress.com/tag/a-new-stoicism/.

The Cambridge Companion to the Stoics. Edited by Brian Inwood. Cambridge: Cambridge University Press, 2003. 古代ストア哲学が専門的・包括的に概観されており，しかも読みやすい．歴史，自然学，形而上学，論理学，倫理学などに関する章が含まれる．哲学の予備知識をある程度持っている読者に特にお勧めだが，絶対に知識が必要というわけではない．

Epictetus. *Discourses, Fragments, Handbook*（エピクテトス『語録，断片，提要』). Translated by Robin Hard. Oxford: Oxford University Press, 2014. 古代ストア哲学を扱った典型的なテキスト集．最初の『語録』は詳しいけれども読みやすく，『提要』は上級者を対象にしており，実際的で役に立つ教えが満載されている．

Irvine, William B. *A Guide to the Good Life: The Ancient Art of Stoic Joy*. Oxford: Oxford University Press, 2008.（邦訳：ウィリアム・アーヴィン著，竹内和世訳『良き人生について――ローマの哲人に学ぶ生き方の知恵』白揚社，2013 年）．現代ストア哲学を多岐にわたって取り上げた入門書で，エピクロス主義の傾向がかなり強い．コントロール二分法に関する著者の扱いには注意が必要．二分法から三分法への変換を試みているが，現代のストア学派ではほとんどの人たちが，これは見当違いだと考えている．

Pigliucci, Massimo. *How to Be a Stoic: Using Ancient Philosophy to Live a Modern Life*. New York: Basic Books, 2017.（邦訳：マッシモ・ピリウーチ著，月沢李歌子訳『迷いを断つためのストア哲学』早川書房，2019 年）．ストア哲学入門に関する自著．コロッセウム，ドムス・アウレア（ローマにあるネロの宮殿），フォロ・ロマーノなどを巡りながら，エピクテトスと架空の会話を交わす形式をとっている．愛情や友情から障害や死にいたるまで，各章では現実的な問題に取り組んでいる．最終章では，ストア哲学のエクササイズの実践を紹介している．

Robertson, Donald. *Stoicism and the Art of Happiness*. London: Teach Yourself, 2013. 現代ストア哲学への非常に実践的なアプローチで，著者は認知行動セラピスト．面白くて，すぐ役に立つ．

Seneca, Lucius Annaeus（ルキウス・アンナエウス・セネカ）. *Anger, Mercy, Revenge*. Translated by Robert A. Kaster and Martha C. Nussbaum. Chicago: University of Chicago Press, 2010.『寛容について』（ネロに捧げた作品で，新皇帝ネロへの助言と遠回しな警告が絶妙のバランスで提供されて興味深い）や *The Pumpkinification of Claudius the God*（皇帝クラウディウスが死んで神格化された後に書かれた風刺的なエッセイ）を含む3本のエッセイが登場する．しかし，何と言っても重要なのは『怒りについて』で，ストア哲学に興味のある人だけでなく，すべての人にとって必読．

——. *Hardship and Happiness*. Translated by Elaine Fantham, Harry M. Hine, James Kerr, and Gareth D. Williams. Chicago: University of Chicago Press, 2014. このコレクションには，ストア哲学に関するセネカの最高かつ最も洞察に富んだ著述の一部が含まれ，慰めについて取り上げた3通の書簡から以下が引用されている．*On the Shortness of Life, On the Constancy of the Wise Person, On Tranquility of Mind, On Leisure, On the Happy Life,* and *On Providence*. ストア哲学に興味のある研究者だけでなく，美しい散文を好む誰にとっても必読の書．

——. *Letters on Ethics: To Lucilius*. Translated by Margaret Graver and A. Long. Chicago: University of Chicago Press, 2015. 最晩年のセネカが友人のルキリウスに送った，美しい文章で綴られた手紙をまとめた書簡集．しかしもっと重要なのは，これがストア哲学に関するごく明快で配慮の行き届いた入門書になっていることで，事実上セネカの哲学的遺言になっている．

——. *On Benefits*. Translated by Miriam Griffin and Brad Inwood. Chicago: University of Chicago Press, 2011. ストア哲学の教えが明確に記されたセネカの著作のなかでは，これが最後に登場した．恩恵をいかに授受すればよいか，感謝の気持ちをどのように表せばよいか，それはなぜか，詳しく分析されている．哲学は何よりも，恩恵を上手に授受することを教える学問だと，セネカは記している．

注

(1) Modern Stoicism, last accessed July 13, 2019, https://modernstoicism.com/.

(2) Diogenes Laertius, *Lives of the Eminent Philosophers*（ディオゲネス・ラエルティウス『ギリシア哲学者列伝』）, trans. Pamela Mensch (Oxford: Oxford University Press, 2018), VII.3.

(3) 私が知っているなかではStoicism Group on Facebookがストア哲学に関する最大のオンラインコミュニティ．世話人は作家のDonald Robertson (Stoicism Group [Stoic Philosophy], Facebook, https://facebook.com/groups/466338856752556). 2019年8月14日時点で，会員数はほぼ5万2000人．

(4) Marcus Aurelius, *Meditations*, trans. Robin Hard (Oxford: Oxford University Press, 2011), IV.13.

(5) Aurelius, *Meditations*, IV.4.

(6) Katherine Dahlsgaard, Christopher Peterson, and Martin E. P. Seligman, "Shared Virtue: The Convergence of Valued Human Strengths across Culture and History," *Review of General Psychology* 9, no. 3 (2005): 203–213, doi: 10.1037/1089-2680.9.3.203.
(7) Seneca, "On Anger," III.36, in *Anger, Mercy, Revenge*, trans. Robert A. Kaster and Martha C. Nussbaum (Chicago: University of Chicago Press, 2010).
(8) Aurelius, *Meditations*, V.1.
(9) Aurelius, *Meditations*, V.20.
(10) Epictetus, *Discourses*, II.12:3–4, in *Discourses, Fragments, Handbook*, trans. Robin Hard (Oxford: Oxford University Press, 2014).
(11) Epictetus, *Enchiridion*(『提要』), 43.
(12) Epictetus, *Discourses*, IV.1:111–113, in *Discourses, Fragments, Handbook*.
(13) Massimo Pigliucci and Gregory Lopez, *A Handbook for New Stoics: How to Thrive in a World Out of Your Control* (New York: The Experiment, 2019).
(14) Epictetus, *Enchiridion*, 1:1.
(15) Epictetus, *Enchiridion*, 1:3.
(16) Spock, logic, and wisdom: John Kolencik, "Logic is the beginning of wisdom not the end," YouTube video, 0:46, posted May 2013, https://youtu.be/A4XPTmmvVow/.
(17) Seneca, *On Tranquility of Mind*(『心の平静について』), XVII, trans. Elaine Fantham, in *Hardship and Happiness* (Chicago: University of Chicago Press, 2014).
(18) Epictetus, *Enchiridion*, 1:5.
(19) Epictetus, *Discourses*, I.25:28–29, in *Discourses, Fragments, Handbook*.

6章 エピクロス主義

参考文献

DeWitt, Norman Wentworth. *Epicurus and His Philosophy*. Minneapolis: University of Minnesota Press, 1954. ド・ウィットは学者のあいだではあまり注目されないが，エピクロス哲学をきちんと理解したい人にとっては不可欠な存在と見なされている．著者は規範について十分に把握しており，本書のなかでも他の著書のなかでも，古代エピキュリアンの共同体が形成されていく過程を正しく評価している．

Onfray, Michel. *A Hedonist Manifesto: The Power to Exist*. Translated by Joseph McClellan. New York: Columbia University Press, 2015. 英語で読めるミシェル・オンフレの思想の入門書のなかでは，最も完成されている．本書でオンフレは新しい洞察を提供しているわけではない．むしろ歴史科学について教えたうえで，複数の要素を撚り合わせながら，将来を見据えた一貫性のある全体像を作り上げることに専念している．

Philodemus(フィロデモス). *On Death*. Translated by W. Benjamin Henry. Atlanta:

Society of Biblical Literature, 2009. ヘラクラネウムのヴィラに残されていたすべての巻物に関する研究のなかでは，おそらく最も賢明で価値が高い．死についてのエピクロス哲学の教義の倫理的影響が一通り列挙されている．

——. *On Property Management*. Translated by Voula Tsouna. Atlanta: Society of Biblical Literature, 2012. サモスのエピクロスとサモサタのルシアンの著作のほとんどは，オンラインで簡単に確認できる．しかし，西暦 79 年のベスビオ火山の噴火の被害を免れた巻物の内容については，広く知られていない．本書には，不動産管理に関するフィロデモスのコメントが含まれる．

Stenger, Victor J. *God and the Atom*. New York: Prometheus Books, 2013. 古代ギリシャの原子論を擁護した一冊．現代の科学や宇宙論が基本的には未だにエピクロスやルクレティウスのアイデアといかに一致しているかに焦点を当てている．

注

(1) "Epicurean," *Oxford Living Dictionaries*, s.v., accessed March 12, 2019, https://en.oxforddictionaries.com/definition/epicurean/.

(2) "Epicure," *Merriam-Webster Dictionary*, accessed June 6, 2019, https://www.merriam-webster.com/dictionary/epicure.

(3) ミシェル・オンフレは *A Hedonist Manifesto* のなかで以下のように書いている.「快楽は人びとを怯えさせる．人びとは快楽に関する言葉や行動，快楽の実体や快楽を取り上げる話に恐れをなす．快楽は人びとを怯えさせ，ヒステリックにさせる．快楽には個人的な問題があまりにもたくさん関わり，しかも事細かくて共感できず，辛くて悲しく，くだらない詳細がうんざりするほど多い．そこには見えない欠陥が隠されている．ただ存在し，生きて楽しむだけのことに，どれほど多くの情報が関わっていることか．だから人びとは，快楽について語る言葉を否定する．悪意を込めて批判する内容は，攻撃的で不誠実か，あるいは焦点をぼかしている．無礼，中傷，軽蔑，侮辱——これらはいずれも快楽という主題を避けるための手段である」(Michael Onfray, *A Hedonist Manifesto: The Power to Exist*. New York: Columbia University Press, 2015, 26)．

(4) 初期のエピキュリアンは，すべての物体は究極の粒子と真空として存在すると主張した（これには，原子と真空から成る「寄せ集めの物体」という表現が使われている）．しかしだからといって，時間，磁力，喜びと嫌悪などの化学反応が物体同士のあいだに存在しないわけではない．物体は形として存在するというよりも，物体同士の相互作用や反応として存在する．エピクロスの『ヘロドトスへの書簡』のなかで，これは「創発的」あるいは「相関的な」特性として知られる．

(5) 2019 年 6 月の時点で exoplanets.org には太陽系外惑星が全部で 5747 個掲載されており，そのうちの 3262 個が確認され，2485 個が太陽系外惑星の候補である．ただし，この数は絶えず増加している．

(6) エピクロスの『主要教説』と『ヴァチカン箴言集』にはエピクロス哲学の最も基本的な側面が要約され，紹介されている．研究者からは頻繁に引用され，詳しく解説されている．

(7) James H. Fowler and Nicholas A. Christakis, "Dynamic Spread of Happiness in a Large Social Network," *British Medical Journal* 337 (2008) : 1-9. doi: 10.1136/bmj.a2338.

(8) John T. Cacioppo, James H. Fowler, and Nicholas A. Christakis, "Alone in the Crowd: The Structure and Spread of Loneliness in a Large Social Network," *Journal of Personality and Social Psychology* 97, no. 6 (December 2009): 977-91. doi: 10.1037/a0016076.

(9) キュレネ派は，快楽に基づいた倫理学を提唱した最初の哲学の学派である．創始者はキュレネのアリスティッポスで，北アフリカの都市キュレネのギリシャ人のあいだで最も活動的だったことから，キュレネ派と呼ばれた．新エピクロス主義の哲学史家ミシェル・オンフレは，キュレネ派は非常に重要であるが軽んじられてきたと考え，著書 *L'invention du plaisir: Fragments cyrênaïques* (快楽の発明：キュレネ派の断片集, 2002) のなかで「哲学のアトランティス」と呼んでいる．

(10) Belinda Luscombe, "Do We Need $75,000 a Year to Be Happy?," *Time*, September 6, 2010, http://content.time.com/time/magazine/article/0,9171,2019628,00.html.

Ⅲ部　宗教的伝統

注

(1) Søren Kierkegaard, *Philosophical Fragments, or, A Fragment of Philosophy by Johannes Climacus*, trans. David F. Swenson and Howard V. Hong (Princeton, NJ: Princeton University Press, 1962), 66.

(2) Pew-Templeton Global Religious Futures, "The Changing Global Religious Landscape," Pew Research Center, (April 5, 2017), http://www.pewforum.org/2017/04/05/ the-changing-global-religious-landscape/.

(3) "The Changing Global Religious Landscape," Pew Research Center.

(4) "The Changing Global Religious Landscape," Pew Research Center.

(5) "The Changing Global Religious Landscape," Pew Research Center.

(6) "The Changing Global Religious Landscape," Pew Research Center.

7章　ヒンドゥー教

参考文献

Flood, Gavin. *An Introduction to Hinduism*. Cambridge: Cambridge University Press, 1996. ヒンドゥー教の歴史に関する基礎入門書で，主題別にまとめられている．

Sarma, Deepak. "When Is a Brahmin a *brahmabandhu*, an Unworthy or Wicked Brahmin? Or When Is the *adhikārin*, Eligible One, *anadhikārin*, Ineligible?" *Method & Theory in the Study of Religion* 13, no. 1 (2001) : 82-90. 学者は研究対象の組織に参加すべきか否かという問題が，マドヴァ・ヴェーダーンタ学派でどのように例証されているかを取り上げた論文．

——. *An Introduction to Mādhva Vedānta*. Farnham, UK: Ashgate Publishing, 2003. マドヴァ・ヴェーダーンタ学派に関する短い入門書で，哲学に注目している．

——. *Classical Indian Philosophy: A Reader*. New York: Columbia University Press, 2011. インド哲学の典型的なテーマと議論に関する入門書．

注

(1) Madhvācārya（マドヴァーチャーリャ）, *Brahma Sūtra Bhāṣya*, 2:3:29.

(2) Madhvācārya, *Viṣṇutattva(vi)nirṇaya*, 35.

(3) Madhvācārya, *Tattvasaṃkhyāna*, 1.

(4) Madhvācārya, *Mahābhāratatātparyanirṇaya*, 1:79, 1:85.

(5) Madhvācārya, *Chāndogyopaniṣadbhāṣyam*, 3:15:1.

8章　ユダヤ教

参考文献

Berkson, William. *Pirke Avot: Timeless Wisdom for Modern Life*. Philadelphia: Jewish Publication Society, 2010.『ピルケイ（またはピルケ）・アヴォート』には古典期のラビたちの金言がまとめられている．本章にも金言の一部が引用されている．『ピルケイ・アヴォート』は，西暦 200 年頃に編纂されたミシュナーに関する論文である．歴史的背景について，さらには先人たちの知恵を現代にいかに応用するべきかについて，このバークソン版には役に立つエッセイやコメントが掲載されている．

Borowitz, Eugene B. *Choices in Modern Jewish Thought: A Partisan Guide*. West Orange, NJ: Behrman House, 1983. 著者のボロウィッツはユダヤ教にとっての現代の課題について解説し，マルティン・ブーバーやアブラハム・ヨシュア・ヘッセルなど，現代の著名な思想家からの反応を集めて紹介している．合理的な四つのモデルと非合理的な三つのモデルに触れてから，そのあとの章ではホロコースト，現代正統派の神学，リベラルなユダヤ思想について取り上げている．

Citrin, Paul, ed. *Lights in the Forest: Rabbis Respond to Twelve Essential Jewish Questions*. New York: CCAR Press, 2014. この読みやすい作品には，40 人の改革派のラビがエッセイを寄稿している．ここでは 12 の疑問が三部構成で取り上げられている．第 1 部では神に関する疑問をまとめ，「神は苦しみや悪行とどう関わっているか」，「神と倫理的価値のあいだにはどんな関連性があるか」などと問いかけている．第 2 部では私たちの人間性に関わる疑問に取り組み，「ジェンダーの概念は人間への理解にどんな貢献をしているか」，「魂や来世についてあなたはどんな概念を持っているか」などと問いかけている．第 3 部ではユダヤ人に関する疑問をまとめ，「宗教の自主性を重んじるリベラルなユダヤ人として，『契約』や『戒律』といった概念が自分にどれだけ適切だと思うか」，「どのような形で，トーラーは私たちにとって聖典になっているのか」などと問いかけている．

Fackenheim, Emil L. *Encounters between Judaism and Modern Philosophy: A Preface to Future Jewish Thought*. New York: Schocken Books, 1987. ホロコーストに取り組むきわめて重要なユダヤ人思想家のひとりであるファッケンハイムの著書は，西洋哲

学に馴染み深い人たちに訴える内容だ.「エリヤと経験主義者:神の存在の可能性」,「アブラハムとカント哲学者：道徳的義務と神の戒律」,「モーセとヘーゲル哲学信奉者：現代世界におけるユダヤ人の存在」,「現代哲学としての偶像崇拝」,「実存主義者のフィナーレ――そして始まり」などの章が含まれる.

Levy, Naomi. *To Begin Again: The Journey toward Comfort, Strength, and Faith in Difficult Times.* New York: Ballantine Books, 1998. ラビ・レヴィが個人的な生活を深く掘り下げて執筆した本書には，苦しみに関する実体験やシナゴーグの会衆との経験が綴られている．各章では興味深いストーリーや人生の課題から学んだ知恵が紹介され，最後は祈りで締めくくられている．

Morinis, Alan. *Everyday Holiness: The Jewish Spiritual Path of Mussar.* Boston: Trumpeter, 2008. ムサールは倫理面に注目する運動で，多くのユダヤ人共同体で新たに評価し直されている．モリニスの入門書では，ムサール運動の歴史的ルーツについて紹介したうえで，この運動を今日ではいかに実践できるか解説している．ムサールは，感謝の気持ち，謙虚さ，寛容など，魂の特性に取り組み，実践を目指す．本書は三部構成で，そのひとつでは魂の 18 の特性を一通り取り上げ，それぞれの特性を強化するための演習も掲載されている．

Sonsino, Rifat. *Six Jewish Spiritual Paths: A Rationalist Looks at Spirituality.* Woodstock, VT: Jewish Lights Publishing, 2000. スピリチュアリティとは何かと考え，聖書の時代から今日に至るまでユダヤ人がどのように魂を探求してきたか歴史を概観したうえで，私たちが魂を育むことができる六つの道をソンシーノは紹介している．すなわち，超越的行為，研究，祈り，瞑想，儀式，人間関係と善行の六つである．

注

(1) Uri Zvi Greenberg, "Like a Woman" adapted by Chaim Stern, in *Gates of Forgiveness* (New York: CCAR Press, 1993).

(2) Elyse D. Frishman, *Mishkan T'filah: A Reform Siddur* (New York: CCAR Press, 2007), 165.

(3) Babylonian Talmud, *Bava Metzia*, 59a–59b.

(4) Maimonides, *Mishneh Torah*, "Laws of *Teshuva*," 2:1 を改変．

(5) *Gates of Repentance: The New Union Prayerbook for the Days of Awe*, ed. Chaim Stern (New York: CCAR Press, 1984), 240.

9章　キリスト教

参考文献

Kalanithi, Paul. *When Breath Becomes Air.* New York: Random House, 2016.（邦訳：ポール・カラニシ著，田中文訳『いま，希望を語ろう――末期がんの若き医師が家族と見つけた「生きる意味」』早川書房，2016 年）．苦しみの意味を発見するまでの軌跡を描いた本として，非常に評判が高く影響力も大きい．著者は肺がんと診断された脳神経外科医で，著者の死後に出版された．意味を求めて専門技術的なアプローチを試みて失敗したが，苦しみのなかに意味を見出すキリストの物語は心の支えになるこ

とを発見するまでのプロセスが詳しく書かれている.

Lewis, C. S. *Mere Christianity*. New York: HarperCollins, 2002.（邦訳：C. S. ルイス著, 柳生直行訳『キリスト教の精髄』信教出版社, 1977 年）. キリスト教の人生観に関する古典的な解釈が紹介されている. キリストの物語が人間の経験の意味を教えてくれる点についての記述は, 特に影響力が大きい.

McGrath, Joanna Collicutt. "Post-traumatic Growth and the Origins of Early Christianity." *Mental Health, Religion & Culture* 9, no. 3 (June 2006): 291-306. 初期キリスト教徒が意味や意義を見出すために苦しみと死の物語がいかに重要だったか, 十分な調査に基づいて研究されている. これが一般的な心の問題としてきわめて重要であり, 苦しみについて解釈するうえでキリストの磔刑が特別な役割を果たしている点に注目している.

Seachris, Joshua. "The Meaning of Life as Narrative: A New Proposal for Interpreting Philosophy's 'Primary' Question." *Philo* 12 (2009): 5-23. 人間の存在について解釈するための手段として, 物語がいかに重要であるか解説している内容は刺激的である. 宇宙とそのなかに存在する私たち生命との関係が, 物語によって明瞭になる点に触れている.

注

(1) Jeanette Winterson, *Why Be Happy When You Could Be Normal?* (New York: Grove Press, 2012), 68.

(2) Salman Rushdie, "Is Nothing Sacred?", The Herbert Read Memorial Lecture, February 6, 1990, read by Harold Pinter, published in *Granta* 31 (spring 1990): 8-9.

(3) C. S. Lewis, *Essay Collection: Faith, Christianity and the Church* (New York: HarperCollins, 2002), 21.

(4) H. Richard Niebuhr, "The Story of Our Life," in *The Meaning of Revelation* (Louisville, KY: Westminster John Knox Press, 2006), 23-46.

(5) St. Augustine, *Confessions*（アウグスティヌス『告白』）, trans. Henry Chadwick (New York: Oxford University Press, 2008), 3.

(6) Steven Weinberg, *The First Three Minutes: A Modern View of the Origin of the Universe* (New York: Basic Books 1977), 154.（邦訳：S. ワインバーグ著, 小尾信彌訳『宇宙創成はじめの 3 分間』ちくま学芸文庫, 2008 年）

(7) John Dewey, *The Quest for Certainty* (New York: Putnam, 1960), 255.（邦訳：ジョン・デューイ著, 加賀裕郎, 田中智志訳『確実性の探求――知識と行為の関係について』東京大学出版会, 2018 年）

(8) Raymond Carver, "Late Fragment," in *All of Us: The Collected Poems* (New York: Vintage, 2000), 294.

(9) "The Elixir," in *The Works of George Herbert*, ed. F. E. Hutchinson (Oxford: Clarendon Press, 1941), 184.

10章　進歩的イスラム

参考文献

Abou El Fadl, Khaled. *Reasoning with God: Reclaiming Shari'ah in the Modern Age*. Lanham, MD: Rowman & Littlefield, 2014. 進歩的イスラムの理論の主張の正しさを裏付ける議論が一貫して展開されている．その主張によれば，シャリア（イスラム法）は知的に厳格だが倫理的に美しい構成概念で，新しい思想体系や知識の源に対する姿勢は開放的である．

Akhtar, Shabbir. *Islam as Political Religion: The Future of an Imperial Faith*. New York: Routledge, 2011. イスラム解放の神学というアイデアをテーマにした，きわめて重要な本のひとつ．イスラムが「政治的な」宗教と呼ばれる理由にも触れている．

al-Jabri, Mohammed Abed. *Democracy, Human Rights and Law in Islamic Thought*. London: I. B. Tauris, 2009. 人権の方針に影響する現代の倫理的感受性を，イスラムの倫理や法律と概念レベルで調和させるために，説得力のある事例が紹介されている．

Duderija, Adis. *Constructing Religiously Ideal "Believer" and "Woman" in Islam: Neo-traditional Salafi and Progressive Muslims' Methods of Interpretation*. Edited by Khaled Abou El Fadl. Palgrave Series in Islamic Theology, Law, and History. New York: Palgrave, 2011. 進歩的イスラム教徒がどのように概念化を行って自らを位置づけ，イスラムの伝統（turath）を解釈しているのか，詳しく論じられている．さらに，経典に関する進歩的イスラム教徒の論理的思考に影響する前提を分解してわかりやすく紹介し，厳格なアプローチとの比較を行っている．

——. "Progressive Islam and Progressive Muslim Thought." *Oxford Bibliographies*. Last modified October 27, 2016. DOI: 10.1093/OBO/9780195390155-0230. 進歩的イスラムのカテゴリーに属する主な著作が，多くの学問分野にまたがって確認されている．

——. *The Imperatives of Progressive Islam*. New York: Routledge, 2017. 進歩的イスラムの理論と，その規範となる原則に関する究極の入門書．

Hidayatullah, Aysha A. *Feminist Edges of the Qur'an*. New York: Oxford University Press, 2014. フェミニストのイスラム学者がフェミニストの視点からコーランの解釈に取り組み，それが経典の理由付けの段階でどのような難題をもたらしたか，包括的に論じられている．

注

(1) Omid Safi, ed., introduction to *Progressive Muslims* (Oxford: Oneworld Publications, 2003), 3.

(2) Safi, *Progressive Muslims*, 11.

(3) Safi, *Progressive Muslims*, 6-7.

11章　エシカルカルチャー

参考文献

Adler, Felix. *An Ethical Philosophy of Life: Presented in its Main Outlines*. New York: D. Appleton, 1918.（邦訳：フエリックス・アドラー著，藤井章訳『社会改造の哲学』

東京宝文館，1924年）．本書は，著者がエシカルカルチャーを創設してから40年以上経過してから出版された哲学的自伝である．著者は自分の思想と影響力を振り返っている．かなり中身は濃いが，私は自分の個人的哲学を探求するための手引きとしてこれを読んでいる．「許しの意味」に関する章は，牧師として行うカウンセリングの訓練に役立つ．

——. *The Reconstruction of the Spiritual Ideal: Hibbert Lectures,* delivered in Manchester College, Oxford, May 1923. New York: D. Appleton, 1924. 本書は，「奈落の底に落ち込んだ人類は，いまや助けを求めて叫んでいる」という文章から始まる．著者は第一次世界大戦の恐ろしさに打ちのめされ，戦後は精神的な理想を再現する必要があると考えた．著者は以下の三つの「精神的苦痛」を特定しており，これには私も共感している．すなわち，この広大な宇宙では人間など無意味な存在に感じられる．この制御不能で圧倒されるような窮地を，多くの人たちが経験している．「良心が引き裂かれた耐え難い緊張状態から解放されなければならない」

American Ethical Union（https://aeu.org/）. このウェブサイトは従来の会員にとっても新規会員にとっても大いに役立つ情報源だ．既存の複数のエシカル協会にリンクしており，これから設立される協会に関する情報も提供されている．現在の出来事に関する情報のほかに，歴史ならびに社会的公正の解明に関連したアーカイブも含まれる．

American Humanist Association（https://americanhumanist.org/）. 世俗的ヒューマニストと宗教的ヒューマニストのどちらにとっても，このウェブサイトは最新の情報を提供してくれる．地方支部，雑誌『ヒューマニスト』，ブログ，ヒューマニストの司祭になるための訓練，外部団体へのリンクなどを扱っている．教育センター（以前はヒューマニスト・インスティテュート）はぜひ覗いてほしい．オンライン講座と対面式セミナーのどちらも行っている（http://cohe.humanistinstitute.org/）．

Black, Algernon D. *Without Burnt Offerings: Ceremonies of Humanism.* New York: The Viking Press, 1974. 逸話や事例を通じて著者は，人間関係が強調される式典を行う際の自らのアプローチを順序だてて説明している．著者は読者に対し，儀式をすっかり放棄するか，儀式について考え直すよう呼びかけている．儀式とは，人生の重要な節目を迎える個人のニーズに合ったものでなければならない．

Epstein, Greg M. *Good without God: What a Billion Nonreligious People Do Believe.* New York: William Morrow, 2009.（ハーバードとＭＩＴでの）私の同僚のチャプレンが執筆した本書は，ヒューマニズムを21世紀に持ち込み，新しい世代に貴重な情報を提供している．ニューヨーク協会には，本書を読んだことがきっかけで，私たちのもとにやって来た会員もいる．

Ericson, Edward L. *The Humanist Way: An Introduction to Ethical Humanist Religion.* New York: The Continuum Publishing Company, 1998. 本書は，ヒューマニズムの歴史，哲学，会衆の運動といった広い視点からエシカルカルチャーのルーツをたどっている．私が特に興味を持ったのが「世俗的」ヒューマニズムと「宗教的」ヒューマニズムの区別だ．連邦最高裁訴訟の判例の脚注に登場するまで，このような区別は存在しなかった．

Klaeysen, Anne. "A Different Kind of Immortality." *The Humanist Prospect: A Neohumanist Perspective* 5, no. 1 (Autumn 2015): 2–26; and video of speech at Dying Without Deity: Perspectives on Death and Dying Symposium, The Institute for Science and Human Values, April 10 and 11, 2015, at https://www.youtube.com/watch?v=TLxrkKTChGU. 私は，死と臨終に関するシンポジウムに参加して講演を行い，学術論文を執筆した．この主題に私がどのようなアプローチで臨み，牧師として家族をいかに導いてきたかが記されている．

——. "Humanism and the Expression of Love." In *Everyday Humanism*, edited by Dale McGowan and Anthony B. Pinn, 85–99. Bristol, CT: Equinox Publishing, 2014. 本章では，人間同士の結びつきの意味や性質に関して，ヒューマニズムがどのような方法で啓発し，影響をおよぼしてきたかが記されている．特に，人生の節目となる式典については重点的に取り上げている．

New York Society for Ethical Culture (http://ethical.nyc/). 私の担当教区限定のウェブサイト．イベントカレンダー，ビデオ，ニュースレター，プログラムに関する情報が含まれる．

Radest, Howard B. *Toward Common Ground: The Story of the Ethical Societies in the United States*. Garden City, NY: Fieldston Press, Inc., 1987. この大作は，エシカルカルチャーの揺籃期がどのようなもので，他の都市や国にどのように広がったのか興味を持つ読者にお勧めの一冊．歴史に関する細かい情報，概念，伝記が含まれる．

Solomon, Robert C. *Spirituality for the Skeptic: The Thoughtful Love of Life*. New York: Oxford University Press, 2002. エシカルカルチャーは神学ではなく哲学を採用しているので，私にとっては，有神論者とヒューマニストの橋渡し役になってくれる貴重な一冊．ユニオン神学校で教えるヒューマニズムの講義では，これを使っている．

注

(1) Felix Adler, *Life and Destiny* (New York: American Ethical Union, 1944), 69.

(2) ——, *An Ethical Philosophy of Life* (New York: D. Appleton, 1918), 252.

(3) John L. Elliott, *Unconquerable Spirit* (New York: The Society for Ethical Culture, 1942), 13.

(4) "Who We Are," The Encampment for Citizenship, accessed June 5, 2019, http://encampmentforcitizenship.org/who-we-are/history.php.

(5) Carlo Rovelli, *Seven Brief Lessons on Physics* (New York: Riverhead Books, 2016), 79.

Ⅳ部　現代哲学

注

(1) Michael Lipka and David McClendon, "Why people with no religion are projected to decline as a share of the world's population," Fact Tank, Pew Research Center, April 7, 2017, http://www.pewresearch.org/fact-tank/2017/04/07/why-people-with-no-religion-are-projected-to-decline-as-a-share-of-the-worlds-population/.

12章　実存主義

参考文献

Bakewell, Sarah. *At the Existentialist Café*. New York: Other Press, 2016. 本書は，20世紀の革命的な実存主義哲学者として輝かしい足跡を残した人物たちの伝記をまとめた秀作．ボーヴォワールとサルトルのほかに，アルベール・カミュ，マルティン・ハイデッガー，エトムント・フッサール，カール・ヤスパース，モーリス・メルロー＝ポンティが登場する．

Cleary, Skye. *Existentialism and Romantic Love*. Basingstoke, UK: Palgrave Macmillan, 2015. 私は本書で恋愛を実存主義の立場から分析し，恋愛の性質に関する見当違いの期待や間違った理想から解放されることの重要性を強調している．肝心なのは，本物の有意義なつながりを持つことである．

Cox, Gary. *How to Be an Existentialist, or, How to Get Real, Get a Grip and Stop Making Excuses*. New York: Continuum, 2009. 実存主義の入門書として優れた一冊で，内容も面白い．主にジャン＝ポール・サルトルの哲学に基づいている．

De Beauvoir, Simone. *She Came to Stay*. Translated by Yvonne Moyse and Roger Senhouse. New York: W. W. Norton and Co., 1954. (邦訳：シモーヌ・ド・ボーヴォワール著，川口篤，笹森猛正訳『招かれた女』新潮文庫，1983年ほか)．ボーヴォワールの最初の小説で，最も過小評価されている作品だと私は考えている．夫婦と愛人ひとりの共同生活を取り上げており，ボーヴォワールの実生活と人間関係におおよそ基づいている．

——. *The Second Sex*. Translated by Constance Borde and Sheila Malovany-Chevallier. New York: Alfred A. Knopf, 2010. (邦訳：ボーヴォワール著，『第二の性』を原文で読み直す会訳『決定版 第二の性』新潮文庫，2001年ほか)．ボーヴォワールの最も重要な著作．彼女は世界における自らの存在について熟慮を重ね，まずは「女性とは何か」と問いかけた．これに対して見つけた答えは，きわめて複雑だった．当初はエッセイを執筆するつもりだったが，最終的には，女性を取り巻く状況を歴史的・哲学的に分析する800頁ちかくの大作になった．

Marino, Gordon. *The Existentialist's Survival Guide: How to Live Authentically in an Inauthentic Age*. New York: HarperOne, 2018. 実存主義の主要なテーマへの入門書として優れている．不安，死，本来性，愛情などのテーマを取り上げ，主にセーレン・キルケゴールの哲学を参考にしているが，カミュ，ニーチェ，サルトルなど，他の哲学者にも注目している．

Nietzsche, Friedrich. *Thus Spoke Zarathustra*. Translated by R. J. Hollingdale. New York: Penguin Classics, 1969. (邦訳：ニーチェ著，氷上英広訳『ツァラトゥストラはこう言った』岩波文庫，1992年ほか)．本書に登場するツァラトゥストラは，山奥の隠居所を飛び出し，「神は死んだ」という言葉を伝え，超人について人びとに教える．副題に「万人向けの，誰のためでもない本」と付いているが，ニーチェの最も重要な本の一冊である．

Sartre, Jean-Paul. *Existentialism Is a Humanism*. Translated by Carol Macomber.

New Haven, CT: Yale University Press, 2007.（邦訳：J-P. サルトル著, 伊吹武彦訳「実存主義はヒューマニズムである」『実存主義とは何か』人文書院, 1996年）. サルトルはこの入門書について, 『存在と無』に登場するアイデアがあまりにも単純化されたと考え, 出版を悔やんだ. でも私は, まずこれを読んでから, つぎに『存在と無』に取り組むことを勧める.

注

(1) Jean-Paul Sartre, *Existentialism Is a Humanism*, trans. Carol Macomber (New Haven, CT: Yale University Press, 2007), 18.

(2) Sartre, *Existentialism Is a Humanism*, 29.

(3) Sartre, *Existentialism Is a Humanism*, 22.

(4) Michel Contat, Michel Rybalka, and Jean-Paul Sartre, *The Writings of Jean-Paul Sartre*, trans. Richard C. McCleary, vol. 1 (Evanston, IL: Northwestern University Press, 1974), 99.

(5) Existential Comics (@ExistentialComs), "How to be an existentialist: 1. Be super existential all the time. 2. Refuse to label yourself as an existentialist. 3. Lots of smoking." Twitter, September 26, 2017, https://twitter.com/existentialcoms/status/912719586692276224.

(6) Friedrich Nietzsche, *The Gay Science*, trans. Josefine Nauckhoff and Adrian Del Caro, ed. Bernard Williams (New York: Cambridge University Press, 2001), 227-28.（邦訳：フリードリヒ・ニーチェ著, 森一郎訳『愉しい学問』講談社学術文庫, 2017年）

(7) Simone de Beauvoir, *The Second Sex*, trans. Constance Borde and Sheila Malovany-Chevallier (New York: Alfred A. Knopf, 2010), 683.

(8) De Beauvoir, *The Second Sex*, 706.

(9) Jean-Paul Sartre, *Being and Nothingness*, trans. Hazel E. Barnes (New York: Washington Square Press, 1992), 530.（邦訳：ジャン＝ポール・サルトル著, 松浪信三郎訳『存在と無――現象的存在論の試み』ちくま学芸文庫, 2007-08年ほか）

(10) Friedrich Nietzsche, *Thus Spoke Zarathustra*, trans. R. J. Hollingdale (New York: Penguin Books, 1969), 83.

(11) Rüdiger Safranski, *Nietzsche: A Philosophical Biography*, trans. Shelley Frisch (New York: W. W. Norton, 2002), 255.（邦訳：リュディガー・サフランスキー著, 山本尤訳『ニーチェ――その思考の伝記』法政大学出版局, 2001年）

(12) Simone de Beauvoir, *The Prime of Life*, trans. Peter Green (Cleveland, OH: The World Publishing Company, 1962), 25.（邦訳：シモーヌ・ド・ボーヴォワール著, 朝吹登水子, 二宮フサ訳『女ざかり――ある女の回想』紀伊國屋書店, 1963年）

(13) Nietzsche, *Thus Spoke Zarathustra*, 95.

(14) Friedrich Nietzsche, "Twilight of the Idols," in *Twilight of the Idols and The Anti-Christ* (New York: Penguin, 1990), 120.（邦訳：フリードリヒ・ニーチェ著, 村井則夫訳『偶像の黄昏』河出文庫, 2019年ほか）

13章　プラグマティズム

参考文献

Anzaldúa, Gloria. *Borderlands/La Frontera*, fourth edition. San Francisco: Aunt Lute Books, 2012. たしかに本書の著者はアメリカの古典的プラグマティストではないが，プラグマティズムが熱心に守り続けてきた多元主義の特徴を正確にとらえている．しかも，メキシコ系アメリカ人の生活にプラグマティズムを応用することで，最新の情報が提供されている．

Bugbee, Henry. *The Inward Morning*. Athens, GA: University of Georgia Press, 1999. ジェームズが「意識の流れ」で何を意味しているのか知りたければ，本書を読むのがいちばん．

McDermott, John J. *The Drama of Possibility*. Edited by Douglas R. Anderson. New York: Fordham University Press, 2007. アメリカ哲学の実存主義的側面の入門書に興味があるなら，本書がぜひお勧め．マクダーモットはドラマを創作しているのではない．自分でこれを経験している．

Perry, Ralph Barton. *Present Philosophical Tendencies: A Critical Survey of Naturalism, Idealism, Pragmatism, and Realism, Together with a Synopsis of the Philosophy of William James*. New York: Longmans, Green & Co, 1912. 本書は，プラグマティズムが成長した哲学的背景を理解するために役立つ．

Smith, John E. *The Spirit of American Philosophy*. Albany, NY: SUNY Press, 1983.（邦訳：ジョン・E．スミス著，松延慶二，野田修訳『アメリカ哲学の精神』玉川大学出版部，1980年）．アメリカ哲学の伝統を概観した本のなかでは，これがベストの一冊．絶対に間違いない．

注

(1) Ralph Barton Perry, *The Thought and Character of William James*, vol. 1 (Boston: Little, Brown, 1935), 323.

(2) Dickinson S. Miller, "A Student's Impressions of William James," in *Philosophical Analysis and Human Welfare: Selected Essays and Chapters from Six Decades*, ed. Loyd D. Easton (Boston: D. Reidel Publishing Company, 1975), 49.

(3) Charles S. Peirce, "On the Doctrine of Chances, with Later Reflections," in *Philosophical Writings of Peirce*, ed. Justus Buchler (New York: Dover, 1955), 164.

(4) William James, *On Some of Life's Ideals* (New York: Henry Holt and Company, 1912), 3–4.

(5) James, *On Some of Life's Ideals*, 15–16.

(6) Hunter S. Thompson, *Kingdom of Fear: Loathsome Secrets of a Star-Crossed Child in the Final Days of the American Century* (New York: Simon & Schuster, 2003), xxii.

(7) Ralph Waldo Emerson, "Plato, or the Philosopher," in *The Collected Works of Ralph Waldo Emerson*, vol. 4, "Representative Men" (Cambridge, MA: Belknap

Press, 1987), 31.

14 章　効果的利他主義

参考文献

Bentham, Jeremy. *The Works of Jeremy Bentham*. Published under the Superintendence of his Executor, John Bowring. Eleven volumes. Edinburgh: William Tait, 1838–1843. ベンサムは非常に素晴らしい著述家だが，それは多くの権利について取り組んだからだ．奴隷制度，同性愛者の権利，女性の権利，性の解放など，当時これらの問題に注目する人はほとんどいなかった．明日の問題に今日正しい答えを見つけるためには，何が必要だろうか．推論や道徳的論理へのどんなアプローチを実践すればいいだろうか．これらの疑問への解答を見つけたければ，ベンサムの著書を読むのが最も役に立つ．彼やそのあとに続く人たちが考案した功利主義に最終的に同意できない人にとっても，学べることは多い．

MacAskill, William. *Doing Good Better*. New York: Avery, 2015.（邦訳：ウィリアム・マッカスキル著，千葉敏生訳『〈効果的な利他主義〉宣言！——慈善活動への科学的アプローチ』みすず書房，2018 年）．マッカスキルはオックスフォード大学のグローバル・プライオリティ研究所の研究者で，効果的利他主義を創設した哲学者のひとり．世の中でどのように善を施せばよいか，この疑問への真剣な取り組みから何を学べるか，本書は探求している．グローバルヘルス（国際保健）から文明のリスクまで，効果的利他主義の様々なトピックを手がけている．効果的利他主義が語るアイデアについて理解するための，最初の入門書にふさわしい．

Singer, Peter. *The Life You Can Save*. New York: Random House, 2009.（邦訳：ピーター・シンガー著，児玉聡，石川涼子訳『あなたが救える命——世界の貧困を終わらせるために今すぐできること』勁草書房，2014 年）．あるひとつの思考実験によってシンガーは効果的利他主義の土台を築いた．すなわち，溺れかけている子どもを救うためなら，大事なスーツが台無しになるのも厭わないかと問いかけている．そこからストーリーを展開し，遠くにいる人たちへの道徳的責任，ほとんどの人たちに対してよりもかなり多くの寄付を行うべき対象，世界の貧困を終わらせる方法に関する現実的なアドバイス，などの問題に触れている．

注

(1) Alex Thornton, “This is how many animals we eat each year,” World Economic Forum, February 8, 2019, https://www.weforum.org/agenda/2019/02/chart-of-the-day-this-is-how-many-animals-we-eat-each-year/.

15 章　世俗的ヒューマニズム

参考文献

Barker, Dan. *The Good Atheist: Living a Purpose-Filled Life without God*. Berkeley, CA: Ulysses Press, 2011. かつて福音派の牧師だったベイカーが，目的を選んで有意義な人生の創造に取り組んだ人たちの心打たれるストーリーについて語っている．誰

もがお互いに信頼し合って思いやりあふれる共同体は，宗教が強調する天罰を無視することができる．

Batchelor, Stephen. *Secular Buddhism: Imagining the Dharma in an Uncertain World.* New Haven, CT: Yale University Press, 2017. 仏教の素晴らしい習慣は，発祥の地であるアジアの文化の枠を超えて評価されている．自らも卓越した世俗的仏教徒であるバチェラーは，カルマや輪廻など超自然的な見解にとらわれない瞑想の伝統の本質について語っている．

Berlinerblau, Jacques. *How to Be Secular: A Call to Arms for Religious Freedom.* Boston: Houghton Mifflin Harcourt, 2012. すべての人に宗教の自由が保証されているからといって，宗教がすべての人を自分たちの戒律に従わせることが許されているわけではない．教会と国家が明確に分離されて，はじめて憲法は実現する．

Dennett, Daniel C. *Freedom Evolves.* New York: Viking, 2003.（邦訳：ダニエル・C．デネット著，山形浩生訳『自由は進化する』NTT 出版，2005 年）．自然界には自由意志のための場所は存在しないが，自らの行動を制御して責任を果たす自由は，科学によって脅かされない．これらの能力が進化を遂げ，それを人間が良き生の実現のために活用できることは，実際のところ生物学によって解明されている．

Epstein, Greg M. *Good without God: What a Billion Nonreligious People Do Believe.* New York: HarperCollins, 2009. 宗教とは縁のない生活をおくりながらも，尊厳や分別を失わない人間は多い．そんな人たちに共通する倫理的価値をエプスタインは確認し，この価値が地球全体の改善につながる理由を説明している．

Grayling, A. C. *The God Argument: The Case against Religion and for Humanism.* New York: Bloomsbury, 2013. 神の存在を支持する主張にもはや説得力はなく，宗教が伝えてきた戒律はもはや必要とされない．寛容，表現の自由，理性，民主主義など，ヒューマニズムの価値によって未来は導かれるべきだ．

Hecht, Jennifer Michael. *Doubt: A History: The Great Doubters and Their Legacy of Innovation from Socrates and Jesus to Thomas Jefferson and Emily Dickinson.* New York: HarperCollins, 2004. 宗教に懐疑的な人は，どの時代も常に存在していた．そんな人たちの勇気や誠実さについて，ヘクトは興味深い物語にまとめた．真実や自立的思考への彼らの献身ぶりは，今日の私たちの心にも響く．

Kurtz, Paul. *Affirmations: Joyful and Creative Exuberance.* Amherst, NY: Prometheus Books, 2004. 宗教は不信心者を自己中心的で悲しい人たちとして描くが，カーツは異なる．生きることへの情熱，善や美に対する愛情が，すべての人のなかに存在していると考える．愉快に前向きに生きることは，すべての人間に本来備わっている権利であって，神に仕える者たちに限定されない．

——. *What Is Secular Humanism?* Amherst, NY: Prometheus Books, 2007. 世俗的ヒューマニズムの指標となる価値と基本原則の概略が，簡潔かつ明快な形で解説され，擁護されている．

McGowan, Dale. *Parenting beyond Belief: On Raising Ethical, Caring Kids without Religion*, second edition. New York: Amacom, 2016. 道義をわきまえ自由な発想を持

つ子どもの育て方について，マクゴワンは親，教師，心理学者，哲学者から最高のアドバイスを集めた．宗教を信じる家族の存在，休日，悲しみへの対処，宗教と無関係なコミュニティの見つけ方など，共通の課題に関して助言が与えられている．

The Oxford Handbook of Secularism. Edited by Phil Zuckerman and John R. Shook. New York: Oxford University Press, 2017. ヒューマニズムと世俗主義の土台について，多くの章で論じられており，宗教と非宗教的な哲学とのあいだの問題や緊張関係を探求している．

Shook, John R. *The God Debates*. Malden, MA: Wiley-Blackwell, 2010. 神への反論をまとめた一冊で，様々な宗教の信仰に対して常識的な立場から異議を唱えている．さらに本書は，神学の立場に対する事細かい反論についても解説している．

注

(1) 全文は以下に掲載されている． Paul Kurtz, *Affirmations* (Amherst, NY: Prometheus Books, 2004), 13-17. あるいは以下にも掲載されている．http://www.secularhumanism.org/index.php/12.

(2) Kurtz, *Affirmations*, 52-60.

【訳者紹介】
小坂　恵理（こさか　えり）

翻訳家。慶應義塾大学文学部英米文学科卒業。訳書にヤーレン『地球を滅ぼす炭酸飲料』（築地書館）、クレイン＆ペティス『貿易戦争は階級闘争である』（みすず書房）、ヤーレン『ラボ・ガール』、ランピーノ『繰り返す天変地異』（以上化学同人）ほか多数。

古今東西の哲学が教える　現代をよく生きる術《すべ》

2021年9月30日　第1刷　発行
訳　者　小坂恵理
発行者　曽根良介
発行所　（株）化学同人
〒600-8074 京都市下京区仏光寺通柳馬場西入ル
編集部 Tel 075-352-3711 Fax 075-352-0371
営業部 Tel 075-352-3373 Fax 075-351-8301
振替　01010-7-5702
e-mail webmaster@kagakudojin.co.jp
URL https://www.kagakudojin.co.jp

検印廃止

印刷・製本　（株）太洋社

ISBN 978-4-7598-2156-7